Hubert Filser
Menschen brauchen Monster

Hubert Filser

MENSCHEN BRAUCHEN MONSTER

Alles über gruselige Gestalten
und das Dunkle in uns

*Mit 20 Abbildungen
von Peter M. Hoffmann*

PIPER

Mehr über unsere Autoren und Bücher:
www.piper.de

MIX
Papier aus verantwor-
tungsvollen Quellen
FSC® C014496

www.fsc.org

FSC

ISBN 978-3-492-05844-5
Originalausgabe
© Piper Verlag GmbH, München 2017
Satz: psb, Berlin
Gesetzt aus der Utopia
Litho: Lorenz & Zeller, Inning am Ammersee
Druck und Bindung: GGP Media GmbH, Pößneck
Printed in Germany

Für alle, die Angst haben

Inhalt

VORWORT

Gleich zu Beginn dieses Buchs muss ich ein Geständnis machen: Es ist ein ziemlich unmögliches Unterfangen, Monster zu bändigen. Wenn man sie hübsch vor sich auf dem Seziertisch zu haben glaubt, um ihre Geheimnisse zu ergründen, verändern sie sich im letzten Moment wieder und verschwinden in die Dunkelheit, aus der sie gekommen sind. Als ich mit der Recherche für dieses Buch anfing, dachte ich, es würde mir gelingen, Monster zu zähmen und zu ordnen, wenn ich nur möglichst viele dieser seltsamen Kreaturen aus allen Zeiten und Regionen der Erde studiere. Doch Monster sind ihrem Wesen nach wandelbar und schwer fassbar. Lässt man sich aber auf sie ein, bieten sie neben ihren faszinierenden, erschreckenden und unglaublichen Geschichten auch Erkenntnisse über uns selbst, denn schließlich sind es meist wir Menschen, die die Monster mit unserer Vorstellungskraft erschaffen. Ich glaube, dass wir das Wissen über gruslige Gestalten und das Dunkle in uns noch brauchen werden. Denn die Angst spielt in unserer Zeit eine immer größer werdende Rolle.

Sobald man nach Monstern zu suchen beginnt, sieht und findet man sie überall. Ob in der Literatur, in Filmen, in mündlich überlieferten Geschichten, in der politischen Welt oder gar in uns selbst. Monster halten uns den Spiegel vor, jedem Einzelnen, besonders aber der Gesellschaft, der sie entstammen. Sie lassen uns darüber nachdenken, was es bedeutet, ein Mensch zu sein – mit all seinen lichten und dunklen Anteilen.

Seit Jahrtausenden ersinnen wir Ungeheuer und Fabelwesen, die uns zugleich Angst einjagen und uns faszinieren. Sie werden in diesem Buch seltsamen Wesen begegnen und amüsante Geschichten über groteske Gestalten lesen: Sie tragen ein Auge auf der Stirn und Füße so groß, dass sie wie ein Schirm Schatten spenden können; es geht um Missgeburten, übelste, blutrünstige Gestalten, aber auch skurrile oder liebenswerte Monster. Sie sind riesig groß wie Godzilla, winzig wie Gnome, hochgezüchtet wie Cyborgs oder seelenlos wie Zombies. Sie leben in Sümpfen, Wäldern, auf Bergen, in Meeren und im unendlichen Universum. Sie sind jung und uralt, und sie sind so vielgestaltig wie unsere kleinen und riesengroßen Ängste.

Kein Monster wurde je zufällig erschaffen, ganz im Gegenteil: Wir Menschen haben jedes von ihnen aus einem ganz bestimmten Zweck erfunden. Welche Funktion aber erfüllen all diese Monster für uns? Warum brauchen Menschen überhaupt Monster? Und was können wir in der Auseinandersetzung mit diesen Wesen lernen?

Ein schönes Bild für den Umgang mit Monstern begegnete mir eher zufällig während der Arbeit an diesem Buch in einem Kinosaal. Zusammen mit meinem jüngsten Sohn sah ich den neuesten Film aus dem Harry-Potter-Universum mit dem Titel *Phantastische Tierwesen und wo sie zu finden sind*. Darin wird die Geschichte des Zauberers Newt Scamander erzählt, der mit einem verwitterten Koffer voller seltener und bisweilen gefährlicher Kreaturen nach New York reist. Ein paar von ihnen können kurz nach der Ankunft entweichen – und schon wird es turbulent und gefährlich.

Ab und an steigt dieser Newt Scamander durch den geöffneten Deckel seines alten Koffers in die Welt der Monster hinab. Dort finden sich ein riesiges Mischwesen, halb Vogel, halb Schlange; ein Nashorn, dessen Horn manchmal explodiert, oder ein Schmetterling, der Menschen den Verstand aussaugen kann. All diese Ungeheuer verhalten sich im Inneren des Koffers friedlich. Selbst Obscurus, ein Nebelwesen voll dunkler Energie, richtet dort keinen Schaden an, denn Newt Scamander kennt sich gut aus mit seinen Monstern und kümmert sich um sie.

Dieser Koffer funktioniert auf vielfältige Weise als Metapher. Er kann für das dunkle Innenleben des Menschen mit all seinen Facetten stehen: unsere wilden ungestümen Seiten, unsere Lust und Sexualität, unsere Träume, unsere Todessehnsucht und unsere Machtfantasien, unseren Wunsch nach grenzenloser Liebe und Unendlichkeit. Die Monster stehen für diese verschiedenen Themen. Im Koffer – also in uns – können all diese Dinge existieren, finden einen Raum.

Weil Scamander genau hinsieht und seine Monster studiert, sind sie für ihn nicht gefährlich. Im Gegenteil, er lernt von ihnen, nutzt gar die Fähigkeiten der Monster, um sich mit ihrer Hilfe aus schwierigen Situationen zu befreien. Gefährlich werden die Kreaturen erst, wenn sie in die Außenwelt entwischen, in der sich Menschen und Zauberer feindlich gegenüberstehen. Auch ich habe beim Schreiben dieses Buchs gemerkt: Es lohnt sich, den Monstern in ihr oft grausiges Antlitz zu sehen und zu versuchen, sie zu verstehen. Erst wenn wir die Augen vor ihnen verschließen und ihnen den Rücken zukehren, wird es gefährlich. Denn dann können sie uns ganz plötzlich von hinten anfallen und überwältigen.

Dieses Buch gleicht deshalb ein wenig dem Koffer von Newt Scamander. Steigen Sie mit mir

hinab in die Welt der Monster – in einen Raum, in de[...]
Ängste und Sehnsüchte der Menschheit versammelt [...]
Unsere Geschichte verläuft nicht linear, denn in den M[...]
tern, die wir heute kennen, sind Ängste aus vergangenen
Gesellschaften genauso präsent wie Ängste aus unserer heutigen Zeit. Manche Kreaturen existieren schon seit Jahrtausenden und kehren in verschiedenen Formen immer wieder zu uns zurück. Erforschen Sie mit mir die abgründigsten
Orte und Wesen. Die Filmmonster, Serienmörder und Orte,
die ich besonders spannend fand, habe ich übrigens in Lis-
ten gepackt und an mehreren Stellen im Buch verteilt. Lassen Sie uns gemeinsam entdecken, wie jede Gesellschaft
ihre eigenen Monster hervorbringt und was uns diese über
die Menschen verraten, die sie erdacht haben – und damit
auch über uns selbst.

Ihr
Hubert Filser

DIE GEBURTS-
STUNDE DER
MONSTER

Wahrscheinlich kamen die Monster in der Steinzeit in unsere Welt. Die ersten heute noch auffindbaren Spuren haben sie vor knapp 40.000 Jahren in der entlegensten Ecke der Karsthöhle von Chauvet in Südfrankreich hinterlassen. Wer nach dem Ursprung von Monstern und anderen wundersamen Wesen sucht, wer wissen will, wie sie aussahen und warum sie überhaupt auftauchten, der sollte also zunächst einen Ausflug in diese weitverzweigte Unterwelt wagen.

Dort, im letzten Raum, ungefähr 600 Meter tief in der Erde, erscheint vor einer Gruppe von Höhlenlöwen ein eigenartiges Wesen an der Wand: halb Frau, halb Stier, gezeichnet auf einen kleinen, schräg von der Decke ragenden Fels. Es hat den mächtigen Oberkörper und Schädel eines Stiers, kräftige menschliche Arme und den Unterleib einer Frau. Deutlich ist die entblößte Vulva zu erkennen. Es ist eine schaurig-schöne Szenerie. Die Künstler nutzten die dreidimensionale Gestalt der Höhlenwände, sie kamen mit wenigen Farben aus, mit rotem und gelbem Ocker und schwarzem Manganit. Mit ein paar Strichen hauchten sie den Wesen an den Wänden Leben ein. Im flackernden Licht des Feuers wirken manche sogar so, als bewegten sie sich. Die Wandzeichnungen stammen aus einer vertrauten und zugleich fernen Welt.

Die Bilder hatten eine Bedeutung für ihre Schöpfer, wie auch die Höhle im dunklen Bauch der Erde eine wichtige Rolle im kulturellen Leben der Gemeinschaften gespielt haben muss. Warum sonst hätten sich die Menschen die Mühe gemacht, 600 Meter tief in die Erde vorzudringen, vorbei an Engpässen und gerüstet nur mit einer brennenden Fackel?

An diesen Orten beginnt die Geschichte der Monster, und dort bin auch ich ihnen begegnet. Viele der beeindruckenden Zeichnungen aus der Höhle kannte ich schon aus Veröffentlichungen: die Löwen, die sich paaren, die Pferde mit ihren mächtigen Mähnen, die Rentierherde im Galopp. Doch das Wesen, das ich an dem Überhang entdeckte, überraschte mich. Heute kennen wir Monster aus zahllosen Büchern und Filmen. Doch das Frau-Stier-Wesen an der Höhlenwand von Chauvet ist vielleicht das erste Monster der Menschheitsgeschichte. Die Menschen der Steinzeit haben dieses Wesen

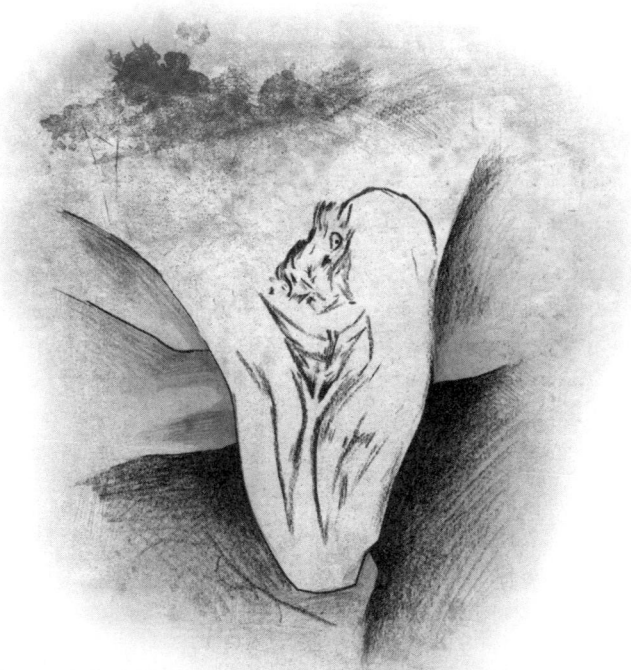

an der Grenze ihrer bekannten Welt angesiedelt. Sie gaben ihm einen Platz in der hintersten Ecke ihres unterirdischen Kultplatzes. Man könnte also sagen, Monster waren die ersten Grenzwächter der menschlichen Zivilisation. In diesem Moment war meine Neugier geweckt: Wieso tauchten in der Steinzeit plötzlich geheimnisvolle Mischwesen auf? Für was standen sie? Ich wollte unbedingt mehr darüber erfahren.

Auch heute noch existieren unerforschte Gebiete. Nur liegen die Grenzen der Zivilisation inzwischen nicht mehr in Höhlen, sondern weit draußen im All, und genau dort lebt eine der wichtigsten Monstergattungen unserer Gegenwart: die Aliens. Ob Mr Spock aus *Star Trek* oder der kleine E.T. aus dem gleichnamigen Film von Steven Spielberg – wir verleihen ihnen oft menschliche Züge. Auch unter den modernen Monstern finden sich Mischwesen, wie zum Beispiel die Cyborgs: Sie sind halb Mensch, halb Maschine und stellen eine technische Erweiterung unserer selbst dar. Defekte oder optimierungsfähige menschliche Körperteile werden bei ihnen durch leistungsfähige Hightechelemente ersetzt, wodurch sie über erstaunliche Fähigkeiten verfügen.

Moderne Monsterwesen agieren in der Regel im Dienst der Unterhaltungsindustrie. In rasantem Tempo treiben sie auf Kinoleinwänden, Fernseh- und Computerbildschirmen oder den Displays unserer Smartphones ihr böses Spiel. Eine ganze Armada kaltblütiger, blutrünstiger, ab und an mit übernatürlichen Fähigkeiten versehener Wesen droht dort bisweilen, die ganze Menschheit auszulöschen. Das können Zombies in Filmen wie *World War Z* oder Serien wie *The Walking Dead* sein. Mit nur einem Biss verwandeln sie Menschen in Sekunden in rasende Monster. Oder es sind außerirdische Mischwesen wie in den *Alien*-Filmen, die die Besatzung der Raumschiffe auslöschen und die Erde bedrohen. Oder das mysteriöse, gesichtslose Wesen aus der amerikanischen Mystery-Serie *Stranger Things*, das einem Paralleluniversum entstammt. Nicht zu vergessen die Weißen Wanderer aus der Fantasy-Serie *Game of Thrones* mit ihren mumienhaften Gesichtern, die ihre stahlblauen Augen auf die Welt der Menschen jenseits der großen Mauer richten und auf ihren halb verwesten, untoten Rössern zur Vernichtung derselben reiten. Als ihre Antagonisten wachsen jenseits des Meers feuerspeiende Drachen der Königin heran. Die halbe Welt hält gerade den Atem an, wie die Begegnung der unheimlichen Wesen aus Eis und Feuer ausgehen wird.

Diese Beispiele zeigen, dass Monster nach wie vor eine große Rolle spielen und uns Menschen faszinieren. Wir lieben das Gruseln, gerade auch in unserer durchtechnologisierten und überorganisierten Zeit. Und die Gemeinsamkeiten der modernen digitalen Supermonster und der Mischwesen aus der Steinzeit sind größer, als sie auf den ersten Blick erscheinen mögen. Zwar ist viel Zeit vergangen, seit die Gestalten auf die Wände der Steinzeithöhlen gemalt wurden, und die menschlichen Gesellschaften haben sich stark verändert. Vielleicht können wir den Sinn der Monster von damals nicht mehr in aller Tiefe nachvollziehen, weil wir längst in ihre einstigen Lebensräume, in nachtschwarze Höhlen, unheimliche Moore und düstere Wälder, eingedrungen sind und die wilde Natur gezähmt haben. Doch es lohnt sich, genauer hinzusehen.

Picasso in der Steinzeit

Gehen wir also wieder zurück in die Steinzeit. Nach den hübschen, grob gemauerten Steinhäusern, den leuchtenden Lavendelfeldern und den Bistros mit Spezialitäten wie Gänseleber oder ausgelösten Weinbergschnecken hätten wir in der damaligen Zeit an den Ufern der Ardèche lange Ausschau halten können. Auf dem Speiseplan der Menschen standen eher deftige Fleischgerichte wie Antilopenbraten, Mammutsteak oder Rippchen vom Wollnashorn. Es war ein wildes, vom Rhythmus der Natur bestimmtes Leben vor knapp 40.000 Jahren, ein ständiger Kampf ums Überleben in einem kaum besiedelten Europa.

Damals lebten nur wenige Zehntausend Menschen auf dem Kontinent. Es herrschte tiefste Eiszeit, die Alpen im Osten waren kilometerdick mit Eis bedeckt, die Luft war kalt und trocken. In der unberührten Steppenlandschaft, die noch nicht von Menschenhand kultiviert worden war, lebten gefährliche Raubtiere wie Löwen, Leoparden, Wölfe oder Höhlenbären, die sich an das kühle Klima in Mitteleuropa angepasst hatten.

Die Vorfahren der Menschen von damals waren erst wenige Jahrtausende zuvor aus dem Nahen Osten und aus Afrika eingewandert. Sie zogen über Generationen hinweg durch die Gegend der heutigen Türkei Richtung Griechenland und dann die Donau hinauf, bis sie irgendwann in Süddeutschland und Südfrankreich ankamen – und dort wohl vereinzelt auch auf Neandertalergruppen trafen. In der wilden Landschaft an den steil aufragenden Ufern der Ardèche und auch im Tal der Urdonau finden wir ihre Spuren. Beide Flusstäler bilden auch heute noch dramatische Landschaften. Manch eine der Steinformationen an den Ufern wirkt mit etwas Fantasie selbst wie ein Monster.

Der Zugang zur eingangs erwähnten Höhle von Chauvet ist längst verschüttet. Ein Felssturz vor mehr als 20.000 Jahren hatte das Innere versiegelt und die Zeichnungen so konserviert, ein Glücksfall für Archäologen. In anderen Regionen der Welt, wie etwa in Indonesien, wo Forscher ebenfalls Höhlenmalereien gefunden haben, sind die Zeichnungen wegen der hohen Luftfeuchtigkeit und der tropischen Temperaturen oft kaum erhalten geblieben. Die Höhle von Chauvet hingegen ist wie eine Zeitkapsel, die einen unverfälschten Einblick in eine längst vergangene Epoche ermöglicht.

Im vorderen Bereich, der während der Steinzeit wahrscheinlich noch vom Tageslicht leicht erhellt war, findet sich keine einzige Zeichnung. Erst wenn man, vorbei an Knochen von Höhlenbären, immer tiefer in die verzweigten Säle vordringt, tauchen im Licht der Scheinwerfer aus der Dunkelheit grandiose Bilder auf, Herden von Nashörnern, Pferden oder Büffeln, denen Löwen gegenüberstehen. Sie sehen aus, als wären sie gestern erst gemalt worden. Auch Kämpfe sind zu sehen, zwei Nashörner im Duell, eine Löwin faucht einen Löwen an. Im hintersten Saal ist das Bild des anfangs erwähnten Mischwesens verborgen.

Was wollen uns unsere Vorfahren mit dem Mischwesen sagen? In jedem Fall handelt es sich nicht um dilettantische, unüberlegte Zeichnungen. Zu intensiv ist der Ausdruck, zu fein und dabei kraftvoll sind die Linien. Es sind frühe Meisterwerke der bildenden Kunst – geschaffen vor mehr als 40.000 Jahren von Menschen, die uns vielleicht ähnlicher waren, als wir es uns vorstellen können.

Monster entstanden im Zuge der Herausbildung von menschlicher Kultur. »Sie sind zweifellos universelle Begleiter der Menschheitsgeschichte«, schreibt der Wissenschaftshistoriker Michael Hagner. Seitdem wir zu zeichnen und zu malen begannen, ersannen wir Ungeheuer, Fabelwesen und groteske Figuren. Die Mischwesen sind ein Beleg dafür, dass der Homo sapiens fähig war, sich Dinge vorzustellen, die nicht existierten. Der Mensch ist das einzige Lebewesen auf diesem Planeten, das sich über Gestalten austauscht, die es gar nicht gibt. Monster markieren somit den Beginn der Fiktion oder sind zumindest der älteste Beleg dafür.

Warum unsere Vorfahren ausgerechnet menschenähnliche Mischwesen als früheste Monster schufen, könnte mit Vorgängen in unserem Gehirn zusammenhängen. Denn das neigt dazu, diffuse Strukturen und Formen zu ergänzen und daraus bekannte Muster und Gestalten zu bilden. Was wir an einem Wesen erkennen und welches Äußere es annimmt, hängt davon ab, was unser Gehirn erwartet, erhofft oder fürchtet. Wir sehen also zum Teil bewusste oder unbewusste Fehldeutungen der Umgebung. Es gibt eine allgemeine Tendenz unter Menschen, alle Dinge als sich selbst ähnelnd aufzufassen und menschliche Eigenschaften auf alle möglichen Objekte zu übertragen. Wir erkennen menschliche Gesichter im Mond und Armeen in den Wolken. Der schottische Philosoph und Historiker David Hume ging sogar so weit, diesen Prozess der Vermenschlichung als den Ursprung von Religion und Aberglauben anzusehen. Ein interessanter Gedanke, ist es doch durchaus vorstellbar, dass Menschen einst in dunklen Wäldern menschenähnliche Gestalten wahrnahmen oder im tanzenden Licht des Lagerfeuers oder in nebelumwaberten Steinformationen Wesen entdeckten, die sie für Riesen oder Monster hielten – Eindrücke, die sie dann in Wandmalereien verarbeiteten.

Dafür würde auch sprechen, dass die menschliche Religiosität ebenso wie der Kunstsinn ein gemeinsames Produkt der biologischen und kulturellen Evolution sind und vermutlich wie diese nach und nach in der Steinzeit entstanden sind. Entwicklungspsychologen sprechen davon, dass der Glaube an höhere Mächte ein natürliches Bestreben jedes Menschen sei – wir haben demnach eine Art angeborenen Gottesinstinkt. Dies zeigen auch Experimente in Kindergärten. Kleine Kinder glauben offenbar an die Existenz übernatürlicher Akteure und an eine unsterbliche Seele, wie amerikanische Psychologen herausfanden. So sprachen die jungen Teilnehmer einer Studie einer von einem Krokodil verschlungenen Stoffmaus Gefühle wie Heimweh oder Sehnsucht nach der Familie zu.

Unser Gehirn neigt dazu, hinter jedem Geschehen einen Akteur zu erwarten. Der Anthropologe Pascal Boyer hält dies für ein Resultat der Evolution. Er vermutet dahinter ein hochsensibles Frühwarnsystem, das bei jedem Rascheln oder Knacken einen gefährlichen Angreifer erwartet. Dass wir dabei manchmal einen Fehlalarm auslösen oder übernatürliche Agenten annehmen, sei evolutionär betrachtet nicht schlimm. Lieber erschreckten sich die Steinzeitmenschen einmal umsonst, als dass sie einen Säbelzahntiger im Gebüsch übersahen. Der Glaube an höhere Mächte und die Erfindung von monströsen Wesen entstammen sehr wahrscheinlich derselben Quelle. Dass mit dem ebenfalls nachweisbaren Kunstsinn eine Möglichkeit zur Verfügung stand, den Vorstellungen von Monstern und Göttern ein Bild zu geben, spielte sicher auch eine wichtige Rolle.

Es ist schwer, über den genauen Zeitpunkt der Entstehung von Monstern zu spekulieren. Wir können nur die jeweils ältesten Spuren interpretieren – wie das Mischwesen aus

Chauvet. Doch es gibt durchaus Hinweise, dass wir mit der jüngeren Altsteinzeit, die vor rund 45.000 Jahren ihren Anfang nahm, nicht so falschliegen. Damals sammelten die Menschen immer mehr Wissen an. Sie mussten sich nicht mehr allein auf ihre Intuition und ihre Instinkte verlassen, um zu überleben, sondern erfanden neue Werkzeuge oder nützliche Alltagsgegenstände wie Öllampen, Pfeile oder Nadeln, mit denen sie Kleider für sich nähten. Gerüstet mit diesen neuen Fertigkeiten, konnten sie es sich erlauben, neue Lebensräume zu erschließen und weite Gebiete in Europa und Ostasien zu besiedeln. Diese Zeit war also von einem enormen Erkenntnisgewinn geprägt. Viele Forscher werten diese Neuerungen als Beleg dafür, dass die geistigen Fähigkeiten des Homo sapiens stark zugenommen hatten.

Die Menschen begannen, ihre Erfahrungen mit weiter entfernt lebenden Gruppen auszutauschen. Neben der Sprache dienten vor 40.000 Jahren erstmals auch Bilder, Zeichnungen und Skulpturen als Informationsträger. So vernetzten sich größere Gemeinschaften und tauschten Wissen und Traditionen aus.

Doch Erkenntnis hatte auch ihren Preis. Denn ein breiteres Wissen führt in der Regel auch zu mehr offenen Fragen und mehr Unsicherheiten. Je mehr die Menschen ihre Umgebung analysierten und Zusammenhänge verstanden, desto häufiger wurden ihnen auch ihre Schwächen, ihre Unzulänglichkeiten und die damit verbundenen Gefahren bewusst. Ihnen wurde deutlich, wie begrenzt ihre Kräfte waren. Sie waren den übermächtigen Naturgewalten trotz ihrer Fortschritte ausgeliefert und mussten sich gegen wilde Tiere und andere Gefahren verteidigen. Jeder Erkenntnis folgten also neue Fragen, bis hin zu den ganz großen Fragen der Existenz, an denen wir noch heute scheitern: Woher kommen wir, wohin gehen wir? Bis heute haben wir noch keine Antworten darauf gefunden.

In der Steinzeit war der Homo sapiens erstmals in der Lage, über komplexe Fragen nachzudenken und Strategien für verschiedene Lebenslagen zu entwickeln. Wie lässt sich der Jagderfolg beeinflussen? Wohin verschwindet die Sonne in der Nacht? Was beeinflusst den Lauf der Jahreszeiten?

Die Legenden, Mythen und auch die Religionen, die damals auftauchten, waren erste Versuche des Menschen, Sinn und Orientierung im Leben zu finden und sich die Welt zu erklären. Zudem verbinden gemeinsam entwickelte Vorstellungen eine Gruppe und halten sie zusammen, das war evolutionär ein großer Vorteil.

»Die Menschen damals fühlten ähnlich wie wir«, so der Urgeschichtsprofessor Nicholas Conard. Gefühle prägten und prägen unsere Kultur, sie haben bestimmte Praktiken erst ermöglicht. Die Ängste der Menschen damals waren unseren möglicherweise ähnlich, vor allem wenn es um den Tod und die Endlichkeit des Lebens ging. So deutet Conard die Mischwesen auch als Mittler zwischen den Welten. Nicht umsonst werden sie des Öfteren mit Schamanismus in Verbindung gebracht. Man könnte sie sich auch als Archetypen vorstellen, ein Konzept, das auf den Psychoanalytiker C. G. Jung zurückgeht. Formen und Gestalten der Monster tauchen demnach aus dem Unbewussten auf, als Folge oder Ausdruck religiösen Erlebens etwa.

Hier können Träume eine besondere Rolle gespielt haben. Auch Steinzeitmenschen erlebten Traumatisches, die heimtückische Attacke eines Artgenossen etwa oder die Todesangst angesichts eines gefährlichen Raubtiers. Durchlebt man solche schrecklichen Erlebnisse im Traum wieder und wieder, kann das das Trauma lindern. Könnten so nicht auch Monster entstanden sein? Als Traumzerrbilder der Wirklichkeit, als Figuren, die auf einer inneren Traumbühne agierten und die man unter Kontrolle bringen wollte? So wären sie ein sichtbares Zeichen dafür, dass man den erlebten

Schrecken am Ende annimmt und ihn in einer Art Ritual, einem Opfer oder einer schamanischen Zeremonic für andere sichtbar macht. Der reale Schock wäre so zu einer kontrollierbaren Fiktion geworden, mit Monstern als Hauptdarstellern. Solche Figuren sind von wahrhaft großem Nutzen für die Menschheit.

Wir sehen heute in den Höhlen die Spuren dieser Anfänge. In jedem Fall fällt dabei auf, dass die Bilder in der Steinzeithöhle eine magische Funktion hatten, dass es nicht einfach darum ging, ein Tier realistisch abzuzeichnen. Die Mischwesen wären dann so etwas wie Traumbilder, Ahnungen, die aus dem Unbewussten emporsteigen. Monster wären, wenn man eine erste Definition wagen möchte, mit Emotionen aus unserem Unterbewusstsein aufgeladene Figuren, das macht sie dynamisch. Sie entfalten daher fast zwangsläufig auf uns eine emotionale Wirkung.

Wir wissen heute, dass Zeichnungen, Monstergestalten, auch figürliche Darstellungen und sogar die ersten, aus Knochen und Elfenbein geschnitzten Musikinstrumente fast zeitgleich in verschiedenen europäischen Höhlen auftauchten. Archäologen wie Hermann Parzinger warnen jedoch davor, die künstlerischen Hinterlassenschaften der Jäger und Sammler aus der Steinzeit zu hoch zu bewerten. Die Menschen im Europa der Eiszeit hätten ausdrucksvolle, oft stark stilisierte Skulpturen und grandiose Malereien geschaffen, die Höhlen mit den Wandzeichnungen hätten sicherlich auch als Kultplätze gedient, doch ihre Bedeutung zu erfassen sei ein »hochspekulatives Unterfangen«. Sie seien »weitgehend hermetische Repräsentationen ihrer Zeit« und damit aus heutiger Sicht nicht zu verstehen.

Und dennoch erstaunt die künstlerische Ausdruckskraft mancher frühen Höhlenzeichnungen. Sie kommen über die Jahrtausende an ganz unterschiedlichen Orten vor, in den spanischen Höhlen El Castillo oder Altamira genauso wie in der berühmten Höhle von Lascaux in der Dordogne. Dort haben die Steinzeitkünstler vor rund 17.000 Jahren dynamische Tiertableaus auf die Höhlenwände gemalt. Unter einer Gruppe von Auerochsen galoppieren schräg versetzt vier Pferde mit aufragenden Mähnen. Sichtlich bewegt sagte der spanische Maler Pablo Picasso, als er 1940 die eben erst entdeckte Höhle besuchte und die ausdrucksstarken Bilder der Stiere und Pferde erblickte: »Wir haben nichts dazugelernt!«

Auch in den Höhlen der Schwäbischen Alb finden wir seltsame Wesen. Dort schnitzten die Menschen vor knapp 40.000 Jahren mit einfachen Feuersteinklingen Figuren aus Elfenbein, vor allem Tiere aus ihrem Alltag wie Mammuts oder Pferde. Auch hier finden sich mysteriöse Mischwesen. Fast 30 Zentimeter misst die größte erhaltene Figur, sie zeigt einen kräftigen Mann mit stolz erhobenem Löwenkopf. Diese Skulpturen gehören zu den ältesten Werken der bildenden Kunst – die Stätten sind auch wegen der grandiosen Figuren im Juli 2017 zum Weltkulturerbe ernannt worden.

Jenseits von Europa

Bevor wir die Steinzeit verlassen, reisen wir ans andere Ende der Welt, nach Indonesien und zu den heiligen Orten der Aborigines in Australien. Lange gingen Forscher davon aus, dass sich die menschliche Kultur vor allem in Europa entwickelt hätte, dass die Höhlen von Chauvet und El Castillo in Spanien die ältesten Zeichnungen aufweisen. Doch dann entdeckten Forscher in indonesischen Höhlen Handabdrücke und symbolische Darstellungen, die älter als 40.000 Jahre sind. Es waren Zufallsfunde, und die meisten Zeichnungen sind aufgrund des feuchten, subtropischen Klimas längst verblasst.

Weitere Spuren finden sich auf dem australischen Kontinent, den der Mensch vor knapp 60.000 Jahren eroberte. Auch dort war Kunst schnell ein zentraler Bestandteil der Kultur; die Aborigines nutzten Bilder, um Territorien zu markieren, Geschichte festzuhalten und Erzählungen über die Traumzeit zu übermitteln, um so die Ordnung des Kosmos festzuhalten. Die Traumzeit ist eine Art spiritueller Rahmen, eine geistige Textur, aus der sich alle Gesetze ableiten, nach denen die Aborigines sich zum Teil bis heute richten.

Auch diese Bilder konservieren und vermitteln Wissen über die mythische Welt. Die australischen Ureinwohner

malten ihre Bilder an Höhlenwände und Decken von Fels-
vorsprüngen, die ältesten bekannten sind etwas jünger als
die europäischen Höhlenmalereien. Sie zeigen eine für uns
fremde Bilder- und Gedankenwelt aus labyrinthischen Ver-
knüpfungen, den sogenannten Traumpfaden, die weit voneinander entfernt liegende heilige Orte der Ureinwohner
miteinander in Beziehung setzten.

Die erst jüngst entdeckten farbenprächtigen Zeichnungen der Aborigines auf den Felsdächern von Nawarla Ga-
barnmang im Northern Territory von Australien sind etwa
29.000 Jahre alt. Zu sehen sind wie in Chauvet vor allem
Tiere. Krokodile oder Kängurus, die die Menschen damals
traditionell jagten, aber auch dünne, lang gestreckte, feen-
gleiche Wesen, die die Aborigines »Mimis« nennen. Diese
sollen ihren Vorfahren beigebracht haben zu jagen, zu
kochen und zu malen. Möglicherweise gibt es dort noch
ältere Malereien. Archäologen haben unter den Felsdächern
Kohlestücke gefunden, die sie auf ein Alter von 46.000 Jahren datieren konnten.

In der Kultur der Aborigines existiert eine ganze Heer-
schar von monsterartigen Wesen. »All diese Figuren perso-
nifizieren Ängste«, schreibt Christine Nicholls von der Flin-
ders University in Adelaide. »Auf psychologischer Ebene
sind die Geschichten über diese Wesen eine Möglichkeit, mit
dem Schrecken umzugehen.« So geht es in Legenden über
meerjungfrauenartige Ungeheuer, die in schmutzigen Was-
serlöchern oder dunklen Höhlen auf kleine Kinder lauern
und sie lebendig verschlingen, nicht nur um die Angst der
Menschen vor geheimnisvollen Orten in der Natur. Diese
Geschichten zeugen auch von gemeinsten und bösartigsten
Seiten des menschlichen Verhaltens. Ihre Protagonisten bilden zudem eine Quelle des Wissens über besondere Orte.
Entscheidend ist dabei ihre soziale Funktion. Sie lösen bei
Kindern Furcht und Vorsicht aus und machen sie auf Ge-

fahren in ihrer realen Umgebung aufmerksam, denen sie zwangsläufig irgendwann einmal ausgesetzt sein werden. Die Monster haben hier also vor allem eine mahnende und belehrende Funktion.

Bei den Martu, einem Aborigines-Stamm im Westen Australiens, kursieren beispielsweise alte Geschichten über Menschenfresser, menschenähnliche Wesen mit scharfen, spitzen Eckzähnen und langen, gebogenen Krallen. Diese Ngayurnangalku (übersetzt: »Sie werden mich essen«) lebten angeblich unter der Oberfläche des Lake Disappointment, einem etwa 330 Quadratkilometer großen Salzsee. Die Martu vermieden es, einen Fuß auf die Salzkruste des Sees zu setzen.

Auch andere Aborigines-Stämme wie die Anangu erzählten sich Geschichten von Kannibalen, sie nannten sie »Mamu« und beschrieben sie als Wesen mit großen, hervorstehenden Augen, manche als glatzköpfig, andere als stark behaart, mit senkrecht hochstehendem Haarschopf und spitzen, hervorstehenden Zähnen, jederzeit bereit, ihre Hauer ins Fleisch der Opfer zu schlagen. Der Legende nach lebten sie unter der Erde oder in Baumhöhlen.

Der Blick über Kontinente und Meere bis hin zu den australischen Mamu zeigt, dass schon in der frühesten Epoche der Menschheitsgeschichte überall unzählige Monster und Geschichten über sie existierten. Eine Gesellschaft, die ganz ohne Monster auskommt, ist im Grunde nicht vorstellbar. Auf den folgenden Seiten richte ich den Blick dennoch vor allem auf die monströsen Wesen, die unseren Kulturkreis besiedeln: Europäische oder westliche Monster könnte man sie nennen. Es sind die Monster unserer Kindheit, die Monster, die uns in Filmen zu Tode erschrecken, die Monster, die die Ängste unserer Vorfahren verkörpern.

Wenn wir heute in Steinzeithöhlen stehen und die alten Mischwesen betrachten, können wir über vieles nur spekulieren. Wir wissen nicht genau, welche Bedeutung sie einst hatten. Aber eines ist sicher: Sie kamen mit den Menschen in die Welt. Und sie waren eine Erweiterung ihrer Realität.

MONSTER
SIND ÜBERALL

Kurz vor Weihnachten 2016 veröffentlichte die Neuseeländerin Melissa Doubleday ein seltsames Bild auf Facebook. Darauf ist ein mächtiges, lang gestrecktes Seeungeheuer zu sehen, es hat helle und dunkelbraune Zotteln auf dem ganzen Körper. Gefunden wurde es am Muriwai-Strand an der Westküste Neuseelands, knapp 50 Kilometer von Auckland entfernt. Es habe faulig gestunken, sagte eine Anwohnerin dem beliebten Online-Portal *stuff.co.nz*. Es habe bei genauerem Betrachten ausgesehen wie ein Haufen zappelnder, dicker Riesenwürmer. Die lokalen Medien hatten schnell einen Namen: »Muriwai-Monster« nannten sie das Ungeheuer aus dem Meer.

Seit einem Erdbeben der Stärke 7,8 mit Epizentrum nördlich der Stadt Christchurch wurden immer wieder merkwürdige Wesen an die Westküste der Nordinsel geschwemmt. »Es gibt verrückte Dinge dort unten im Meer«, kommentierte ein junger Neuseeländer in einem Onlinevideo. Die Internetnutzer, die das Bild von Melissa Doubleday sahen, mutmaßten, dass es sich um eine »Alien-Zeitkapsel« handeln könnte, um ein karibisches Walross oder ein Ufo. In den Kommentaren unter dem Bild einigte man sich schließlich auf ein Monster.

Die Wissenschaft war hier weniger emotional. Forscher der New Zealand Marine Sciences Society diagnostizierten, es handle sich um einen Baumstamm, der von einer Entenmuschelart besiedelt worden war. Die Zwitter siedeln auf harten Oberflächen, vorwiegend an Felsen oder eben auf Treibgut. Die bis zu 80 Zentimeter langen Ausstülpungen, die aussehen wie zottelige Haare, enthalten den Verdauungstrakt und die Geschlechtsorgane der Tiere. Auch wenn es kein echtes Monster war: Das Wesen vom Muriwai-Strand wäre eine ideale Vorlage für einen Science-Fiction-Film.

In unserem Alltag hat sich seit der Steinzeit einiges verändert. Niemand lebt mehr in Höhlen, die Menschheit ist bereits vor 11.000 Jahren sesshaft geworden. Weltreiche sind entstanden und wieder zerfallen. Wir leben mittlerweile im Anthropozän, dem Zeitalter also, in dem der Mensch ganz wesentlich das Erscheinungsbild der Erde beeinflusst. Die Globalisierung rückte selbst die entlegensten Ecken der Welt in unseren Fokus. Ereignisse in nahezu allen Teilen der Welt lassen sich in Echtzeit übers Internet mitverfolgen. Wir sind aufgeklärte Wesen, haben unglaubliche Technologien entwickelt, und bisweilen entsteht sogar das Gefühl, wir hätten die Welt in ihrem Innersten verstanden. Und doch sind die Monster unter uns geblieben. Wer den Begriff bei Google eingibt, dem werden sagenhafte 947 Millionen Treffer präsentiert (Stand: Juli 2017), diese Zahl liegt nur knapp unterhalb der Trefferzahl für »Porno« (1,08 Milliarden) und liefert so einen Hinweis darauf, dass Monster mehr sind als unterhaltsames Beiwerk in Filmen oder Computerspielen. Wir sollten sie ernst nehmen.

Jeder Mensch kann mühelos seltsame Kreaturen und gruselige Gestalten aufzählen, die ihm oder ihr im Lauf des Lebens begegnet sind. Jede Gesellschaft kennt Monster, und das seit Urzeiten. Sie sind ein universelles kulturelles Phänomen. Rein äußerlich sind sie allerdings kaum auf einen Nenner zu bringen – und ihr Erscheinungsbild ist zudem oft trügerisch. Anmutige Monster wie die Sirenen aus der griechischen Mythologie locken Menschen ins Verderben; manch grobe Missgestalt entpuppte sich dagegen als Beschützer, man denke nur an Quasimodo, den Glöckner von Notre-Dame, der eine geliebte Frau vor dem Tod bewahren möchte und in der Kathedrale versteckt. Monster passen in kein gängiges Ordnungsmuster, so der Wissenschaftshistoriker Michael Hagner. Sie widersetzen sich der Ordnung der Welt, stehen für das Chaos, sind wild und unberechenbar. Allein durch ihr Aussehen lösen sie starke Gefühle aus: Angst und Furcht natürlich, aber auch Neugier und Lust, die seltsamen Gestalten genauer zu betrachten.

Unsere ersten Monster

Monster begegnen uns meist erstmals in der Kindheit, wenn wir uns unserer selbst langsam bewusst werden. So liegt ein Kind nachts wach und hat den Tag vor Augen. Gedanken und Erlebnisse, die es noch nicht verarbeitet hat, geistern ihm durch den Kopf. Und plötzlich weiß es, dass dort in der finsteren Ecke ein grässliches Wesen lauert. Oder es bekommt Panik, dass durch die Toilette eine fiese Gestalt aus der Kanalisation aufsteigen und es packen könnte.

Meine siebenjährige Tochter bittet mich derzeit öfter, unter ihrem Bett nachzusehen, ob sich da nicht irgendein Monster versteckt hält. Argumente, dass die Wohnung sicher sei, helfen nicht. Es gibt eine innere Quelle für ihre Unruhe. Ich muss dann in Sichtweite ihres Betts sitzen und Wache halten. Woher kommt diese Angst, und auf welche Weise findet sie ihren Weg in die Kinderzimmer dieser Welt?

Die renommierte englische Literaturwissenschaftlerin und Schriftstellerin Marina Warner betont in ihrem Buch *No go the Bogeyman* (auf Deutsch etwa: Geh nicht zum schwarzen Mann!), wie wichtig es sei, existenzielle Ängste von Kindern ans Licht zu holen, um sie dann mit der Kraft des Verstandes zu bearbeiten. Die Idee dahinter: Bearbeitet man die Ängste, vertreibt man damit auch die Monster.

Die Familientherapeuten Michael White und David Epston machen sich diese Erkenntnis ganz gezielt zunutze. Sie verlagern die Probleme der Kinder nach außen und entwerfen gemeinsam mit ihnen Monster als Sinnbild ihrer Ängste. »Sobald ich dir einen Namen gegeben hatte, konnte ich dich kennenlernen und besiegen!«, beschreibt das ein Mädchen. In den selbst erschaffenen Monstern begegnen die Kinder ihren Problemen, sie können sie anschauen, begreifen und überwinden.

Ähnliches raten Therapeuten, wenn Kinder nachts von heftigen Albträumen heimgesucht werden. Kinder sollten ihre Inhalte dann genau erzählen und für ihren Mut gelobt werden. Gemeinsam denkt man sich im Anschluss ein gutes Ende aus, das den Schrecken des Traums einfängt. Experten nennen das »Imagery Rehearsal Therapy«. Das Kind verändert das Drehbuch des Traums und ermächtigt sich so selbst. Auf diese Weise können einem Kind, das im Traum endlos fällt, Flügel wachsen, und es kann diese dann im Traum ausprobieren. Albträume müssen übrigens nicht zwingend darauf hindeuten, dass Kinder im Alltag tatsächliche schreckliche Dinge erleben. Oft sind sie ein Zeichen für eine ausgeprägte Fantasie.

Hinter den allermeisten gruseligen Märchen und Monstergeschichten für Kinder steckt die Idee, sie zunächst kontrolliert einem Schrecken auszusetzen, um sie dann über eine humorvolle Wendung zum Lachen zu bringen – womit die Angst in den meisten Fällen besiegt ist. Beim Vorlesen oder Lesen können Kinder Gefahren imaginieren und die damit verbundenen Gefühle in ihrem Tempo nachempfinden – am besten an einem geschützten Ort, in eine flauschige Decke gehüllt, zusammen mit Vater oder Mutter, auf dem Sofa oder im eigenen Bett. So geborgen können sie das Gefühl der Verunsicherung erfahren, ohne davon überwältigt zu werden. Das Kind dockt dabei an ein Reservoir von Ängsten an, die seit Urzeiten im Unterbewusstsein vorhanden sind, und bearbeitet sie.

Der amerikanische Kinderpsychologe und Psychoanalytiker Bruno Bettelheim hält deshalb gerade Märchen für die Persönlichkeitsentwicklung von Kindern für sehr wichtig. Er betont, wie sehr die alten Geschichten die Fantasie der Kinder anregen. Sie könnten sich in der Welt der Geschichten ausprobieren und das Wechselspiel von Angst und Sicherheit ergründen. Diese Idee hat eine lange Tradition, so Amanda Piesse: »Meiner Ansicht nach gelangen Monster als Weiterentwicklung alter Mythen in Kinderbücher, indem man diese Mythen für junge Zuhörer neu erzählt.« Ovids *Metamorphosen* beispielsweise hätten auf dem Schullehrplan englischer Kinder im 16. Jahrhundert gestanden. Die Geschichte *Odd and the Frost Giants* (auf Deutsch: *Der lächelnde Odd und die Reise nach Asgard*) des britischen Fantasy-Autors Neil Gaiman sei eine moderne Nacherzählung des Norse-Mythos, einer Sammlung nordischer Sagen und Göttergeschichten. »Dies zeigt auf brillante Art, dass der Kern von Mythen niemals altert.« Monster bleiben ewig jung, wenn sie eine Botschaft haben.

Aus diesem Grund sind Volksmärchen geeignete Träger für Geschichten, die an die nächste Generation übergehen sollen. Man muss lediglich die Figuren anpassen, die Monster also modernisieren. Im Frühjahr 2017 kam beispielsweise eine neue Version des Klassikers *Die Schöne und das Biest* ins Kino. Die Geschichte ist uralt, wurde aber immer wieder um neue Motive ergänzt. Für das Monster aus der Geschichte gibt es übrigens ein reales Vorbild aus dem 16. Jahrhundert, über das wir später mehr erfahren werden.

Gerade Märchen halten oft grausame Szenen für die Ohren der kleinen Zuhörer bereit. Da werden bösen Schwestern von Krähen die Augen ausgehackt, die Stiefmutter muss sich zur Strafe für ihre Bosheit in rot glühenden Schuhen zu

Tode tanzen, und die böse Hexe in *Hänsel und Gretel* wird im Ofen verbrannt.

Auf diese Schauergeschichten reagieren Kinder oft mit einem Seufzer der Erleichterung, obwohl die geschilderte Strafe grauenvoll ist. Psychologen und Analytiker sprechen dann vom Angst-Lust-Prinzip, das beim Hören von Monster- und Gruselgeschichten greift. Es ist eine zwiespältige Gefühlslage, eine Mischung aus zwei Gefühlen, die voneinander abhängen. Die Lust kann durch die Angst entstehen, etwa bei einer Mutprobe, wo wir gezielt die beängstigenden Situationen suchen, um sie dann zu überwinden. Kinder und Jugendliche erleben dieses Gefühl auch bei Mutproben, beim Sprung vom Zehn-Meter-Brett oder während einer Achterbahnfahrt.

Gute Geschichten erzeugen ebendiese Spannung und ermöglichen es Kindern, das Geschehen intensiv mitzuerleben. Dabei ist die Erschütterung von Sicherheit ein zentrales Motiv in Kinderbüchern. Man denke nur an die Harry-Potter-Geschichten, in denen das Böse in Form von Lord Voldemort in das heile Schul- und Internatsleben von Hogwarts einbricht. Mit den adretten Uniformen, dem geregelten Schulalltag und den festlichen Ritualen, wie dem ausgelassenen Quidditch-Spiel, ist es schnell vorbei. J. K. Rowling spielt in ihren Romanen verschiedene Formen von Verunsicherung durch. So erzählt sie von realen Bedrohungen durch finstere Gestalten und Wesen, die Harry Potter und seine Freunde unmittelbar attackieren, aber auch von einer magischen, geisterhaften Ebene, der Ebene der Träume, und schließlich von der seltsamen Verbindung zwischen Harry Potter und dem Bösen. Harry, so erfährt man im siebten Band der Reihe, trägt ein Stück von Lord Voldemort in sich. Das Böse ist also wortwörtlich in ihm und muss herausgeholt und vernichtet werden. Es verleiht ihm aber auch besondere Fähigkeiten: Harry kann wie Lord Voldemort die Sprache der Schlangen verstehen (die ein Symbol des Teufels sind) und in seine Gedanken eindringen, wie auch Lord Voldemort Zugang zu Harrys Gedanken hat – eine schreckliche Erkenntnis für den Jugendlichen.

Nicht nur in den Geschichten um Harry Potter nähren sich Schauer und Faszination, Angst und Lust aus der Überwindung von Ängsten. In Maurice Sendaks *Wo die wilden Kerle wohnen* treibt es der kleine Max im Wolfskostüm zu weit, woraufhin seine Mutter ihn einen »wilden Kerl« schimpft und ihn ohne Abendessen auf sein Zimmer schickt. Dieses verwandelt sich in seiner Fantasie in einen Urwald. Max steigt in ein Boot und fährt vorbei an gehörnten Seeungeheuern zu einer Insel. Dort lauern die »wilden Kerle«, sie fletschen ihre fürchterlichen Zähne und fuchteln mit ihren riesigen Klauen. Doch Max weiß, wie er sie zähmen kann. Er sieht ihnen tief in die Augen, ohne zu zwinkern. So bezwingt er die Monster, wird sogar deren König.

Wenn man die Illustrationen im Buch betrachtet, fällt das eher freundliche Dauergrinsen der Monster auf. Die Bilder vermitteln dem Kind, dass das alles nicht so richtig gefährlich ist. Es lernt, dass Grenzen auch überschritten werden können und dass es, auch auf sich selbst gestellt, Herausforderungen in vermeintlich unsicherem Terrain meistern kann. Am Ende der Geschichte überkommt den kleinen Max der Hunger, und er fährt wieder nach Hause, wo seine Mutter mit dem noch warmen Essen wartet. Die Komik der Bilder spielt hier eine entscheidende Rolle. Wie der kleine Max auf ihnen in seinem Ganzkörper-Wolfskostüm furchtlos den großen Ungeheuern gegenübertritt, hält die Geschichte kunstvoll in der Balance. Es ist eine Erzählung darüber, wie Wut sich verwandelt.

Die Monster sind oft mehrdeutig aufgeladen, und das Lust-Angst-Prinzip ist in unterschiedlicher Gewichtung in vielen populären Figuren angelegt, denken wir zum Beispiel an das Krümelmonster aus der *Sesamstraße* mit seinem blauen Fell und den großen, rollenden Augen. Es wirkt vor allem gutmütig und gleicht in seinem Wesen dem Außerirdischen Alf aus der gleichnamigen Serie. Trotzdem lauern in beiden Figuren auch abgründige Verhaltensweisen. So verspeist Alf mit Vorliebe Katzen, und das Krümelmonster kann ziemlich rabiat werden, wenn es hungrig ist. »Keeekse!«, fordert es dann und frisst alles auf, was ihm in die Finger kommt.

Kinder erfinden auch selbst gruselige Geschichten und leben sie im Spiel aus, beispielsweise mit Monsterspielfiguren, die als Merchandising-Artikel zu Hollywood-Produktionen den Markt fluten. Das können die beliebten Transformer-Figuren sein oder auch tödliche Dinosaurier, fiese Mutant Ninja Turtels oder mächtige Power Ranger. Die Optik der Spielmonster aus den modernen Märchen, die Erwachsene oft als abstoßend und blutrünstig wahrnehmen, macht Kindern offenbar keinerlei Angst. Vielmehr genießen sie im Spiel ihre eigene Macht über die Monster. Sie haben diese wortwörtlich im Griff. Kinder brauchen und gebrauchen die Monster, um sich mit ihrer Hilfe selbst zu ermächtigen. Im Spiel mit den Monsterfiguren bestimmen die Kinder die Regeln. Sie selbst können den Kampf zwischen Gut und Böse nach ihrem Willen gestalten, nach dem Motto: »Ich kann das Monster tun lassen, was ich will«.

Es ist eine erste interessante Erkenntnis: Offenbar müssen Kinder den Umgang mit Monstern nicht lernen. Sie scheinen instinktiv zu wissen, wie sie diese merkwürdige Erfindung für sich nutzen können. Wie schon erwähnt, glauben Kinder an die Existenz übernatürlicher Akteure. Um sich die Welt wirklich erklären zu können, brauchen sie auch eine Besetzung für die düsteren Seiten des Lebens und die eigenen dunklen Gefühle: die Monster.

Wann Monster erscheinen

Der kleine Ausflug ins Kinderzimmer hat gezeigt, dass Monster schon sehr früh eine wichtige Rolle in unserem Leben spielen. Meine Tochter ist derzeit nicht nur in einer Monster-unter-dem-Bett-Phase, sie zeichnet auch sehr gern. Neulich zeigte sie mir ein Bild mit einer Hand darauf. Rosa lackierte Fingernägel ragen von unten groß ins Bild, darüber ist eine Glaskugel zu sehen, auf der ein Rabe sitzt. »Das ist eine Hexe«, sagte sie und zeigte auf die Hand. Ich schaute wohl etwas irritiert drein, also ergänzte sie schnell: »Keine böse, das ist eine liebe Hexe. Ich habe da meine Hand abgemalt.« Die Hexe könne einen Sternenhimmel in die Glaskugel zaubern oder sehen, was wir gerade so machen, »wie im Fernsehen«. Offenbar integriert auch meine Tochter die Welt der Wunderwesen, der bösen Monster und der guten Feen mühelos in ihr Leben.

Ein zweites Beispiel, diesmal aus dem Leben eines Erwachsenen: Ein guter Bekannter, der auf einem Bauernhof in Niederbayern aufgewachsen ist, eröffnete mir jüngst, er habe lange unter geheimnisvollen Geschichten über Monster gelitten, die man sich im Dorf erzählt habe. Da hieß es, angeblich lauere in der Nähe einer bestimmten Scheune am Ortsrand nachts eine Frau, die den Leuten den Bauch aufschlitze und ein Holzscheit hineinlege. Damit nicht genug: Im nahen Wald warte eine weiße Frau auf kleine Kinder. Die Geschichten seien traumatisch gewesen, und er habe um die Orte immer einen großen Bogen gemacht. Dass von den Orten tatsächlich nie eine reale Gefahr ausging, sagte ihm damals niemand.

Zu Beginn meiner Recherchen habe ich mich über solche Schilderungen noch gewundert. Mittlerweile weiß ich, dass fast jeder Mensch solche Monstergeschichten parat hat. Probieren Sie es aus und fragen Sie Ihre Familie und Ihre Freunde! Sie werden auf einen schier unerschöpflichen Fundus an Ereignissen stoßen. Es gibt die gängigen, oft medial vermittelten, etwas mysteriösen Geschehnisse, die einem leicht über die Lippen kommen. Und dann existieren in tieferen Schichten der Psyche auch monströse Gedanken und Erfahrungen, die einen Menschen bisweilen zutiefst verstören können und die man lieber für sich behält.

Zu den eindrucksvollsten Monstern, an die sich viele Leser vermutlich erinnern können, gehören die mordlüsternen Kreaturen aus dem Film *Alien* von Ridley Scott. Das Alien tötet darin gnadenlos Menschen auf einem Raumschiff. Es scheint kein Mittel gegen die Sternenbestie zu geben. Sie dringt in die Menschen ein, nutzt diese als Wirt und tötet sie dann. Hinter diesem Monster, so erfährt man später, steckt möglicherweise eine Firma, die auf fernen Planeten künstliche Wesen züchtet, um die Menschheit auszurotten. Ich sehe noch ganz deutlich die furchterregende Szene vor mir, in der sich ein glibberiges, blutiges Wesen mit spitzen Zähnen ohne Vorwarnung durch den Brustkorb eines Crewmitglieds bohrt. Das Grauen lauert im Unbekannten. Schließlich tötet das Monster aus der fremden Welt fast die gesamte Besatzung. Der unerbittliche Kampf mit dem bösen und unansehnlichen Wesen berührt uns tief. Wir erleben die fundamentale Bedrohung unmittelbar: Das Monster lässt sich nicht vertreiben, es ist nicht nur dort draußen, sondern auch in uns, denn der Mensch ist Wirt der Bestie.

Der *Alien*-Film war der Auftakt in meine persönliche Monsterwelt. Es gibt ein Bild, das mich noch tiefer und auf eine höchst seltsame Weise geprägt und begleitet hat, es ist mein persönliches Monsterbild. Es fand sich in einem banalen Universallexikon, das bei meinen Eltern herumlag. Als Kind blätterte ich gerne darin. Bis ich irgendwann auf die steinerne Maske einer sumerischen Göttin stieß. Es handelte sich dabei, wie ich heute weiß, um eine der frühesten Darstellungen eines menschlichen Gesichts, die »Lady aus Uruk«, sie ist 5100 Jahre alt. Damals verängstigten mich die hohlen Augen und der leere Blick der Maske. Als Kind symbolisierte dieser Anblick für mich das Böse. Seltsam, wenn ich heute darüber nachdenke. Ich wusste damals nichts über die alte Kultur der Sumerer im Zweistromland. Mich erinnerte das Gesicht an indianische Göttermasken. Im alten Amerika wurden furchterregende Gestalten wie der Xolotl mit Hundekopf und nach hinten gedrehten Füßen oder Tlaloc mit blauer Haut und hervorquellenden Augen verehrt. Letzterem wurden sogar Kinder geopfert, um ihn zu besänftigen. Darüber hatte ich in einem Buch über Südamerika gelesen. Doch über die sumerische Maske wusste ich absolut nichts – und hatte trotzdem eine undefinierbare Angst vor ihr. Ich wagte es – und das ist kein Witz – erst mehr als ein Jahrzehnt später, die Seite im Lexikon wieder aufzuschlagen. Bis dahin war die Stelle tabu. Ich wusste genau, wo sie war – und überblätterte sie stets. Für mich war die Abbildung der Inbegriff eines Monsters, so, als sei eine unbewusste Angst, die tief in mir steckte, Bild geworden und habe sich als Maske verkleidet.

Das sind natürlich alles sehr persönliche Erfahrungen. Doch wer einmal in sich hineinhorcht, wird sich an eine gruselige Gestalt oder ein angstmachendes Bild erinnern. Jeder hat wahrscheinlich so ein »persönliches« Monster aus der Kindheit, das ihn oder sie damals verängstigt und verstört hat.

Die Monster unserer Zeit

Welche Monster kennen wir heute? Angelehnt an die Kategorien des Kulturwissenschaftlers Leo Braudy lässt sich das Personal unserer gesellschaftlichen und persönlichen Albträume in vier Typen einteilen:

»Monster aus der Natur« stehen für die Kraft ebendieser und für ihre ungezähmte Energie. Beispiele dafür sind das Monster aus dem schottischen Loch Ness, dessen Rätsel trotz enormer Anstrengungen immer noch nicht gelöst wurde, oder Wesen wie Godzilla oder King Kong. Auch außerirdische Monster oder Hybridwesen aus Mensch und Tier zählen zu diesem Typus.

»Erschaffene Monster« wie Frankenstein bilden den zweiten Typus. Wir Menschen haben sie selbst kreiert im Glauben, sie kontrollieren zu können – bis sie sich schließlich gegen uns wenden. Ihre Verwandten sind Terminatoren, Roboter, Cyborgs und künstliche Menschen, die uns immer ähnlicher werden und uns vielleicht gerade deshalb so erschrecken.

Typus Nummer drei versammelt unsere »inneren Monster«. Denken wir an die Geschichte von Dr. Jekyll und Mr. Hyde, der für die dunkle Seite des Doktors steht. Auch moderne Selbstmordattentäter können zu dieser Kategorie gezählt werden. Sie beziehen sich auf das Böse in uns selbst, das unter der Oberfläche lauert – die sprichwörtlichen menschlichen Abgründe.

Den vierten Typus bilden die »Monster aus der Vergangenheit«. Sie haben einmal gelebt und suchen die Welt nun als Untote heim. Manche von ihnen, zum Beispiel die Vampire, treiben seit Urzeiten ihr Unwesen und sind nicht selten unsterblich. Andere sterben und stehen innerhalb von Minuten als Zombies wieder auf: *Fear the Walking Dead!*

Es ist nicht immer ganz einfach, die Grenzen zwischen diesen vier Typen zu ziehen, und manche Monster gehören nicht nur einer Kategorie an. Dennoch lassen sich aus diesen vier Formen alle heutigen Monster ableiten.

Monster aus der Natur

Haben Sie sich schon einmal gefragt, warum uns menschenleere Orte faszinieren? Sie führen uns vor Augen, dass die Natur stärker ist als wir und dass sie jederzeit wieder vordringen und die mühsam errichtete Zivilisation überwuchern kann. Seit der Katastrophe von Tschernobyl kennen wir die Bilder der verlassenen Geisterstadt Pripyat, die nach dem Reaktorunglück aufgegeben werden musste. Die Natur erobert die Stadt zurück, und wir bekommen eine Ahnung davon, wie eine Welt ohne Menschen aussehen könnte. Sie wirkt alles andere als ausgestorben ...

Die Macht der Natur lässt sich auch im Kleinen beobachten. In einem abgelegenen Landhaus in der Maremma, in dem ich schon einige Sommer verbracht habe, ist mir wiederholt vor Augen geführt worden, welche Mühe es kostet, die Natur im Zaum zu halten. Überall im Haus kreuchen und fleuchen Spinnen, Käfer, Ameisen, Fliegen und Skorpione. Draußen im Wald leben Wildschweine, die nachts die

Wiese vor dem Haus aufwühlen. Im Schuppen haben sich zwei Kolonien von Hufeisenfledermäusen eingenistet. Die Tiere halten sich an kleinsten Unebenheiten fest und baumeln stets leicht hin und her, als würde ein Windhauch sie bewegen. Geht man ganz nah heran, kann man ihre spitzen Ohren, die ledrigen Flügel und die Hufeisennase erkennen. Nur schreckhaft darf man nicht sein, denn immer wieder fliegt eine von ihnen auf und saust einem dicht am Kopf vorbei.

Aus eben dieser Mischung von Faszination und Unbehagen nähren sich Monster. Unmittelbare Naturkontakte erinnern uns an das im Alltag oft vergessene Gefühl, die Kontrolle zu verlieren und »überwuchert« zu werden. In Filmen stehen häufig insektenartige Monster wie Metaphern für dieses unaufhaltsame Vordringen der Natur. Auch der mexikanische Regisseur Guillermo del Toro, Autor zahlreicher fantastischer und unheimlicher Filme wie *Pan's Labyrinth*, ist fasziniert von der Insektenwelt: »Als ich ein Kind war, fand ich in einem Antiquariat die Bücher des französischen Insektenkundlers Jean-Henri Fabre, als Teenager fand ich heraus, dass es auch die Lieblingsbücher von Luis Buñuel waren. Insekten sind für mich lebende Metaphern. Sie sind so fremdartig und so fern und so perfekt, aber sie sind auch völlig emotionslos. Sie haben keinerlei menschliche Instinkte, nicht einmal die von Säugetieren. Sie werden ohne zu zögern ihren Nachwuchs fressen; ... sie können euer Haus aufessen! Sie empfinden keinerlei Mitgefühl, keines!«

Nun befinden wir uns schon mitten unter den Monstern aus der Natur: Es sind Urgewalten, die ohne Vorwarnung über uns hereinbrechen und sich in beängstigender Weise von uns unterscheiden. Wir können ihr Verhalten nicht vorausahnen und scheitern daran, es zu verstehen. Zunächst wirken sie wie wilde, grausame Tiere, sie stehen aber für weit mehr. Sie verkörpern Naturkatastrophen wie Erdbeben,

Hurrikane oder Tsunamis. Wie im Fall des japanischen Filmmonsters Godzilla können sie auch für eine vom Menschen entfesselte Naturkraft stehen, wie sie bei der Spaltung von Atomen freigesetzt wird. Viele der Katastrophenfilme der Fünfzigerjahre entstanden unter dem Eindruck der Angst vor Atom- und der Wasserstoffbomben. Godzilla erschien seit 1954 in bisher 31 Filmen und erreichte dort eine Größe von bis zu 120 Metern.

Das Leben in den Städten, inmitten zahlloser technischer Errungenschaften, gaukelt uns die völlige Beherrschbarkeit der Natur vor. Dennoch gibt es Kräfte und Wesen in der Natur, die wir trotz aller Anstrengungen nicht zähmen können. Deshalb lauschen wir fasziniert Berichten über die wenigen einsamen Gegenden der Erde und die möglicherweise dort lebenden Ungeheuer wie Bigfoot, das Seeungeheuer von Loch Ness oder gefährliche Wesen in Flüssen, die angeblich Kinder verschlingen. Fernsehsender wie DMAX sind voll von Beiträgen, in denen Reporter versuchen, den Wahrheitsgehalt dieser schier unglaublichen Geschichten zu ermitteln. Offenbar wollen wir nicht in einer Welt leben, in der es das Unbekannte nicht mehr gibt.

Fantastische Tierwesen

Im Jahr 1869 sah ein Jäger in der Nähe des Orestimba Creek in Kalifornien zwei affenähnliche Tiere. Er schätzte ihre Größe auf etwa 1,50 Meter. Ihre Körper waren lang, ebenso die Arme, die Beine eher kurz. Lokale Zeitungen berichteten damals ausführlich auf den Titelseiten über den Fall. Knapp 100 Jahre später fand man nahe dem Bluff Creek, ebenfalls in Kalifornien, 50 Zentimeter große Fußspuren. Damit war der Name des Wesens geboren: Bigfoot. Seine Größe schätzte man aufgrund der Fußabdrücke auf stattliche 2,75 Meter.

Seit Mitte des 20. Jahrhunderts versuchen Menschen in ganz Nordamerika, den Bigfoot oder Sasquatch, wie die

Indianer ihn nennen, zu finden. Theorien, dass es sich um einen aufrecht gehenden Bären handelt, haben sich nicht bestätigt. Nachweislich entdeckt hat ihn aber bislang auch niemand. Die Suche begeistert noch immer viele Menschen, und im Internet finden sich fast täglich neue Meldungen dazu.

Die Faszination der Menschen für hybride Wesen scheint also seit der Steinzeit ungebrochen, denn auch Yeti und Bigfoot sind solche Mischwesen: Sie bestehen aus einem menschlichen und einem wilden, primitiven, tierischen Anteil. »Im Wald könnten seltsame Wesen leben, die das Menschliche und das Tierische vereinen«, so Leo Braudy, »heute ist die Wahrscheinlichkeit dafür sogar höher, da die wilden Gebiete durch den Ansturm des menschlichen Fortschritts immer mehr dezimiert werden.«

Egal ob Bigfoot, der tibetische Schneemensch Yeti, den auch die Bergsteigerlegende Reinhold Messner im Himalaya gesehen haben will, oder der affenartige australische Yahoo mit seinen langen weißen Haaren – sie alle stehen stellvertretend für monströse Wesen aus der Natur, die zumindest theoretisch existieren könnten. Schon früh griffen die Medien diese Themen auf, und es erschienen reißerische Berichte über angebliche Sichtungen der scheuen Wesen. Auch die Literatur interessierte sich für das Thema, bot es sich doch als Stoff für fantastische Gedankenspiele an. In den Achtzigerjahren bildete sich dann mit der Kryptozoologie auch ein Pseudowissenschaftszweig heraus, dessen Vertreter durch ernsthafte Nachforschungen auch heute noch versuchen, die Fakten hinter den Monstermythen aufzudecken. Begründet hat diese Disziplin der belgische Zoologe Bernard Heuvelmans, der erstmals systematisch Hinweise auf unbekannte Tierwesen sammelte. Sein Buch *Sur la Piste des Bêtes Ignorées* aus dem Jahr 1955 war ein Bestseller. Mit den Erlösen finanzierte Heuvelmans seine späteren Forschungsreisen.

Der Begriff Kryptozoologie nimmt bereits vorweg, dass es sich um die Suche nach Geschöpfen handelt, für deren Existenz es nur zweifelhafte Belege gibt: mysteriöse Legenden, verschwommene Bilder oder vage, nicht überprüfbare Zeugenaussagen. Klassische Zoologen halten sich auf diesem Terrain zurück und verweisen die Geschichten ins Reich der Folklore oder der Urban Legends. Doch eine kleine Gruppe von Kryptozoologen sucht auch noch heute nach mysteriösen Wesen, die unerkannt in Bergen, Sümpfen, Urwäldern oder in den Tiefen der Meere leben. Sie sammeln wie besessen alte Berichte, suchen nach Spuren, analysieren Knochen, Zähne oder sogar Kothaufen – kurz nach allem, was die Existenz der Fabelwesen erklären könnte. Auch den abstrusesten Details gegenüber sind sie zunächst offen, um auf ihrer Spurensuche kein wichtiges Indiz zu übergehen.

Oft werden ihre Ergebnisse belächelt, weil wir im digitalen Zeitalter davon ausgehen, schon alles zu wissen, und wir glauben, demzufolge nichts mehr entdecken zu können. Doch gerade aus den Tiefen der Meere tauchen immer wieder unbekannte Arten auf, wie beispielsweise die wahrlich monströsen Riesenkraken, die in 1000 Meter Tiefe leben, bis zu zwölf Meter groß werden und lange Zeit als Legenden abgetan wurden. Könnten wir nicht auch an Land etwas übersehen haben? Kryptozoologen verweisen an dieser Stelle gern auf die spektakuläre Entdeckung des urzeitlichen, angeblich seit 65 Millionen Jahren ausgestorbenen Quastenflossers oder auf den Spott, der Wissenschaftlern im 18. Jahrhundert entgegenschlug, als sie von einem eierlegenden Schnabeltier berichteten, einer Mischung aus Biber und Ente. Der Platypus schwimmt noch heute in den australischen Seen und Flüssen und erfreut sich bester Gesundheit.

Aus allen Regionen der Erde sind Berichte von Monstern zu vernehmen. Aus Sumatra etwa stammen Erzählungen über den Affenmenschen Orang Pendek, in Kenia gibt es

Hinweise auf den Nandi-Bär, ein mythisches Mischwesen, halb Hyäne, halb Löwe, vor dem die Mitglieder des Volks der Nandi ihre Kinder warnen. Manche dieser Geschichten beziehen sich auf Tiere, die tatsächlich einmal auf dieser Erde gelebt haben, aber längst ausgestorben sind. Einige dieser Legenden berichten aber auch von gänzlich unbekannten und wahrhaft monströsen Wesen. Sie tauchten etwa vor 20 Jahren in Süd- und Mittelamerika auf. Die bis zu anderthalb Meter großen Chupacabras sollen dort Ziegen oder Schafen die Kehle aufgeschlitzt und ihnen das Blut ausgesaugt haben wie Vampire. Einige Viehbesitzer hatten ausgeblutete Ziegen mit typischen Bisswunden am Hals gefunden, wonach Gerüchte über stinkende Bestien mit grüngrauer Haut aufkamen. Augenzeugen berichteten davon, dass sie Stacheln auf dem Rücken trügen, die sie einfahren könnten, andere beschrieben sie als nackte, hunde- und wahlweise auch reptilienartige Wesen mit langer Schnauze und großen Eckzähnen, wieder andere als Außerirdische mit großen Augen. Kurzum: Es herrschte ein wildes Durcheinander. Wissenschaftler untersuchten einige der Kadaver und kamen zu dem Schluss, dass hinter den Geschichten Kojoten mit schwerer Räude steckten, einer Milbenerkrankung, die die Haut grau und kahl werden lässt und die Tiere schwer zeichnet.

Aber nicht nur entlegene Gebiete an Land, auch die Tiefen der Ozeane boten und bieten viel Raum für Spekulationen. Heute dringen Meeresbiologen in technisch aufwendigen Expeditionen immer tiefer in die Weltmeere vor, in Regionen, die nach alten Sagen von gefährlichen Ungeheuern und Seemonstern bewohnt sind. Im Februar 2017 brachte das amerikanische Forschungsschiff Okeanos Explorer von seiner Expedition in die Tiefen des Pazifiks Bilder von außerirdisch anmutenden Wesen mit. Darauf sieht man Fische, die auf ihren Flossen über den Tiefseeboden laufen, oder eine Qualle, die auf den ersten Blick wie ein Ufo aussieht. Tauchroboter stießen selbst in 6000 Metern Tiefe noch auf bizarre Lebensformen. An den Hängen des Unterseevulkans Vailulu'u kam ihnen eine Rippenqualle entgegen, die in allen Farben des Regenbogens blinkte wie eine Diskokugel. Hier überflügelt die Realität die Fantasie der Menschen. Wir können gespannt sein, welch fantastische Tierwesen die Tiefsee in der Zukunft noch preisgeben wird.

Manche Rätsel lassen sich trotz enormer wissenschaftlicher Anstrengungen bis heute nicht lösen. Mitten in Schottland liegt der sagenumwobene See Loch Ness, in dessen Tiefen seit Urzeiten ein Monster hausen soll. Immer wieder wollen Menschen in den Fluten seine Umrisse entdeckt haben, allein in den vergangenen 100 Jahren wurden über 1000 Sichtungen gezählt. Der See ist mit 36 Kilometern etwa so lang wie der Starnberger See, dabei bis zu 230 Meter tief, er teilt das Hochland von Schottland. Im Juli 1933 will ein Mann dort ein reptilienartiges, elefantengraues Wesen gesehen haben, das quer über die eben erst gebaute Uferstraße auf den See zusteuerte. Als schließlich der Schotte Hugh Gray nach dem Kirchgang am 12. November 1933 ein unscharfes Foto von einem schlangenartigen Wesen aufnahm, gab es kein Halten mehr: Die alte Legende aus dem 17. Jahrhundert über einen vermeintlichen Kelpie erlebte eine Renaissance sondergleichen. Der Sage nach handelt es sich dabei um ein Wassermonster, das ein tapferer Highlander ehedem mit einem Schwert getötet hatte – dabei jedoch offenbar nicht gründlich genug vorgegangen war. Seit dieser Zeit läuft die Suche nach Nessie, doch keine der groß angelegten Suchaktionen barg einen Erfolg.

Heute wissen wir relativ sicher, dass sich in Loch Ness kein Monster oder gar ein übrig gebliebener Dinosaurier befindet. Doch noch immer wollen Menschen offenbar daran glauben, dass da doch etwas sein könnte. Prähistorische

Wesen faszinieren uns. Sie könnten in unzugänglichen Gegenden, an den Grenzen der Zivilisation überlebt haben. Am Beispiel von Nessie zeigt sich, wie sich unsere Wahrnehmung täuschen lässt und bisweilen auch von Erwartungen abhängt. Wir schmunzeln über das berühmteste Nessie-Foto von 1933, das sich erst 60 (!) Jahre später als Attrappe herausstellte. Die Sichtungen von Wassersauriern häuften sich übrigens immer zu Zeiten, in denen entsprechende Wesen auch in Filmen zu sehen waren. Die meisten Meldungen gab es im Jahr 1933, als auch *King Kong* im Kino lief. Darin war ein bestimmter Dinosaurier namens Diplocodus zu sehen. Die Beschreibungen von Nessi aus der damaligen Zeit erinnern stark an ihn.

Aus einer anderen Welt

Es ist also nicht überraschend, dass auch der Weltraum, eine uns in weiten Teilen völlig unbekannte Natur, mit zahlreichen Monstern bevölkert wurde. Im Film *Pacific Rim* des Filmemachers Guillermo del Toro gelangen Kaiju genannte monströse Riesenaliens über ein Raum-Zeit-Portal im Pazifik auf die Erde und verwüsten Küstenstädte wie Hongkong oder San Francisco. Aufhalten können die bis zu 80 Meter hohen Wesen, die an King Kong oder Raubsaurier erinnern, nur hochhausgroße, humanoide Kampfroboter. Die von Menschen mittels Gedankenkraft gesteuerten Maschinen versuchen, die hochintelligenten, tödlichen Wesen aus einer anderen Region des Universums in Schach zu halten.

Aliens sind neben den Zombies die prägenden Monster unserer Zeit. Sie sind für Menschen auch immer so etwas wie ein Maßstab der eigenen Entwicklung: Sind wir schlau genug? Könnten wir gegen eine andere Spezies bestehen?

Begonnen hatte die Alien-Begeisterung schon zu Beginn des 20. Jahrhunderts. Ingenieure und wissenschaftliche Visionäre beschäftigten sich damals bereits mit der Raumfahrt und entwickelten das theoretische Rüstzeug für den Flug ins All. Raketengleichungen und erste Gedanken zu technischen Antrieben begeisterten auch Künstler und Autoren. Doch auch hier kamen mit dem Fortschritt die Ängste, dass das Abenteuer All auch Gefahren mit sich bringen könnte. Und überhaupt: Wenn wir Menschen zu kosmischen Wesen werden könnten, warum sollte es nicht irgendwo da draußen in den unendlichen Weiten auch andere Lebensformen geben, die dazu ebenso in der Lage waren? Und warum sollte nicht irgendjemand schneller sein als die Menschheit? Der britische Schriftsteller H. G. Wells schrieb schon im Jahr 1898 in seinem Roman *Krieg der Welten* von einer Invasion der Marsbewohner. In dreibeinigen Kampfrobotern greifen darin die feindlichen Invasoren zunächst England an und wollen schließlich die gesamte schutzlose Erde ausbeuten und vernichten. Berühmt wurde vor allem die Hörspielfassung von Orson Wells, die in der Nacht vor Halloween am 30. Oktober 1938 ausgestrahlt wurde. Die als 60-minütige Reportage gestaltete Geschichte über die beginnende Invasion löste zwar keine Massenpanik aus, wie fälschlicherweise oft berichtet, sie führte aber doch zu einer gewissen Verunsicherung – genauso wie die deutsche Erstausstrahlung im Jahr 1977. Beides zeigt, wie sehr die äußeren Umstände und die gefühlte Angst in einer Gesellschaft die Wirkung der monströsen Wesen beeinflussen. 1938 waren es die Folgen der Wirtschaftskrise und der nahende Weltkrieg, im Jahr 1977 war die Angst vor der sowjetischen Aufrüstung für die Zuhörer sehr präsent.

Einen Boom erlebten die außerirdischen Kreaturen während der Zeit der bemannten Raumfahrt, insbesondere während des amerikanischen Apollo-Programms, in dessen Rahmen Menschen die Erde verließen und im Jahr 1969 erstmals ein anderes Himmelsobjekt betraten. Es fühlte sich an wie der Beginn einer großen Reise, ein Aufbruch in unbekannte Welten. Auch die Filme *Raumschiff Enterprise* oder die *Star-Wars*-Trilogie von George Lucas spiegeln diesen Geist wider. Oft werden diese Geschichten in der Art des uralten Kampfs von Gut und Böse erzählt.

In der Realität schreiten die Erforschung und die mögliche Eroberung des Weltalls voran. Die geplante Marsmission mit der ersten Landung auf einem anderen Planeten wäre ein Meilenstein. Und Weltraumteleskope wie Kepler suchen nach neuen Welten, bis 2017 haben sie bereits mehr als 2300 Exoplaneten entdeckt, auf denen potenziell Leben möglich wäre. Und das ist erst der Anfang. Allein in unserer Galaxie, der Milchstraße, soll es unvorstellbare 100 Milliarden (!) bewohnbare Planeten geben. Werden wir irgendwann tatsächlich auf reale Wesen aus dem All treffen, der letzten unerforschten und dabei unendlichen Zone unserer Welt? Neue Filme wie *Arrival* spinnen diese Gedanken weiter. Darin landen zwölf etwa 450 Meter hohe, monolithische Raumschiffe auf der Erde, sie wirken wie riesige Segel. Die siebenfüßigen Außerirdischen bringen uns eine neue »Sprache«, die neue Kommunikationsform ermöglicht uns sogar einen Blick in die Zukunft. Forscher wie der Physiker Stephen Hawking sagen lakonisch, dass es wohl besser wäre, wenn uns die Aliens – falls es sie gibt – nicht finden und besuchen würden. Wer weiß, wie die Begegnung ausginge!

Erschaffene Monster

Schon früh existierten Erzählungen, in denen Monster vom Menschen erschaffen, gebaut, geknetet oder heraufbeschworen wurden. Am bekanntesten sind sicherlich der Lehmriese Golem, der durch die Gassen von Prag wankt, und Frankensteins Kreatur, deren Hässlichkeit ihren Schöpfer sofort in die Flucht jagt. Auch der Homunculus, ein mithilfe alchemistischer Formeln aus organischer Materie erzeugte, künstlicher Mensch (hier rechts zu sehen), ist so ein monströses Wesen. Man dachte, bestimmte chemische Substanzen würden eine Art Seelenstoff enthalten, den man als Basis für neues Leben verwenden könnte. Aus Zutaten wie Wasser, Blut und bisweilen auch menschlichen Spermien sollte, so die Idee, in einer warm-feuchten Umgebung in 40 Wochen ein durchsichtiges, kleines, menschliches Wesen entstehen. Im Spätmittelalter wirkte das »kleine Menschlein« oft als geheimnisvoller Helfer bei magischen Ritualen.

In unserer heutigen Zeit sind die Themen dieser Monster moderner denn je. Den Drang des Menschen, selbst zum Schöpfer zu werden, können wir heute in der Klonforschung, in der medizinischen Forschung oder auch bei der Entwicklung von humanoiden Robotern wiederfinden. Schon in der ursprünglichen Legende entgleitet der Golem allerdings der Kontrolle seines Schöpfers, das sollten wir angesichts der rasanten Entwicklungen heute nicht vergessen.

Auch moderne Kreationen wie Roboter oder Cyborgs werden von Menschen in dem Glauben gebaut, sie kontrollieren zu können. Aber was würde es für uns bedeuten, wenn wir solche Gestalten aufgrund der Fortschritte in der Biotechnologie bald im realen Leben anträfen? Cyborgs sind in den Filmen mal Vorboten der Apokalypse wie in *Terminator* mal Superhelden wie in *Captain America*. Viele Menschen fürchten schon heute, dass Cyborgs uns irgendwann bedrohen und vielleicht sogar überflüssig machen könnten. Denn schließlich sind moderne Technologien dabei, die Fantasien der Menschen einzulösen, sie vielleicht sogar zu überholen. Klar ist: Die verbesserten Versionen unserer selbst werden uns überlegen sein, wenn sie irgendwann perfektioniert sind.

Auch die winzigsten aller möglichen Monster gehören in dieses Kategorie, genetisch veränderte Viren und Bakterien. Eine Vielzahl von Viren-Thrillern wie *I am Legend*, *28 Tage später*, der Pandemie-Schocker *Contagion* oder die BBC-Endzeitserie *Survivors* belegen, wie sehr uns die Möglichkeiten der Biotech- und Genforschung beschäftigen. Dringen die mutierten Viren und gefährliche Bakterien in uns ein, wird der Mensch durch das Virus zum Monster, er wird sich selbst zum Feind. Es ist ein Kampf aller gegen alle. Die Menschheit ist durch die Monsterviren in ihrer Existenz bedroht. Rettung gibt es nur dort, wo die Zivilisation aufhört, das ist die Botschaft.

Und die menschliche Geschichte geht weiter. Wieder wird dabei die Grenze von der Fiktion zur Realität überschritten. Im digitalen Zeitalter ist eine neue Monsterspezies im Anmarsch: programmierte Konstrukte, die einen oder mehrere reale Schöpfer haben, selbst aber im digitalen Universum existieren. Wir nennen diese computerbasierten Algorithmen, die unser Leben überwachen und beeinflussen, Datenmonster oder Datenkraken, weil sie uns so fremd, rätselhaft und übermächtig vorkommen wie Riesenkraken und Seeungeheuer den Menschen im Mittelalter. Noch mysteriöser und damit potenziell bedrohlicher sind die sogenannten Botnets. Hunderttausende dieser sogenannten Social Bots agieren auf sozialen Plattformen wie Twitter oder Facebook, als stünden hinter diesen Profilen reale Menschen. Die Grenzen zwischen Mensch und Maschine verschwimmen.

Forscher des Londoner University College entdeckten Anfang 2017 auf Twitter das bislang größte Social-Bots-Netzwerk, eine Armee aus 350.000 computergesteuerten Profilen, die sich alle auf einen einzelnen Nutzer zurückführen ließen. Derzeit ruhe die Armee zwar, sagen die Forscher, aber sie könne jederzeit loslegen. Aufgefallen war das Netzwerk vor drei Jahren, als es massenhaft Zitate aus *Star Wars* verschickte. Solche Monsternetzwerke sind auf dem Schwarzmarkt mittlerweile sehr viel Geld wert. Sie aufzubauen und vor den Suchalgorithmen von Twitter zu verstecken ist extrem aufwändig. Die Macher der *Star-Wars*-Bots hätten enormen Aufwand betrieben, um die früheren Bot-Erkennungsmethoden zu umgehen, schreiben die Forscher Juan Echeverria und Shi Zhou. Der Bot-Master könne die 350.000 Profile jederzeit aktivieren und so Meinungen und Trends auf Twitter beeinflussen. »Der Fakt, dass die Bot-Armee so groß ist, macht die potenziellen Gefahren sehr ernst – vielleicht sogar ernster als alles, was wir bisher gesehen haben«, so die Forscher.

Welche dramatischen Auswirkungen das im Einzelfall haben kann, zeigt eine Studie der University of Southern California. Darin konnte belegt werden, dass fast 20 Prozent aller Tweets aus den Monaten September und Oktober 2016, kurz vor der US-Wahl, von Social Bots verschickt worden waren, also von Maschinen. Für die Empfänger ist das nur schwer zu durchschauen, denn manche Bots ahmen mittlerweile sogar menschliches Verhalten nach, verschicken Nachrichten beispielsweise nach einem ähnlichen Tag-Nacht-Rhythmus.

Soll man nun resignieren angesichts solcher Meldungen oder hoffen, dass die Algorithmen sich schon nicht selbstständig machen und über uns herrschen werden? Oder die Technik zähmen und zurückdrängen? Die Angst vor dem Ende der menschlichen Freiheit und einer Herrschaft der künstlichen Intelligenzen ist seit Anfang des 21. Jahrhunderts groß. Längst tauchen in Filmen nicht mehr nur niedliche Roboter wie R2D2 aus *Star Wars* auf. *I, Robot* von 2004 war ein Vorbote dieser Angst. Aber auch die Hoffnung auf Freundschaft wurde zum Ausdruck gebracht, beispielsweise in dem Film *Her*, wo sich der Hauptdarsteller in die Stimme eines Computersystems verliebt.

Der französische Philosoph Bruno Latour mahnte in seinem Aufsatz »Love your monsters« schon im Jahr 2011 an, dass wir uns um unsere Technologien so kümmern müssten, als wären es unsere Kinder. Stattdessen bekommen wir es mit der Angst zu tun und wenden uns erschrocken von unseren technologischen »Schöpfungen« ab. Angesichts der technischen Möglichkeiten von Algorithmen und digitalen Maschinen Abstand von ihnen zu nehmen ist falsch, denn erst durch dieses Verhalten entstehen wahre Monster. Latour zieht eine interessante Parallele zu Frankensteins Monster, der Kreatur ohne Namen, die von ihrem Erfinder Viktor Frankenstein allein gelassen wurde. »Denk daran, ich bin deine Schöpfung«, sagt die Kreatur zu Frankenstein. »Ich sollte dein Adam sein, aber ich bin eher der gefallene Engel, den du für keine Missetat aus dem Glückszustand vertrieben hast ... Ich war wohlwollend und gut, die Not machte aus mir einen Unmenschen. Mach mich glücklich, und ich werde wieder rechtschaffen sein.« Geschrieben wurde das zu Beginn der technischen Revolution, die seit dem 19. Jahrhundert die Welt bestimmt.

Die Schriftsteller dieser Zeit spürten die Herausforderungen dieser industriellen Entwicklung genau, nicht selten verliehen sie ihren Bedenken und Vorahnungen in Form von Monstern Ausdruck. Es ist kein Zufall, dass das Interesse an

Frankenstein und Co. heute wieder zunimmt. Erst kürzlich erschien beispielsweise eine Neuausgabe von E. M. Forsters *Die Maschine steht still*. Das monströse Ungetüm, das der englische Schriftsteller Edward Morgan Forster in seiner Erzählung beschreibt, sei die früheste und wahrscheinlich auch heute noch treffendste Charakterisierung des Internets, so der Autor und Friedenspreisträger Jaron Lanier. Es ist die Geschichte eines Mannes und seiner Mutter, die – wie alle anderen Menschen auch – in einer Maschine unter der Erde leben: in kleinen, sechseckigen Waben ohne Öffnung und ohne Fenster, die doch von einem gleichmäßigen, sanften Leuchten erfüllt sind. Persönlicher Kontakt ist obsolet geworden. Der Mensch ist abhängig geworden von der Maschine, anstatt sie zu beherrschen. Per Knopfdruck liefert diese Maschine alles: Essen, medizinische Versorgung, Kontakt zu anderen Zellen.

Entstanden ist die Geschichte schon im Jahr 1909, weit vor der Entstehung des Internets und der sozialen Medien, und doch liest sie sich wie eine treffende Beschreibung der digitalen Welt. Forsters Maschine ist dabei nicht nur ein technisches System, sondern auch so etwas wie eine sinnstiftende Gottheit, die nicht kritisiert werden darf. Besuchen können sich die Menschen in ihren Waben nicht, die Maschine kann aber, wie wir es heute über Skype oder Facebook tun, einen digitalen Kontakt via Bildtelefon herstellen. Mutter und Sohn kommunizieren via Bildtelefon. Es ist faszinierend, wie sehr sich die Maschine von damals und das Internet von heute in ihren Möglichkeiten gleichen. So hat etwa die Mutter Abertausende Bekannte, Kommunikation und Art des Informationsaustauschs kontrolliert dabei aber die Maschine.

Sogar die Vorstellungen der Menschen von der Welt draußen sind mit der Zeit verblasst. Das Gefühl von Sonnenlicht auf der Haut hat keiner der Wabenmenschen mehr erlebt, Vogelgezwitscher kommt nur noch vom Band. Irgendwann will der Sohn die Mutter sehen, das Bildtelefon reicht ihm nicht mehr: »Obwohl ich auf dieser Scheibe etwas sehe, das dir ähnlich ist, sehe ich dich nicht. Obwohl ich durch den Fernsprecher etwas höre, das dir ähnlich ist, höre ich dich nicht.« Er ist entschlossen, die Maschine zu verlassen: »Versteht ihr denn nicht, dass wir es sind, die sterben, und dass allein die Maschine hier unten wahrhaftig lebt? Wir haben sie erschaffen, uns zu dienen, aber sie dient uns nicht mehr. Sie nimmt uns das Gefühl für den Raum und den Sinn für Berührungen, sie betäubt alle zwischenmenschlichen Beziehungen, reduziert die Liebe auf einen fleischlichen Akt, lähmt unsere Körper und unseren Willen, und jetzt zwingt sie uns auch noch dazu, sie anzubeten!«

Die Maschine ist zum Monster geworden. Sie ist außer Kontrolle geraten – auch weil niemand mehr da war, der sie einst erschaffen hatte und der sie hätte in Zaum halten können. Die Geschichte endet mit dem Zusammenbruch des Kommunikationssystems und dem Ende der künstlichen Welt. Aber auch mit dem Tod von Mutter und Sohn, der kurz vor seinem Tod der sterbenden Mutter sagt: »Die Menschheit hat ihre Lektion gelernt.«

Die seelenlose und dabei mächtige Maschine dient hier als monströses Feindbild. Auf den ersten Blick scheint sich das auch zu erfüllen. Doch hier lohnt sich ein kritischer Blick: »Wir klagen die Monster an, nicht die, die sie erschaffen haben«, schreibt Latour. »Wir schreiben unsere Sünden der Natur gegenüber den Technologien zu. Aber unsere Missetat ist nicht, dass wir die Technologien geschaffen haben, sondern dass wir es versäumt haben, sie zu lieben und uns um sie zu kümmern.« Das ist ein bisschen so, als würde man plötzlich beschließen, dass man unfähig sei, seine Kinder zu erziehen, und sie dann sich selbst überlässt.

Bereits in den 1950er-Jahren kamen erste Stimmen auf, die eine Zeit der »künstlichen Monster« voraussagten. Man befürchtete, dass wie auch immer geartete künstliche Intelligenzen in unser Gehirn eindringen und unser Bewusstsein manipulieren könnten. Der Gedanke löste verständlicherweise die Angst aus, dass der Mensch damit nicht mehr Herr seiner selbst sein würde. Der Wissenschaftshistoriker George Dyson, ein Experte für die Geschichte der künstlichen Intelligenz, schreibt: »Es ist so wie bei der Frage, was geschehen könnte, wenn künstliche DNA freigesetzt würde: Wäre es das Ende der Welt, wie wir sie kennen, wenn diese sich selbst replizierenden numerischen Kreaturen freikämen? Aber wir leben jetzt in einer Welt, in der sie tatsächlich freigesetzt wurden – einer Welt, die immer häufiger von sich selbst replizierendem Code gemanagt wird.«

Das alles ist stark auf die Finanzmarktwelt und den Computerhandel gemünzt, aber die Botschaften sind trotzdem klar und alarmierend. Man muss die Zeichen nur lesen wollen. Vor 20 Jahren wurde eine Aktie im Schnitt vier Jahre lang gehalten, heute sind es noch 22 Sekunden.

»Wir haben einen Automaten im Innersten unserer Ökonomien geschaffen, der entschlossen ist, unser Leben zu bestimmen«, schreibt der Soziologe Manuel Castells. »Der Albtraum der Menschheit, dass die Maschinen die Kontrolle über unsere Welt übernehmen, scheint jetzt schon Wirklichkeit zu werden – nicht in der Form von Robotern, die Berufe vernichten, oder Regierungen, die unsere Leben überwachen, sondern als elektronisches System finanzieller Transaktionen.«

Wer, wenn nicht unsere Monster können uns darauf hinweisen, dass hier etwas aus dem Ruder läuft? Wir brauchen sie, um die möglichen Entwicklungen und Gefahren in ihrer vollen Dimension zu begreifen. Im realen Leben sind sie überdeckt durch vermeintliche Vorteile der Neuerungen. Die Profiteure solcher Entwicklungen wie Finanzinstitute oder große Internetfirmen wie Google oder Facebook tun alles dafür, uns von den tatsächlichen Gefahren abzulenken. Wir lassen uns vielleicht täuschen, aber unsere Monster nicht.

Das Böse in uns

Im Trailer zum Horrorfilm *Halloween* heißt es: »In jedem von uns schlummert eine dunkle Seite. Den meisten gelingt es, sich ihr zu widersetzen, aber einige werden von ihr verzehrt, bis nichts anderes bleibt als das absolut Böse.« Widmen wir uns also dem menschlichen Monster: Äußerlich ein ganz normaler Mensch, ist sein Innerstes durchdrungen vom Bösen und lässt es zum Verbrecher werden. Interessanterweise ist diese Monsterart noch nicht alt, sie entstand im 19. Jahrhundert. Die Aufklärung hatte Vernunft einkehren lassen, und neue Erkenntnisse auf dem Feld der Medizin, der Psychoanalyse und der Naturwissenschaft rückten der blühenden Fantasie der Menschen zu Leibe. Die Vorstellung vom Monster, das von außen in unsere Welt einbricht und den Menschen überwältigt, geriet ins Wanken. Stattdessen entdeckte man die Monster an einem neuen Ort: im Inneren des Menschen.

Wie aber lassen sich diese Monster begreifen oder besiegen, wenn sie nicht als solche erkennbar sind? Sichtbar werden oft erst ihre schrecklichen Taten, wie im Fall des österreichischen Straftäters Josef Fritzl. Als die Welt im April 2008 erfuhr, dass der 73-Jährige seine Tochter jahrelang im Keller seines Hauses gefangen gehalten, sie während dieser Zeit vielfach vergewaltigt und sieben Kinder mit ihr gezeugt hatte, waren sich alle schnell einig: Der Mann ist ein Monster. *Monster: The Josef Fritzl Story* heißt dann auch der britische Dokumentarfilm, der zwei Jahre später entstand. Die *Bild*-Zeitung schrieb über das »Inzest-Monster«.

Konfrontiert mit menschlichen Abgründen, stellen wir uns immer wieder dieselben Fragen: Hätte man »das Böse« nicht erkennen müssen? Wie war es möglich, dass dieser Mann nach außen hin den gesetzestreuen Mitbürger spielte und zugleich im Keller seines Hauses unfassbare Grausamkeiten beging? Wie kommt es, dass Menschen zu Massenmördern, Selbstmordattentätern oder Amokläufern werden – und niemand etwas von dieser Entwicklung mitbekommt? Tragen wir alle ein solches Monster in uns, wäre theoretisch jeder zu solchen Grausamkeiten fähig?

Im 19. Jahrhundert suchte der italienische Gerichtsmediziner und Psychiater Cesare Lombroso Antworten auf diese Fragen. Man kann beobachten, dass zeitgleich mit der ersten Beschreibung der »inneren Monster« auch ihre wissenschaftliche Erforschung einsetzte. Wahrscheinlich war es sogar umgekehrt: Die Vorstellung von den menschlichen Monstern entwickelte sich aus den neuen medizinischen und naturwissenschaftlichen Denkansätzen.

Was in dieser Zeit passiert ist, lässt sich in zwei Richtungen denken. Zunächst wird ein Mensch zu einem Monster erklärt. Wahrscheinlich machte die Öffentlichkeit so manchen Täter gerade deshalb zum bestialisch handelnden, kaltblütig mordenden Monster, um davon abzulenken, dass schwere Gewalt zum normalen Verhaltensspektrum des Menschen gehört. Jemanden als Bestie abzustempeln ist der Versuch, Distanz zu schaffen, das Böse als nicht zum Menschen und zur Gesellschaft gehörig zu deklarieren. Das schafft eine vermeintliche Ordnung: Auf der einen Seite der Grenze leben die Menschen, auf der anderen die Monster. So wird das Böse jedoch nicht erklärt, sondern lediglich ausgelagert. Übersehen wird dabei, dass das Monster die Gestalt eines Menschen annimmt. Die Bedrohung ist kein feuerspeiender Drache, auch kein Mischwesen mit Stierkopf, sie kommt in Menschengestalt daher. Das ist besonders spannend, wenn man sich vor Augen führt, dass die äußere Erscheinung eines Monsters immer seine wichtigsten Eigenschaften enthält, sie drückt sein Wesen aus.

Geschichten von inneren Monstern sind der Versuch, das Böse in uns selbst zu begreifen und so zu überwinden. Jeder kennt den *Seltsamen Fall des Dr. Jekyll und Mr. Hyde* von Robert Louis Stevenson. Am Tag ist ihr Protagonist der respektable Dr. Jekyll – »ein großer, schöner Mann von etwa 50 Jahren, mit glatt rasiertem Gesicht, in dem sich ungewöhnliche Intelligenz und große Herzensgüte ausdrückten« –, in der Nacht wird er durch Einnahme einer chemischen Flüssigkeit zum bösen Mr. Hyde – mit einem Gesicht, »in dem sich außergewöhnlich nervöse Tätigkeit mit unverkennbarer körperlicher Schwäche und Abspannung ausdrückten«. So ist die Gestalt von Dr. Jekyll und Mr. Hyde ein Bild dafür, dass das Monster nicht »das andere«, sondern die dunkle Seite in uns selbst ist.

Der britische Literaturtheoretiker Terry Eagleton schreibt in seinem Buch *Das Böse*: »Das Wort ›böse‹ dient im Allgemeinen dazu, allen Streit zu beenden: eine Faust in den Solarplexus. Wie der Geschmack, über den sich ja angeblich nicht streiten lässt, ist ›böse‹ ein Begriff, der als Stoppsignal dient – der alle weiteren Fragen zum Schweigen bringt.«

Der Glaube an etwas radikal Böses bestärkt düstere Mythen über Psychopathen, die kein Gewissen haben. Ihnen fehlt das Einfühlungsvermögen, sie können kein Mitleid empfinden, stattdessen sind sie sadistisch und verspüren eine Lust am Quälen. Schuld daran ist die Natur des Psychopathen. Terry Eagleton wendet sich ganz klar gegen eine solche Sicht des Bösen, für ihn stellen sich die Ursachen und Bewertungen böser Taten komplexer dar.

Das Böse wendet sich gegen das Sein als solches, es will unsere Welt (und unseren Gott) vernichten. Deshalb ist es aber keine unerklärbare Größe. Eagleton sieht die Entstehung von bösen Taten durchaus in einem psychologischen Kontext. Auch wenn man seine Auffassungen nicht in jedem Punkt teilt: Sein Buch bietet ein Verständnis des Bösen an, das das Paradoxe an dieser Kategorie zulässt und betont, dass es fassbar und vor allem spürbar sei – und gleichzeitig unfassbar bleibe. Genau das macht ja auch das Wesen der Monster aus, sie bieten eine Gestalt für etwas eigentlich Unfassbares an. Das Konzept vom »Monster in Menschengestalt« beschäftigt sich mit der Erkenntnis, dass wir selbst zu bösen Taten fähig sind. Die Motivation dafür entsteht nicht, weil wir besessen sind oder verzaubert wurden, sie entsteht aus unserer eigenen Psyche.

Schriftsteller und Filmemacher haben immer wieder versucht, diesen dunklen Seiten in uns auf die Spur zu kommen. David Lynchs *Blue Velvet* ist einer meiner Lieblingsfilme. Dieser Meister des Gruseligen und Unheimlichen erschuf hier das menschliche Monster Frank Booth, einen Psychopathen mit einer seltsamen Atemmaske, der eine Frau tyrannisiert. Durch die Maske atmet er Helium ein, spricht mit hoher Kinderstimme seine grausamen Anweisungen (»Baby wants to fuck«) und vergewaltigt die Frau, deren Sohn er entführt hat. Macht, Gewalt, Sadismus, maximale Verletzung, Voyeurismus, ödipale Beziehungen: Selten kann man die Vorstellung vom Monströsen unverstellter beobachten als in diesem Film. Dieser Eindruck wird noch dadurch verstärkt, dass der Film vor der Kulisse einer lieblichen amerikanischen Kleinstadt mit idyllischen Vorgärten spielt – eine bunte Fassade, hinter der die nackte Gewalt lauert.

Begreifen können wir die Taten solcher Psychopathen nicht, sie werden als das personifizierte Böse beschrieben, das Teuflische in Person. Auch reale Verbrecher werden immer wieder zu Personifizierungen »des anderen«. Wer kann schon einen Massenmörder wie den Amerikaner John Wayne Gacy verstehen, der mindestens 33 Jungen und junge Männer vergewaltigte und tötete und tagsüber als lustiger Clown im selbst genähten Kostüm auf Kinderfesten auftrat? Oder den Arzt Harold Shipman, der mindestens 218 Patienten tötete und für den die hilflose Öffentlichkeit nur das Etikett »Dr. Tod« übrighatte. Oder gar die ungarische Blutgräfin Elisabeth Báthory, die zu Beginn des 17. Jahrhunderts 730 junge Mädchen in ihre Burg gelockt haben soll, sie dort nackt auszog und mit Scheren, Nadeln und heißem Öl zu Tode folterte? Das Böse führt letztlich zu mehr Fragen als Antworten.

Filme bieten dramaturgische Möglichkeiten, um die Essenz des Bösen etwas besser freizulegen. Im Frühjahr 2017 kam der überaus spannende Film *Elle* des Regisseurs Paul Verhoeven ins Kino, eine vielschichtige Geschichte über eine Frau, die Opfer einer Vergewaltigung wird. Sie wendet sich aber nicht an die Polizei, sondern entwickelt eine von außen seltsam anmutende Beziehung zu ihrem Vergewaltiger und rächt sich am Ende an ihm. Der Film zeigt eindrucksvoll, wie vielschichtig das Böse ist, wie es sich über Generationen hinweg einnistet und seine Gestalt verändert. Den Vater der Hauptfigur, einer erfolgreichen Unternehmerin, erkennt der Zuschauer als klassischen Bösen, als Psychopathen, der ohne Vorwarnung 27 Menschen in seiner Nachbarschaft abschlachtet und dabei kühl von Haus zu Haus geht. Die Antwort auf das »Warum?« bleibt im Film offen. Eine kluge Entscheidung, denn so bleibt das Böse für den Zuschauer nicht fassbar, und gerade das macht es so schrecklich. Die von Isabelle Huppert dargestellte Unternehmerin entscheidet sich, das Böse zu akzeptieren, es sich genau anzuschauen als das, was es ist. Deshalb sucht sie den Kontakt zum Vergewaltiger und befragt ihn ruhig über seine Motivation. »Weil es sein musste«, lautet dessen Antwort im Film. In einem Interview mit dem Magazin *Spiegel* beschrieb Huppert später ihre Gefühlslage hinsichtlich des Bösen und Monströsen: »Der Mensch ist immer die Kehrseite seiner selbst. Das Monster ist in uns, wie wir jeden Tag beobachten können. Manche Denker halten die Menschen für schlecht von Natur aus, andere wie Jean-Jacques Rousseau für gut, verdorben nur durch die Gesellschaft und die Zivilisation. Wir sind nun einmal potenziell beides.«

*

Vielleicht gerade wegen dieser Unfassbarkeit des Bösen erleben die Lehren von Cesare Lombroso in unserer Zeit eine Renaissance. Die Gesellschaft des 21. Jahrhunderts sehnt sich offenbar nach Halt, den dann vermeintlich die Naturwissenschaften geben. Genetiker, Neurowissenschaftler und neuerdings sogar Software-Entwickler begeben sich auf Lombrosos Spuren, machen sich auf die Jagd nach dem inneren Monster. Sie wollen dingfest machen, was so schwer zu greifen ist. Kann das ein sinnvoller Weg sein?

Genetiker suchen seit den Neunzigerjahren nach einem Zusammenhang zwischen bestimmten Erbanlagen und kriminellem Verhalten. Ein spezielles Verbrechergen konnten sie dabei bislang nicht entdecken, offenbar spielen Umwelteinflüsse und Erziehung eine bedeutende Rolle. Dennoch taucht in genetischen Studien immer wieder das sogenannte Monoaminoxidase-A-Gen (MAO-A) auf. Es enthält die Bauanleitung für ein Enzym, welches eine zentrale Funktion im Serotoninstoffwechsel hat. Ist das Gen beschädigt, werden sowohl das Serotonin wie auch andere Hirnbotenstoffe nicht abgebaut. Sie bleiben dann zu lange im synaptischen Spalt, was nervöses, aggressives Verhalten zur Folge haben kann.

Als vor wenigen Jahren Hinweise auf eine statistische Häufung der Verbrechensrate bei Trägern dieses Gens festgestellt wurde, erschienen markige Schlagzeilen: Von den »Genen des Bösen« oder vom »Kriegergen« war die Rede. Dahinter steckte eine Entdeckung des niederländischen Forschers Han Brunner. Bei einer Familie, deren männliche

Mitglieder gehäuft durch kriminelle Handlungen aufgefallen waren, fand er eine Mutation des auf dem X-Chromosom lokalisierten Gens. Aber erklärt diese Mutation das Böse?

Neuseeländische Forscher kamen einige Jahre später einen Schritt weiter, als sie das MAO-Enzym von 442 Männern aus der Provinzstadt Dunedin im Süden des Landes untersuchten. Männer mit niedriger Aktivität des Enzyms, die in ihrer Kindheit schwer misshandelt worden waren, wurden mit deutlich höherer Wahrscheinlichkeit kriminell als Männer mit normaler Enzymaktivität. Letztere waren gegen Misshandlungen »immun«. Interessant ist aber auch, dass Männer, die als Kinder nicht geschlagen oder vernachlässigt worden waren, nicht kriminell wurden. Ein Verbrechergen ist MAO-A also mitnichten, es macht misshandelte Kinder lediglich anfälliger für eine Verbrecherkarriere, weil sie belastende Kindheitserlebnisse nicht erfolgreich verarbeiten können.

Auch zwei weitere Gene, die das Team des Forschers Guang Guo entdeckte und die eine Rolle im Stoffwechsel des Botenstoffs Dopamin spielen, traten bei Jugendlichen mit kriminellem Verhalten häufiger auf. Allerdings war auch hier das familiäre Umfeld während der Kindheit entscheidend. Soziale Einflüsse wie familiäre Bindungen, Freundschaften und Schule bestimmen wesentlich, ob sich die Gene auswirken. Soziologen betonen, dass die Umwelt und die psychische Verfassung eine zentrale Rolle dabei spielen, ob jemand eine Verbrecherlaufbahn einschlägt.

Es gibt also keinen Gen-Automatismus, der einen Menschen zum Verbrecher macht. Lediglich zwei Ausnahmen in Bezug auf einen deutlichen Zusammenhang zwischen einer biologischen Besonderheit und einem verbrecherischen Verhalten konnten Forscher bislang aufzeigen. Zum einen haben Psychopathen im statistischen Mittel ein etwas kleineres Frontalhirn, dieses gilt als Sitz der Persönlichkeit. Zum anderen kann eine hirnorganische Schädigung zu einer sogenannten antisozialen Persönlichkeitsstörung führen. Solchen Psycho- oder Soziopathen fehlt die Fähigkeit für Empathie. Sie können beispielsweise Menschen quälen oder foltern, ohne Mitleid zu empfinden. »Biologische Erklärungsversuche kommen in den letzten Jahren wieder in Mode«, sagt Peter Becker, Historiker am Wiener Institut für Rechts- und Kriminalsoziologie. »In den USA arbeiten Richter bereits mit Neurowissenschaftlern zusammen, um mögliche biologische Ursachen für das Vergehen von Verbrechen zu finden: Krankhafte Veränderungen im Gehirn oder neurochemische Fehlentwicklungen können die Erklärung für das Begehen eines Verbrechens sein.«

Obwohl es also trotz aller Versuche, sich menschliche Monster zu erklären, keine wirklichen Erfolge gibt, halten die entsprechenden Bemühungen auch im 21. Jahrhundert an. Offenbar steckt dahinter ein beharrlicher Glaube an die Vorherbestimmung des Lebens durch die biologischen Voraussetzungen, der Glaube an ein klares Ursache-Wirkung-Prinzip. Man müsste nur die Zusammenhänge immer besser verstehen, dann würde sich irgendwann auch das Puzzle des Bösen lösen lassen. Im Jahr 2016 meldeten die beiden chinesischen Informatiker Xiaolin Wu und Xi Zhang, Experten für künstliche Intelligenz an der Universität Schanghai, sie hätten eine Software entwickelt, mit der man Kriminelle an ihren Gesichtszügen erkennen könne. Mithilfe eines Algorithmus filterte das Computerprogramm anhand von Passfotos verurteilte Straftäter aus einer Menge von Bildern heraus, mit einer Trefferquote von 89,5 Prozent. Die insgesamt 1856 ausgewerteten Bilder von Männern zwischen 18 und 55 Jahren zeigten zur Hälfte Straftäter, zur Hälfte unbescholtene Bürger. Die markantesten Gesichtsmerkmale der Verbrecher waren ein schmaler Mund, ein weniger symmetrisches Gesicht und eng zusammenliegende Augen.

»Die beiden chinesischen Forscher haben durchaus eine saubere Arbeit vorgelegt«, so der Direktor des Kriminologischen Forschungsinstituts Niedersachsen Thomas Bliesener. Er sehe eine mögliche Erklärung aber nicht etwa in den Genen, sondern in den Auswirkungen von Vorurteilen innerhalb der Gesellschaft. Wenn jemand aufgrund seines Äußeren – also etwa eng beieinanderliegender Augen – diskriminiert wird, ist die Wahrscheinlichkeit höher, dass er ins kriminelle Milieu abrutscht.

Cesare Lombroso würde angesichts solcher Ansätze wohl zustimmend nicken. Das Monsterbild, das Ende des 19. Jahrhunderts in die Welt gesetzt wurde, ist im 21. Jahrhundert in leicht verändertem Gewand wieder aufgetaucht. Wie Lombroso damals versuchen Genetiker und Datensammler heute, dem Bösen in uns ein Gesicht zu geben. Mit dem Hinweis, dass die allgemeine Sicherheit bedroht sei oder die Bevölkerung vor bestimmten Straftaten geschützt werden müsse, soll ohne konkreten Verdacht flächendeckend die gesamte Bevölkerung gescannt werden. Dass damit zunächst auch eine große Zahl völlig unschuldiger Menschen unter Verdacht stünde, wird billigend in Kauf genommen. Wer künftig ins Fadenkreuz der Genetiker und Datensammler gerät, kann sich angesichts der scheinbar objektiven wissenschaftlichen Indizien nur schwer gegen die Verdächtigungen wehren.

Die Monster aus der Vergangenheit

Die junge Frau verlässt ihr Haus wie in Trance. Im weißen, flatternden Sommerkleid läuft sie durch die Straßen zum Friedhof. Im selben Moment tritt ein scheinbar junger Mann aus der Eingangstür der alten Villa. Er spürt, dass seine Geliebte auf dem Weg zu ihm ist. Ihre nackten Füße fliegen über das Gras zwischen den alten Grabsteinen. Die beiden laufen aufeinander zu und versinken in einem innigen Kuss. Dann trägt der fast 200-jährige Vampir Bill seine Geliebte über die Schwelle seines Hauses. Es kommt, wie es kommen muss: Er fährt seine Vampirzähne mit leisem Klicken aus, und die geliebte Sookie entblößt ihren Hals: »Tu es.«

Vampire sind en vogue. Nicht nur in der erfolgreichen HBO-Serie *True Blood* treiben Bill und seine Vampirkollegen ihr Unwesen. Sie sind ebenso anzutreffen in Teenager-Mystery-Buchreihen wie *House of Night*, in immer wiederkehrenden Verfilmungen von Bram Stokers *Dracula* und in unzähligen weiteren Büchern, Filmen und Fernsehserien wie *Vampire Diaries*, *Buffy* oder der *Twilight*-Saga.

Es ist kein Wunder, dass wir Vampiren so schwer entkommen können. Diese Monster aus der Vergangenheit sind extrem wandelbar und lassen sich an den herrschenden Zeitgeist einer Gesellschaft anpassen. »Der Vampir ist die gelungenste Projektion unserer Urängste, ein Wesen mit gewaltigem philosophischen und psychologischen Tiefgang«, sagt der Mythenforscher Hans Meurer. »Keine andere Gestalt des Makabren, kein anderes Monster, kein anderes Schattenwesen hat die Aufmerksamkeit so sehr auf sich gezogen wie der Vampir.« Es sind Geschöpfe, anhand deren wir unsere dunklen Seiten ausloten und in unser Leben integrieren können. »Generell reichen die Motive des Vampirismus in die tiefsten Regionen des Menschseins: ewige Liebe, ewige Verbundenheit, ewiger Hass, ewiges Leben«, sagte Mark Benecke, Kriminalbiologe und Autor des Buchs *Vampire unter uns!* in einem Interview.

Viele Vampirgeschichten spiegeln auch aktuelle Ängste, die die Gesellschaft umtreiben. In den Achtzigerjahren etwa war es die Angst vor AIDS, einer Krankheit, die vorwiegend über hochansteckende Viren im Blut übertragen wird. Als Reaktion darauf erschien eine Reihe reichlich blutlastiger

Verfilmungen mit Vampiren. Seine schier unbegrenzte Kapazität als Projektionsfläche mache den Vampir selbst zum Spiegel unserer Ängste und Wünsche, so der Historiker Florian Kührer. So ist es kein Wunder, dass die Vampirgeschichte in immer neuen Variationen erzählt wird, in praktisch allen Teilen der Welt, von China über Indien bis Mexiko. Und dass der Vampir eine gewaltige Bandbreite an Rollen abdeckt, vom Teenie-Schwarm bis zum Massenmörder.

Dabei schafft er auch eine Verbindung zu einer vergangenen Welt. Die Sehnsucht nach ihr, nach ihren Mythen und Legenden, scheint in unserer Zeit geradezu aufzuflammen. Der überwältigende Erfolg von Filmen wie *Herr der Ringe* und Serien wie *Game of Thrones* macht das sehr deutlich. Der Rückbezug auf eine alte Mythologie ist das Markenzeichen dieser Geschichten – auch wenn die Figuren oder Handlungen darin in der Regel nur noch wenig mit den Vorbildern zu tun haben. Die Filme spielen in einer Art zeitlosen Vergangenheit.

Interessanterweise drücken auch viele Dystopien diese Sehnsucht nach einer wilden, ursprünglichen Welt aus: Der technologisierten Zukunft, die die Menschheit ins Verderben geführt hat, wird oft eine Art mittelalterliche Gegenwelt der anderen Überlebenden gegenübergestellt, in der sich die Helden beweisen müssen und die die einzige Hoffnung für die Zukunft ist.

Eine andere Sorte von untoten Monstern schlurft aus der sehr unmittelbaren Vergangenheit durch das Hier und Jetzt unserer Albträume – die Zombies. *I am Legend* und die amerikanische Erfolgsserie *The Walking Dead* sind nur zwei populäre Beispiele für das Hoch, das diese Spezies aktuell erlebt. Zombies sind in unserer Kultur sehr junge Monster, wie die Aliens entstanden sie im 20. Jahrhundert. Und sie stellen einen ganz neue Art Monster dar. Bis zu ihrem Erscheinen waren Monster in der Regel Einzelwesen. Zombies dagegen

agieren als Kollektiv, wie ein Schwarm, sie haben keinen individuellen Charakter. Sie töten, sie essen – und dann schlurfen sie weiter. Ihre verkrümmte Haltung vermittelt den Eindruck, dass sie gesundheitlich nicht ganz auf der Höhe sind. Gefühle kennen sie nicht, und deshalb zögern sie nicht, anderen Lebewesen Leid zuzufügen. Meist kommen sie recht zerlumpt daher, wirken schmutzig. Sie lassen sich durch nichts aufhalten, sie türmen sich als seelenlose Masse auf und schieben sich unaufhaltsam übers Land – gleich einem Tsunami in Zeitlupe.

Monsterexperte Jeffrey Jerome Cohen schreibt in einem Essay über Zombies: »Unsere Untoten sind nicht länger flüchtige und rein philosophische Schreckgespenster, sondern sie sind watschelnde, verwesende, nach Fleisch lechzende Leichname geworden, deren Urtext nicht *Hamlet*, die *Odyssee* oder *Das Kommunistische Manifest* ist, sondern ein Low-Budget-Film von George Romero. Gespenster und Vampire suchten einst, unseren Verstand herauszufordern, nun wollen die Untoten lediglich unsere Gehirne fressen.« Cohen geht in seiner Analyse sogar noch weiter: »Die Ankunft der Zombies kündigt das Ende der menschlichen Vorherrschaft an.«

Die *Nacht der lebenden Toten* markierte diesen Wandel und machte den Regisseur und Drehbuchautor Romero zum Begründer des modernen Horrorfilms. Zehn Jahre später, 1978, folgte einer der bis heute wichtigsten Zombiefilme: *Dawn of the Dead* (auf Deutsch: *Erwachen der Toten*). Horden Untoter ziehen darin durchs Land und suchen Nahrung – warmes Menschenfleisch.

Die Siebzigerjahre waren eine Zeit der großen Krisen und Umbrüche, man denke nur an die Ölkrisen der Jahre 1973 und 1974, die letztlich das Ende der Wirtschaftswunderjahre einläuteten. Die alte Ordnung, die seit dem Zweiten Weltkrieg für eine gewisse Stabilität in der Welt gesorgt hatte, schien plötzlich nicht mehr zu gelten. Mit der zunehmenden

Luftverschmutzung, dem Waldsterben und dem Ozonloch wurden dann auch die Folgen der Industrialisierung für alle sichtbar. Eine gewisse Ernüchterung und Erschöpfung machten sich breit. Die Zombies sind die ersten Vorboten der beginnenden großen Erschöpfung, sie sind Phänomene des 20. Jahrhunderts, bleiben auch heute aktuell. Viele fühlen sich schrecklich überbeansprucht, ausgelaugt vom Optimieren, vom Ehrgeiz, vom Gefühl, ständig aktiv sein zu müssen.

Die Horden hirnloser Zombies symbolisieren aber auch unsere Angst, dass uns all die uns umgebenden Gefahren in den Abgrund reißen könnten. Wir haben Angst vor gefährlichen Infektionskrankheiten, vor den Auswirkungen der Globalisierung und vor islamischen Fundamentalisten. Oder dass wir uns in einer immer komplexer werdenden Welt selbst verlieren, unsere Individualität und persönliche Freiheit einbüßen. In den Zombies spiegelt sich auch unsere Angst, dass wir angesichts des technischen Fortschritts und der Datenflut zu austauschbaren Rädchen im Getriebe werden, reduziert auf Datensätze, über die Maschinen verfügen. Auch dass wir nur noch konsumieren könnten, dass wir uns nicht mehr selbst erkennen, dass wir unsere individuelle Haltung verlieren und zu Körpern reduziert werden, die wie ferngesteuerte Objekte in einer objekterfüllten Welt leben, nur ein weiteres Ding im Internet der Dinge. Die Begeisterung für Zombiefilme weist außerdem darauf hin, dass der verwesende, ekelhafte Körper uns heute wieder besonders fasziniert. Verarbeiten wir hier vielleicht einen versteckten Ekel vor unserem eigenen Körper?

Sigmund Freud sah Zombies als Ausdruck des ansonsten unterdrückten narzisstischen Wunsches nach ewigem Leben. Wahrscheinlich speise sich die mächtige Angst vor Toten auch aus dem primitiven Glauben, diese könnten zum Feind des Überlebenden geworden sein und beabsichtigten nun, den Lebenden als Genossen ihrer neuen Existenz mit sich zu nehmen. Wir sehnen uns zwar nach einer Fortsetzung des Lebens nach dem Tod, wissen aber zugleich, dass das nicht möglich ist. Die Zombies verkörpern diesen Zwiespalt, mit dem Unterschied, dass ihnen die Seele fehlt – eine Urangst des Menschen. Denn die Sehnsucht nach Seele, Erfüllung und Individualismus wächst beständig.

Wie man sie auch liest, die unmenschlichen Menschen oder lebenden Toten bleiben faszinierend, wahrscheinlich gerade deshalb, weil sie uns so fremd und gleichzeitig so vertraut sind. »In meinen Zombiefilmen ist die Rückkehr der Toten ins Leben so etwas wie eine Revolution, eine radikale Wende in der Welt, die viele meiner menschlichen Figuren nicht begreifen können, weil sie die lebenden Toten lieber als Feinde abstempeln«, sagt George Romero. »Aber in Wirklichkeit sind sie wie wir.«

So also sieht es in unserem virtuellen Newt-Scamander-Monsterkoffer aus, den wir im 21. Jahrhundert mit uns herumtragen. Er ist voller gruseliger Gestalten, aber er ist unser Gepäck, und er hat einen Sinn. Wir müssen uns um die Monster kümmern, hatte uns Bruno Latour mitgegeben. Wir werden im zweiten Teil des Buchs intensiv erforschen, wie sie eigentlich zu uns gekommen sind. Doch ehe wir das tun, werfen wir noch einen Blick darauf, warum sie so eine starke Wirkung auf uns haben.

Wie Monster
wirken

Ist es nicht verblüffend, dass jeder Mensch Monster kennt, dass jede Gesellschaft unzählige Geschichten über Gruselgestalten bereithält? Wir haben bereits gesehen, dass es gute Gründe gibt, warum Monster erscheinen, sowohl bei einem Einzelnen wie auch in einer Gesellschaft. »Monster, reale wie imaginäre, sind eng mit unseren Gefühlen der Unsicherheit und unseren Reflexen auf diese Ängste verbunden«, so der amerikanische Wissenschaftshistoriker Stephen Asma. Monster sind demnach so etwas wie Seismografen, empfindliche Gradmesser unserer Ängste. Ihr Auftauchen ist ein Warnsignal dafür, dass Dinge aus dem Lot geraten sind. Man könnte sie auch als Experten für ambivalente Gefühlslagen bezeichnen. Sie machen innere Konflikte erst sichtbar.

Die Wesen, die aus dem Dunkeln auftauchen und uns zu Tode ängstigen, entstammen allen Winkeln der Menschheitsgeschichte. Das Personal, das wir eben kennengelernt haben, ist in seiner Vielfalt beeindruckend. Es sind die uralten Mensch-Tier-Mischwesen, Figuren aus antiken Mythen oder die modernen, künstlichen Monster, die wir den Errungenschaften der Wissenschaft zu verdanken haben, von Frankenstein bis zu den bereits erwähnten Cyborgs.

Hinzukommen die Außerirdischen, die wir an Orten jenseits unserer bekannten, mit eigenen Augen erforschten Welt ansiedeln. All diese Wesen sind uns fremd, aber doch vertraut, und immer stellen wir sie uns als Menschen oder Tieren verwandte Wesen vor.

Allein das Wort »Monster« spiegelt die vielschichtige Natur der gruseligen Gestalten wieder. Zum einen liegt ihm das lateinische Wort *monstrare* zugrunde – zeigen, andeuten, hinweisen – und zum anderen *monere* – mahnen, ermahnen, erinnern. Diese beiden wesentlichen Eigenschaften stecken quasi in der DNA der Monster. Sie mahnen einerseits richtiges Verhalten an und weisen zudem auf Gefahren hin. Die Monster aus den alten Volkssagen beispielsweise, die einst in Sümpfen und Mooren heimisch waren, warnten die Bevölkerung vor den Tücken der Feuchtgebiete. Denken wir nur an die Mythen der Aborigines zurück, deren Monstergeschichten das Verhalten der Kinder beeinflussen sollten. Monster erinnern die Kinder daran, bestimmte Gegenden zu meiden, vor der Dunkelheit zu Hause zu sein, nicht mit Fremden mitzugehen oder zu nahe am Ufer von reißenden Flüssen oder tiefen Seen zu spielen.

Andererseits verkörpern Monster verborgene Sehnsüchte, versteckte Fantasien oder tief sitzende Ängste. Sie können Träger übernatürlicher Botschaften sein oder Vorboten kommenden Unheils. Sie können Hinweise auf eine gesellschaftliche Grenze oder Norm liefern, die sie zeichenhaft verletzen und damit erst offenbaren. Ihr Erscheinungsbild ist ein Signal an die Gesellschaft, dass sich etwas verändert. Monster verstoßen mit ihrem Äußeren gegen die Gesetze der Natur und mit ihren Handlungen gegen Regeln und Normen, die sie so sichtbar machen. Das ist ihre Aufgabe. Wir haben sie so gestaltet, dass sie uns tief berühren und so eine möglichst große Wirkung entfalten.

Viele Menschen verbinden Monster vor allem mit dem

Bösen, mit grausamen Gestalten und kaltblütigen Killern. Das ist ein Irrtum. Monster sind als Projektionsflächen unseres komplexen Innenlebens äußerst vielschichtig. »Wie Buchstaben auf einem Blatt Papier steht das Monster für etwas anderes als sich selbst«, schreibt der amerikanische Literaturwissenschaftler Jeffrey Jerome Cohen in seinem Buch *Monster Theory*. Er sieht jeden monströsen Körper als kulturelles Produkt, das kennzeichnend ist für die Gesellschaft, der er entstammt. Dieser entstehe im Moment eines gesellschaftlichen Wandels oder Umbruchs, seine Symbolik werde aber meist erst später entdeckt und entziffert.

Für Anthropologen und Kulturwissenschaftler werden Monster deshalb immer interessanter. Sie veranschaulichen Gemütslagen, gesellschaftliche Haltungen oder sich verändernde Weltdeutungen. »Der Körper eines Monsters verleibt sich im wahrsten Sinne des Wortes Furcht, Lust, Angst, Fantastereien ein, verschafft ihnen Leben und eine unheimliche Eigenständigkeit«, formulierte Cohen. »Der Körper eines Monsters ist reine Kultur, ein Konstrukt und eine Projektion. Das Monster existiert nur, um gelesen zu werden.«

Ein Monster kann also eine ganze Bandbreite positiver und negativer Empfindungen ausdrücken. Sieben zentrale Thesen über Monster hat Cohen formuliert, etwa dass Monster die Grenzen des Denkbaren bewachten, dass die Angst vor ihnen tatsächlich eine Form von Lust sei und dass die Monster am Ende immer entkommen würden. Seine Thesen aus dem Jahr 1996 stellen eine Art Initialzündung für die interkulturelle Monsterforschung dar.

Monster haben, obwohl sie ein kulturelles, von Menschen hervorgebrachtes Produkt sind, ein Eigenleben – gerade das macht sie so unheimlich. Wir versuchen, sie zu fassen, sie in einen Käfig zu sperren, sie zu stoppen oder gar auszulöschen. Wir beschreiben ihre Eigenschaften in Enzyklopädien und Geschichten, zeichnen ihre Körper auf Bildern nach, lassen sie in Filmen agieren und machen so ihre Gestalt fassbar. Doch die Monster entwischen, erscheinen in veränderter Gestalt wieder, vielleicht sogar in einer ganz anderen Umgebung, zu einer ganz anderen Zeit, mit einer anderen Bedeutung. Der antike Gigant ist nicht identisch mit dem mittelalterlichen Riesen, und der wiederum nicht mit dem Yeti, dem Bigfoot oder dem King Kong von heute. Es wirkt, als zeigten die Monster uns, ihren Schöpfern, wie wenig Macht wir über sie haben.

Dieses Eigenleben der Monster hat mich von Beginn meiner Recherchen an fasziniert. Immer wenn ich glaubte, ein Monster verstanden zu haben, veränderte es sich im letzten Moment noch einmal oder offenbarte eine Facette, die das ganze Bild auf den Kopf stellte. Am Anfang war ich davon irritiert. Ich forschte immer weiter und grub neue Aspekte aus. Doch paradoxerweise wurde das Bild ab einem gewissen Punkt nicht mehr klarer, als wollten sich die Monster eine gewisse Unschärfe bewahren. Ich bekam meine Studienobjekte nie vollkommen zu fassen. Es war eine seltsame Erfahrung, bis ich begriff, dass genau das ihr Wesen ist. Man schaut nie zweimal auf das gleiche Monster. Sie lassen sich nicht festlegen, sie müssen flexibel und anpassungsfähig bleiben, um wirken zu können. Nur so können sie zu jeder Zeit und in jeder Gesellschaft verstanden und von uns gelesen werden. Täten sie das nicht, würden sie schnell von der Bildfläche verschwinden.

Es bringt uns nichts, Monster als Sündenböcke zu sehen, sie auszugrenzen und ihnen auszuweichen. »Wir müssen lernen, mit den Monstern zu leben«, so der irische Philosoph Richard Kearney. Das bedeutet jedoch nicht, dass man sich alles gefallen lassen muss: »Manche Monster muss man willkommen heißen, mit anderen muss man kämpfen. Die wichtige Sache ist zu versuchen, den Unterschied zu benennen.«

Monster signalisieren Grenzerfahrungen unbegrenzten

Ausmaßes. Sie erinnern uns daran, dass wir niemals hundertprozentig souverän sind. Viele große Mythen und Geschichten handelten davon. Ödipus und die Sphinx, Theseus und der Minotaurus, Hiob und Leviathan, der heilige Georg und der Drache, Beowulf und Grendel, Ahab und der Wal, Lucy und der Vampir, Ripley und der Alien. Jede dieser Monstererzählungen erinnert daran, dass das Ich niemals in sich sicher ist. »Es schleichen Monster herum, deren Gestalt sich mit der Geschichte des Wissens ändert«, sagte Michel Foucault in seiner Antrittsvorlesung »Die Ordnung des Diskurses« am Collège de France. Da sich die Vorstellung von unserer Identität stets ändert, ändert sich auch die Vorstellung davon, was diese Identität bedroht. Das ist seit Urzeiten so. »Monster spüren die Ränder dessen auf, was berechtigterweise gedacht und gesagt werden kann«, so Kearney. Obwohl es sie doch eigentlich gar nicht gibt, widersetzen sie sich unseren Normen. Sie widersprechen der Natur, überschreiten Grenzen, nehmen unzählige Gestalten und Formen an. Sie sind ekelerregend, schamlos, voller Widersprüche und bisweilen verrückt. Sie machen uns tagsüber unruhig und lassen uns nachts nicht schlafen.

Waren wir Menschen also verrückt, uns zusätzlich zu all unseren täglichen Problemen auch noch die gruseligen Monster aufzuhalsen? Ganz im Gegenteil, wie wir sehen werden. Wir sollten sie uns lieber genauer ansehen und fragen, was Monster eigentlich so unheimlich macht.

Was Monster so unheimlich macht

Die amerikanischen Psychologen Francis McAndrew und Sara Koehnke haben sich mit Situationen beschäftigt, in denen der Mensch Angst- und Gruselgefühle erlebt. Ihre Erkenntnisse legen nahe, dass wir uns gerade dann fürchten, wenn wir uns nicht ganz sicher sind, ob wirklich eine Gefahr besteht. Ist die Bedrohung dagegen klar, reagieren wir viel weniger emotional. Wir versuchen dann, uns bestmöglich darauf einzustellen, zu fliehen oder der Gefahr sprichwörtlich ins Auge zu sehen. Sind wir aber beispielsweise nachts allein unterwegs und hören ein Rascheln im Gebüsch, werden wir unruhig. Vermutlich ist es nur ein Tier oder Blätter im Wind, aber solange wir nicht wissen, ob tatsächlich Gefahr besteht, bleiben wir angespannt und registrieren jede noch so kleine Veränderung.

Ein wichtiger Wesenszug von Monstern ist deshalb ihre Ambivalenz. Sie sind Figuren, bei denen wir uns nie ganz sicher sein können, wie wir sie einschätzen sollen. Wir sehen beispielsweise im Film *Es*, der auf dem gleichnamigen Roman von Stephen King basiert, den Clown Pennywise mit seinen knallorangenen Haaren, den großen orangefarbenen Knöpfen auf der Hose und bunten Luftballons in der Hand. Seine Scherze erheitern Erwachsene, nur die Kinder lachen seltsamerweise nicht. Sie spüren offenbar seine dunkle Seite, denn der Clown wird bald schon wieder Kinder in die Kanalisation hinabziehen, sie dort töten und manchmal sogar verspeisen. Pennywise ist eine Manifestation des Bösen, das im Film viele Gestalten annehmen kann. Die Ambivalenz dieser Figur entsteht dadurch, dass sie zunächst äußerlich vertraut und menschlich erscheint. Ihr Verhalten allerdings ist zutiefst böse. Dieser mögliche Kippmoment verstärkt ihre Wirkung. Vielschichtige Monster sind letztlich immer ambivalent gezeichnet, nie rein böse. Nur so können sie unsere inneren Konflikte glaubwürdig abbilden.

McAndrew und Koehnke fragten in einer Studie 1341 Menschen, vor welchen Figuren sie sich besonders gruseln und auf welche Eigenschaften sie ihre Ängste zurückführen. Besonders unheimlich sind demnach Menschen, die sich unvorhersehbar verhalten, also etwa soziale Regeln missachten, im direkten Kontakt eigenartig sind, etwa Blickkontakt vermeiden, auffällig häufig über Sex sprechen, indiskrete Fragen über unser Privatleben stellen oder ihre Gefühle überzogen zur Schau stellen. Die Forscher fragten auch nach Berufen oder Eigenschaften, die die Studienteilnehmer gruselig finden. Unheimlich sind uns demnach Menschen, die seltsame Dinge sammeln wie Insekten, Knochen oder Puppen. Auch bestimmte Berufe sind uns suspekt, neben Bestattungsunternehmern oder Tierpräparatoren gehören dazu auch Sexshop-Inhaber und Clowns.

Das zeigt: Wenn wir nicht wissen, was unser Gegenüber als Nächstes tun wird, werden wir selbst unruhig. Der Grund: Unser Gehirn weiß nicht mehr, wie es bestimmte Situationen zu bewerten hat. Unruhe kann aber auch schon auslösen, wer sich nicht an die gängigen Regeln der Kommunikation hält. Niederländische Forscher von der Reichsuniversität Groningen fanden heraus, dass Unwohlsein entsteht, wenn unser Gegenüber weder durch Mimik noch durch Gestik auf uns reagiert.

Ein japanischer Entwickler entdeckte bereits im Jahr 1970 einen weiteren Effekt, der Menschen suspekt erscheint. Masahiro Mori arbeitete damals daran, Roboter menschlicher erscheinen zu lassen. Er erkannte, dass wir künstliche Wesen zwar umso sympathischer finden, je mehr sie uns ähneln, weil sie uns dann vertrauter erscheinen. Werden sie uns jedoch zu ähnlich, obwohl sie nicht menschlich sind, kehrt sich dieser Effekt schlagartig um, und die Akzeptanz geht stark zurück – Mori bezeichnete diesen negativen Ausschlag der Kurve treffend als »Uncanny Valley« – als unheimliches Tal. Ab einer Ähnlichkeit von etwa 75 Prozent fällt das Vertrautheitsgefühl jäh ab, schlägt in Furcht um und steigt erst wieder an, wenn die Imitation des Menschlichen praktisch perfekt ist. Auch tote Körper lassen sich diesem Tal zuordnen. Sie lösen ein ungemütliches Gefühl aus, da sie zwar noch menschlich aussehen, ihnen aber bereits menschliche Eigenschaften fehlen. Sie atmen nicht mehr, bewegen sich nicht mehr und geben keinen Laut von sich. Diesen Effekt machen sich übrigens auch die Macher von Zombiefilmen zunutze: Die Untoten sind uns in vielerlei Hinsicht ähnlich, sie lassen den Zuschauer aber aufgrund ihrer starren Mimik, ihres leeren Gesichtsausdrucks und ihres langsamen, fast mechanischen Gangs erschauern.

Mori führte das unheimliche Gefühl vor allem auf die für uns unnatürliche Art der Bewegung zurück. Mittlerweile ist der Effekt besser untersucht, offenbar spielen hier alle sensorischen Abweichungen eine Rolle. Eine täuschend echt aussehende Hand, die sich aber kalt und hart anfühlt, kann uns genauso erschaudern lassen wie ein Mensch, der plötzlich verzerrt spricht. Das Unheimliche an Darth Vader aus dem Film *Krieg der Sterne* hat also auch mit seiner seltsam anmutenden Stimme zu tun. Wir wissen, dass hinter der schwarzen Maske ein Mensch steckt, und hören seine leicht blecherne Stimme und das legendäre, saugende Atemgeräusch. Ein gänzlich künstlicher Kampfroboter hätte diese Wirkung nie entfaltet.

Offenbar hängt der beschriebene Effekt damit zusammen, dass unsere Erwartungshaltung verletzt wird. Einschätzungen und Erfahrungen, aufgrund deren der Mensch die Welt bewertet, erweisen sich in dieser Konfrontation als unzutreffend. Dies verunsichere uns nachhaltig, so der Roboterexperte Karl MacDorman. Die Reaktion gehe deutlich über das Überraschtsein hinaus. Die plötzliche Diskrepanz zwischen der erwarteten Normalität und der erlebten Realität schockiert den Betrachter regelrecht. Der Effekt ist am größten, wenn wir einem menschenähnlichen Wesen gegenübertreten und nicht sicher sind, ob es lebendig ist. Viele Horrorfilme nutzen diesen Effekt, darunter beispielsweise *Frankenstein*, *Nosferatu*, der Horrorclown aus *Es*, der Mörder Jason Voorhees aus *Freitag der 13.* oder Michael Myers aus *Halloween*. Sie sprechen nur wenig oder eigenartig, bewegen sich seltsam langsam und zeigen keine Gefühle.

Wenn es um die filmische Darstellung echter Menschen geht, kann der Uncanny-Valley-Effekt schnell ins Gegenteil umschlagen. Zumindest erklärt man sich damit, warum der Animationsfilm *Der Polarexpress* im Jahr 2004 floppte. Die Figuren wirkten einschüchternd auf Kinder, weil sie echten Menschen ähnelten, aber etwas an ihren Bewegungen und der Mimik unecht wirkte. Die Bemühungen, sie möglichst menschlich aussehen zu lassen, zogen also einen gegenteiligen Effekt nach sich: Die Irritation aufgrund der kleinen Abweichungen überwog. Animationsstudios wie Pixar oder Dreamworks haben darauf reagiert, indem sie in jüngster Zeit wie in *Findet Dorie* oder *Kung Fu Panda* vorwiegend Tiere als Hauptdarsteller verwenden und ihnen menschliche Charakterzüge verleihen. Und das funktioniert offensichtlich bestens.

Woher der Effekt genau kommt, ist noch nicht zur Gänze geklärt. Manche Forscher vermuten dahinter eine Art Schutzreaktion unseres Gehirns, um mögliche Gefahren wie Krankheiten abzuwehren, die von diesen Gestalten ausgehen. Ihr untypisches Verhalten könnte ein Indiz für Gefahr sein, für eine ansteckende Erkrankung oder unkalkulierbares Verhalten.

Eine andere Theorie wertet das Phänomen als Indiz für die hochentwickelte menschliche Fähigkeit, Gesichter zu erkennen und zu verarbeiten. Einige Forscher glauben, dass das starre Aussehen mancher Figuren beim Betrachter eine angeborene Angst vor dem Tod wachruft und zudem kulturell bedingte Abwehrmechanismen in Gang bringt, aufgrund derer der wir der Auseinandersetzung mit der Unausweichlichkeit des Todes aus dem Weg gehen. Andere gehen davon aus, dass bereits leichte Abweichungen von den typischen, aus dem sozialen Umfeld gewohnten Gesichtszügen Unbehagen auslösen und im Extremfall als Bedrohung für die menschliche Identität wahrgenommen werden.

Forscher der Universität Princeton haben überraschenderweise auch bei unseren Verwandten ein ähnliches Verhalten festgestellt. Sie zeigten Makaken-Affen Gesichter von Artgenossen, diese guckten mal ganz entspannt, fletschten aggressiv die Zähne oder schauten freundlich drein. Die drei Gesichtsausdrücke präsentierten die Psychologen um Asif Ghazanfar jeweils in drei Varianten: als grobes 3-D-Bild, als realitätsnahes Bild und als Fotografie. Realitätsnahe Gesichter lösten bei den Affen Unruhe aus, echte oder unrealistische künstliche Gesichter eher Neugier.

Die Irritation angesichts der realitätsnahen künstlichen Gesichter könnte daher stammen, dass sie zunächst als die von echten Artgenossen wahrgenommen werden, dass das erwartete Verhalten aber ausbleibt, weil Erwartungen hinsichtlich gewohnter Details wie eines Zuckens der Mundwinkel nicht erfüllt werden. Gerade das Abweichen von Kleinigkeiten führt zu heftiger Irritation. Ein erhöhter Realismus vermindert also die Toleranz für Abnormitäten.

Evolutionär ist dieses Verhalten durchaus sinnvoll. Offenbar haben nicht nur Menschen gelernt, gerade in Gesichtern auf kleine Abweichungen zu achten. Die Forscher glauben daher, dass es eine gemeinsame biologische Ursache für den Uncanny-Valley-Effekt geben könnte. Er sei ein Ausdruck evolutionärer Anpassungen, meint Ghazanfar. Offenbar reagieren wir stark darauf, wenn Vertrautes plötzlich fremd erscheint. Wir fühlen uns in Situationen und Umgebungen wohl, die uns bekannt und damit kalkulierbar sind. Wir werden unruhig, sobald gewisse Gesetzmäßigkeiten außer Kraft treten.

Exkurs: Die gruseligsten Filmmonster

Horrorfilme sind nichts für schwache Nerven. Dass wir uns beim Zusehen manchmal extrem gruseln, liegt nicht in erster Linie an den brutalen Geschichten, sondern daran, wie direkt uns die Protagonisten emotional erreichen. Die unheimlichen Gestalten überzeugen durch ihr raffiniertes Äußeres, das immer etwas Ambivalentes und Abgründiges hat und uns deshalb immer auch dazu verleitet, die Figuren zu betrachten. Sie verkörpern sozusagen das Angst-Lust-Prinzip: Wir erschauern bei ihrem Anblick, verfolgen aber auch lustvoll ihr Tun in der Sicherheit unserer Kinosessel. Filmmonster genießen Kultstatus, schließlich stehen sie meist für Themen, die die Menschen im Unterbewussten umtreiben.

Frankenstein/*Frankenstein* (1931)

Bis Boris Karloff 1931 auf die Leinwand kam, hatte niemand eine genaue Vorstellung davon, wie dieses Geschöpf eigentlich genau aussehen könnte, das der Naturwissenschaftler Viktor Frankenstein aus toter Materie erschaffen hatte. Mary Shelley hatte in ihrer Romanvorlage aus dem Jahr 1818 ein unglückliches Geschöpf beschrieben, das wie ein Kind seinen Platz in der Welt sucht, wegen seines Äußeren aber zurückgewiesen und erst danach aus Frustration zum Monster wird. Das Buch war eigentlich eine Gesellschaftskritik. Der Film wurde zum Horrorklassiker und Frankensteins Monster mit seinem wuchtigen, kantigen Schädel, dem hohen Haaransatz und der markanten Narbe an der Stirn zur Gruselikone.

King Kong/*King Kong* (1933)

Der zweite Horrorklassiker ist berühmt für eine Szene: In seinen mächtigen Pranken hält der Riesenaffe King Kong, der als Theaterattraktion nach New York gebracht worden war, eine weiße Frau. Sie liebt er, alle anderen zerstört er. King-Kong-Filme sind technische Meisterwerke, Materialschlachten zwischen Hochhausschluchten, thematisiert wird die Überheblichkeit des Menschen primitiven Wesen gegenüber.

Godzilla/*Godzilla* (1954)

Dies ist die Geschichte einer Monsterechse, die seit Jahrmillionen in der Tiefsee ruht, bis sie von japanischen Atomversuchen aufgeweckt wird und daraufhin die Hauptstadt Tokio verwüstet. Der japanische Horrorfilm ist eine Reaktion auf den Schock der Atombombe. Zudem war im März 1954 die Besatzung eines japanischen Fischerboots bei amerikanischen Atombombentests im März schwer verstrahlt worden. Dies brachte die traumatischen Abwürfe in Hiroshima und Nagasaki sofort wieder ins Bewusstsein der Menschen. Später wird Godzilla zum Beschützer Japans und der gesamten Welt vor außerirdischen Wesen. Mittlerweile gibt es 29 japanische und zwei amerikanische Godzilla-Filme. Godzilla ist in vergangenen gut sechs Jahrzehnten stetig gewachsen, in der jüngsten Verfilmung misst das Monster knapp 120 Meter.

**Michael Myers/*Halloween* (Reihe, 1978), Jason Voorhees/
Freitag der 13. (Reihe)**
Masken spielen in vielen Horrorfilmen eine wichtige Rolle.
In der *Halloween*-Reihe trägt der Mörder Michael Myers eine
weiße Maske und einen dunklen Overall. Er taucht immer
an Halloween auf, spricht kein Wort, geht sehr langsam mit
einem langen Küchenmesser bewaffnet auf seine Opfer zu
und tötet sie dann.

In der Reihe *Freitag der 13.* tritt der Killer Jason Voorhees
mit einer Eishockeymaske und einer Machete auf. In den
ersten beiden Teilen trägt er noch einen mit einem Guckloch
versehenen Kartoffelsack. Jason ist ziemlich hart im Nehmen. Er wird mehrmals getötet und steht wieder von den Toten auf, wird eingefroren und taut wieder auf. Im zehnten
Teil tötet er schließlich sogar im All. Motive für die Morde
von Myers und Voorhees sind Mobbing und Ausgeschlossen-
werden. Voorhees ist gleichzeitig Figur in einigen Computerspielen, 2017 erschien erstmals *Friday the 13th: The Game*.
Mörder wie Myers oder Voorhees sind wie kalte Maschinen,
die sich durch nichts aufhalten lassen.

**Alien/*Alien – Das unheimliche Wesen aus einer fremden
Welt* (1979)**
Eines der schrecklichsten Monster der Filmgeschichte lauert nördlich der Großen Magellan'schen Wolke, im
Planetensystem der Sterne des Doppelsternsystems Zeta
Reticuli. Das besser unter dem Namen »Alien« bekannte
Wesen stammt vom dortigen Planeten Proteus und ist eines
der tödlichsten Lebewesen des Universums – so erzählt es
zumindest der gleichnamige Film. Die beiden Sterne gibt
es wirklich, sie sind 39,5 Lichtjahre von der Erde entfernt
und sogar mit bloßem Auge am südlichen Sternenhimmel
sichtbar. Der Xenomorph, die fremde Gestalt, lebt also am
Rande unserer bekannten Welt. Um sich weiterzuverbrei-

ten, ist es auf einen Wirtorganismus angewiesen, sein späteres Aussehen hängt von diesem ab. Die Brut lebt im Inneren des Wirts, durchbricht schließlich den Körper und die Knochen und tötet so den Ernährer. Die menschliche Variante ist in der ursprünglichen Form bis zu 2,5 Meter groß und 180 Kilogramm schwer, die Königin mindestens doppelt so groß, superschnell, extrem stark und schlau. Aus seinem ohnehin schon schrecklichen Maul kann ein kleinerer Muskelstrang mit Kopf und Zähnen schießen. In Ridley Scotts Film *Alien* hat das Raumschiff Nostromo im Jahr 2122 den Alien an Bord, der Erzfrachter ist auf der Rückreise zur Erde. Bis auf die Kommandantin Ellen Ripley überlebt niemand. Der Film bildet den Auftakt zu einer Reihe von *Alien*-Filmen, im Mai 2017 kam *Alien: Covenant* in die Kinos, mit einem neuen Monster, dem synthetischen Wesen David.

Freddy Krueger/*A Nightmare on Elm Street* (1984)

Ein besonders zynisches und sadistisches Monster ist Freddy Krueger. Der Mann mit dem Schlapphut, dem durch Feuer vernarbten Gesicht und den messerscharfen Klingen an den Fingern der rechten Hand treibt seit 1984 sein Unwesen. Als das personifizierte Böse ermordet er vor allem Kinder. Das Besondere: Krueger ist eigentlich längst tot, verbrannt in einem Feuer. Weiterleben kann er nur in seiner Welt, im Reich der Albträume, dort ist er unsterblich, dort sind auch die Naturgesetze aufgehoben. Das Perfide an der Figur: Erst wenn seine Opfer wirklich an ihn und seine schaurige Legende glauben, kann er »real« existieren und Untaten begehen. Dann wechselt er aus den Träumen der Menschen in die echte Welt und tötet dort seine Opfer mit seinem Klingenhandschuh. Angekündigt wird sein Erscheinen bisweilen von Kinderstimmen, die makabre Zählreime singen: »Eins, zwei – Freddy kommt vorbei /Drei, vier – verriegle deine

Tür!« Freddy Krueger lässt sich als Symbol für eigene Ängste deuten, die auf brutale Art Realität werden.

Brundlefly/*Die Fliege* (1986)

Der Film *Die Fliege* erzählt die Geschichte einer Mutation: Aus einem Menschen wird ein abstoßender Fliege-Mensch-Hybrid. Als der Wissenschaftler Seth Brundle sich an einer Teleportation versucht, vermischt sich seine DNA durch einen tragischen Zufall mit der einer Fliege. Die Verwandlung des Wissenschaftlers in Brundlefly ist sehr detailgenau inszeniert, sodass man sie lange und ausgiebig betrachten kann. Es ist eine Gratwanderung zwischen Ekel und Faszination. Der Film von David Cronenberg basiert auf einer Kurzgeschichte von Georg Langelaan, die dieser 1957 im Magazin Playboy veröffentlicht hatte.

Pennywise/*Es* (1990)

Über diesen Clown lacht niemand, im Gegenteil: Pennywise hat schon bei einigen Kindern für schlaflose Nächte gesorgt. Denn in der Verfilmung von Stephen Kings Bestseller *Es* versetzt er Kinder mit seinem blutrünstigen Blick und schrecklichen Gebiss in Angst und Schrecken, tötet und isst sie manchmal sogar. Die Geschichte spielt in der Kleinstadt Derry, wo alle 30 Jahre etwas Grauenvolles passiert. Es, das meist in der Gestalt des Clowns Pennywise auftritt, aber auch das Aussehen der personifizierten Ängste seines Gegenübers annehmen kann, lebt in der Kanalisation von Derry, überfällt und tötet von dort aus immer wieder Menschen. Der Showdown in der Unterwelt ist nichts für schwache Nerven. Pennywise ist der Prototyp aller Horrorclowns. Auch hier kommt im Jahr 2017 eine neue Version heraus, weitaus gruseliger und düsterer als die Urvariante.

Pans Monster/*Pans Labyrinth* (2006)

In *Pans Labyrinth*, diesem großartigen Film des spanischen Regisseurs Guillermo del Toro, spielt das Monster nur in einer Episode aus der Fantasiewelt eine Rolle, die kleine Ofelia muss darin Prüfungen ablegen, um zu beweisen, dass sie wirklich eine Prinzessin ist. Eigentlich spielt der Film in der Zeit nach dem Spanischen Bürgerkrieg, überall im Land kommt es zu militärischen Auseinandersetzungen. Ofelia tritt über eine magische Tür in Pans Labyrinth ein und trifft dort auf ein regloses, augenloses humanoides Monster. Die ausdruckslosen Augäpfel liegen vor ihm auf einem Eisenteller. Bei ihrer Prüfung darf Ofelia nichts von dem leckeren Essen zu sich nehmen, das überall bereitsteht. Sie vergisst jedoch die Vorgabe und isst zwei Weintrauben. Die Kreatur, ein Kinderfresser, erwacht, steckt sich die Augäpfel in die Handinnenflächen, packt zwei Feen, die Ofelia schützend begleiten, und beißt ihnen die Köpfe ab. Ofelia kann gerade noch entkommen.

Die Lust an der Angst

D as Ungeheuer von Loch Ness, ein Massenmörder oder die wilden Kerle von Maurice Sendak: Das Erscheinen von Monstern hat immer etwas mit menschlicher Angst zu tun. Sie zählt neben Wut, Ekel, Freude, Traurigkeit und Überraschung zu unseren Basisemotionen. Jeder von uns muss individuell lernen, mit diesen Ängsten umzugehen. In seiner Studie »The Expression of the emotions in man and animals« beschrieb Charles Darwin 1872, dass Angst schon sehr früh in der menschlichen Entwicklungsgeschichte aufgekommen sei. Sie sei ein Gefühl, das nicht nur bei Menschen und Tieren gleichermaßen auftrete, sondern auch ähnlich artikuliert werde: durch Zittern, Aufstellen der Haare, kalten Schweiß, Blässe, weit aufgerissene Augen und Anspannen der Muskulatur. Angst gehört zur biologischen Grundausstattung aller fühlenden Lebewesen, das bestätigen auch Neurowissenschaftler. Ihr evolutionärer Zweck ist eindeutig: Sie bewahrt Lebewesen davor, von anderen gefressen zu werden. Es kostet meist nicht viel Energie zu flüchten, ein falscher Alarm ist also leicht zu verkraften. Wer sich jedoch unvorsichtig verhält, bezahlt mit dem Leben.

Ähnliche Bedeutung kommt nur der Lust zu, die die Fortpflanzung von Lebewesen wahrscheinlicher macht und damit ebenso zum Überleben einer Art beiträgt. Die Urformen von Angst und Lust gehörten sicherlich zu den ersten Gefühlen der Entwicklungsgeschichte, so der jüngst verstorbene Neurowissenschaftler Jaak Panksepp.

Monster hinterlassen einen so starken Eindruck bei uns, weil sie mit diesen beiden zentralen und uralten menschlichen Empfindungen verknüpft sind. Denn mit der Angst kommen zwar die Gespenster, sie hat aber gleichzeitig auch etwas Faszinierendes. Ihre Bewältigung verschafft eine gewisse Befriedung, ein Lustgefühl. Schon antike Tragödien greifen auf dieses Phänomen zurück. Der Philosoph Aristoteles beschreibt seine Genese in der *Poetik*. So soll im Betrachter zunächst Furcht und dann Mitleid erregt werden, um schließlich zu einer Reinigung der Emotionen zu gelangen, der sogenannten Katharsis.

Angst und Lust können also gezielt eingesetzt werden. Wer die Ängste anderer Menschen manipuliert, hat somit die Macht, einen zentralen Aspekt menschlichen Verhaltens zu steuern. Wer geschickt Angst schürt und vorsätzlich mit Angstszenarien spielt, hat direkten Zugriff auf das Innenleben anderer Menschen. Er erzeugt sozusagen Monster, die in seinem Dienst stehen.

Sigmund Freud veröffentlichte im Jahr 1919 seinen Essay »Das Unheimliche«. Er war der Ansicht, das Unheimliche im Alltag bestehe in der Rückkehr des Verdrängten. Unsere verborgenen Sehnsüchte warteten demnach nur darauf, als Monster wieder zum Vorschein zu kommen. Der Psychoanalytiker beschreibt das Unheimliche als etwas, das zugleich vertraut und unvertraut sei, als »Form emotionaler und kognitiver Dissonanz«. Seine Kernthese lautet, dass wir Angst empfinden, wenn wir begreifen, dass wir nicht Gott, nicht allmächtig sind. Naturgewalten wie Stürme oder Erdbeben, die über uns hereinbrechen und eine zerstörerische Kraft entwickeln können, führen uns unsere Ohnmacht vor

Augen, genau wie die Schwerkraft, die uns am Boden hält, oder politische Mächte, die uns Gewalt und Unterdrückung aussetzen und uns bisweilen sogar Kriege bescheren.

Diese Erfahrungen dämpfen unseren Narzissmus und unsere Allmachtsfantasien. »Monster können als symbolische Projektionsflächen all dieser Frustrationen fungieren«, schreibt der Wissenschaftshistoriker Stephen Asma in seinem Buch *On monsters.* »Sie sind Symbole einer Welt, die uns nicht gibt, was wir wollen, und rechtfertigen daher unsere Aggressionen: Das Monster ist etwas, das wir mit Genuss hassen dürfen.« Und mehr noch, wir dürfen es töten: Dracula wird gepfählt, der böse Drache stirbt durch den Lanzenstich des heiligen Georg, der Minotaurus muss sich Theseus geschlagen geben. Aus den Bezwingern in Mythen und Legenden wurden Vorbilder, Georg beispielsweise war die wichtigste Identifikationsfigur der Kreuzritter, die Jerusalem erobern wollten, Symbolfigur im Kampf gegen das Böse.

Wird das Monster besiegt, dürfen wir uns erhaben fühlen. In antiken Heldengeschichten spielt das eine wichtige Rolle, sie feiern die menschliche Größe und nähren unseren Narzissmus. Unterliegt der Held, zeigt das unsere Grenzen auf, das Monster wird so zu einer Orientierungshilfe. »Nur nicht übermütig werden!«, scheint es uns nachzubrüllen.

Aber nicht nur in der Auseinandersetzung mit Monstern, Naturkatastrophen und Kriegen stößt der Mensch an seine Grenzen. Interessanterweise führt die Wissenschaft uns noch viel tiefer in ein Gefühl der Unsicherheit und Begrenztheit hinein. Die moderne Physik vermutet in der Welt mysteriöse Energie- und Materieformen, deren Wesen die Forscher noch nicht wirklich verstanden haben, die aber gemeinsam gut 95 Prozent (!) des Universums ausmachen sollen. Die Dunkle Energie ist ein rätselhaftes Energiefeld, das die Ausdehnung des Universums bremst, die Dunkle Materie ist eine hypothetische Substanz, die sich nur durch ihre Gravitationskraft bemerkbar macht und deshalb mit üblichen Messgeräten nicht aufgespürt werden kann. Auch viele andere physikalische Erkenntnisse konfrontieren den Menschen mit seiner Verwundbarkeit: dass sich die Sonne in vier Milliarden Jahren ausdehnen und die Erde in einem Feuersturm vernichten wird, dass im Zentrum von Galaxien die schwarzen Löcher sitzen und alle Materie wie gierige Monster wegfressen, oder dass jederzeit ein Asteroideneinschlag das Leben auf der Erde beenden könnte. Im Universum sind gewaltige Kräfte am Werk, deren Spielball wir sind und die wir kaum begreifen.

Der Physiker Werner Heisenberg hebelte mit seiner revolutionären Unschärferelation vor 90 Jahren das Kausalitätsprinzip aus, auf das sich die Menschen intuitiv verlassen. Unser modernes Weltbild ist heute geprägt von Unsicherheiten über unsere Innen- und über die Außenwelt, denn trotz aller Fortschritte hat der Mensch die Welt auch im 21. Jahrhundert nicht im Griff. Er ist heute wie damals ein unbedeutendes, hilfloses Wesen, ausgesetzt im Universum, bedroht von ihm unbekannten Kräften, die seine Existenz auf ewig infrage stellen. Die Verwundbarkeit des Menschen ist die Grunderfahrung, die hinter Horror und Monstern steckt: Das können gewaltige übermenschliche Naturkräfte sein, denen wir ausgeliefert sind, es kann der Tod als gnadenloses Signal der Vergänglichkeit sein, es können auch individuell traumatische Erfahrungen sein, die uns quälen und verstören.

Schon Steinzeitmenschen hatten wohl solch ein Gefühl der Ohnmacht verspürt und darauf mit schamanischen Ritualen reagiert. Auch heute noch ist das Gefühl der radikalen Verwundbarkeit das Reservoir, aus dem unsere Horrorgeschichten schöpfen. Gleichzeitig übt dieser Kampf des Menschen auch eine große Faszination aus. Wir wissen nämlich, dass uns die Überwindung unserer Angst auch ein Lustgefühl verschafft.

DIE EVOLUTION DER MONSTER

Am 15. Dezember 2015 taufte die Internationale Astronomische Union (IAU) den ersten Exoplaneten, der im sichtbaren Licht entdeckt wurde, auf den Namen *Dagon*. Der Planet im Sternbild Südlicher Fisch kreist um den Stern Fomalhaut (arabisch für »Maul des Fischs«). *Dagon* ist der Name einer alten semitischen Gottheit, halb Mann, halb Fisch. Es war nicht der einzige Name mit mythologischen Wurzeln, den die Astronomen für ihre neuen Himmelskörper verwendeten. Auch die Namen der Azteken-Götter Tonatiuh (Sonnengott) und Meztli (Mondgott) kamen zum Zug, außerdem mit Chalawan ein sagenumwobenes Krokodil aus einer thailändischen Sage und auch Fafnir, ein Zwerg aus einer nordischen Sage, der sich in einen Drachen verwandelte.

Offenbar begeistern sich die Astronomen der IAU, die aus verschiedenen Staaten der Erde stammen, für uralte Mythen. Götter und mythologische Monster gehören jedenfalls zu den häufigsten Namen für neu entdeckte Exoplaneten und Sterne. Begründet hatten Mitglieder des St. Cloud State Planetariums in Minnesota ihre die Entscheidung für Dagon mit Verweis auf das Werk des amerikanischen Schriftstellers Howard Philipps (kurz: H.P.) Lovecraft. Auch er habe sich mit »kosmischen Wundern« beschäftigt. Lovecraft schuf den sogenannten Cthulhu-Mythos, ein Bündel von fantastischen Erzählungen und Romanen, an dem später auch andere Schriftsteller mitschrieben. Im Zentrum des Mythos steht das Monster Cthulhu, ein aufgedunsenes, menschenähnliches Wesen mit einem Tintenfischkopf und langen, dünnen Flügeln. Ebenfalls eine wichtige Rolle in dieser Welt spielt Dagon, der als halb menschlich, halb fischartig beschrieben wird.

Der amerikanische Horrorbuchautor Stephen King – ein großer Fan H. P. Lovecrafts – stellte fest, dass Horrorgeschichten in Zeiten politischer oder wirtschaftlicher Krisen wie der Weltwirtschaftskrise, des Zweiten Weltkriegs oder des Vietnamkriegs immer besonders erfolgreich gewesen seien. Die gesellschaftlichen Ängste der Menschen treten in diesen Zeiten stärker hervor und werden dann als Monster greifbar. Wesen, die eine Zeit lang ein Schattendasein führten, stehen von den Toten auf, meist in leicht veränderter, an die Zeichen der Zeit angepasster Form. Es obliegt dem Instinkt und dem Geschick eines Schriftstellers, Malers oder Filmemachers, die »zutreffenden« Attribute zu erspüren und in seinem Werk zu beschreiben.

Lovecraft, der Urvater der amerikanischen Horror- und Fantasyliteratur, schuf seine düstere Mythenwelt kurz nach dem Ersten Weltkrieg. Die Erzählung *Dagon* ist in einer fieberhaften Wahnwelt angesiedelt; die Hauptperson ist ein Seemann, der von einem deutschen Kriegsschiff im Pazifik gefangen genommen wird. Er kann mit einem Beiboot fliehen, landet auf der mysteriösen Insel mit dem Dagon-Monster und verliert schließlich durch diese Begegnung den Verstand. Bei Lovecraft selbst entsprangen viele seiner monströsen Figuren einer äußeren Quelle, die sich aus historischen Monstergeschichten speiste. Lovecraft nutzte uralte Figuren, um eigene Abgründe auszuloten. Auf diese

Weise entstand das düstere, lebensfeindliche Universum seiner Geschichten. Ihn faszinierte alles, was fremd war, vor allem übernatürliche Kräfte und Wesen aus weit entfernten Teilen des Universums, die mit gottgleichen Kräften ausgestattet waren. Er erschuf eine Mythenwelt, angefüllt mit Göttern und dunklen Geschöpfen, die den Kampf von Gut gegen Böse neu erzählt.

Vielleicht fragen Sie sich, warum ich diesem Dagon einen besonderen Platz im Buch einräume. Ist er nicht nur eines von vielen Monstern, ein schönes Beispiel? Für mich ist er mehr, wollen wir doch in der Zeit zurückkreisen und die Spuren der ältesten Monster aus unserem Koffer aufspüren. Dagon ist ein Wesen, das gleichzeitig modern und uralt ist. Lovecraft bezog sich immer wieder auf Texte älterer Autoren, etwa auf John Miltons berühmtes Epos *Paradise Lost* aus dem 17. Jahrhundert. Es erzählt von den Versuchen Satans, Gott mithilfe einiger gefallener Engel die Macht zu entreißen. Unter diesen findet sich auch Dagon. Bei Milton anfangs noch ein göttliches Wesen, wird Dagon erst bei Lovecraft zum Monster.

Doch die Wurzeln der Geschichten um dieses Wesen reichen noch weiter zurück. Im Alten Testament ist Dagon ein Gott der Philister. Da der Name ähnlich klingt wie das hebräische Wort »dag« für »Fisch«, gingen die Kirchenväter bei diesem Gott von einer Fischgestalt aus, mittelalterliche Zeichnungen stellen ihn so dar. Der Name könnte aber auch vom kanaäischen Wort »dagan« für »Getreide« kommen, denn Dagon war möglicherweise auch ein westsemitischer oder babylonischer Getreide- und Wettergott. »Er wurde auch mit altorientalischen Kulturheroen wie Oannes identifiziert, die aus dem Meer kommen und Fischattribute tragen, so der Religionswissenschaftler und Lovecraft-Kenner Marco Frenschkowski.

Alte Quellen beschreiben Oannes mit Fischkopf und zugleich Menschenhaupt, er hatte einen Fischschwanz und menschliche Füße und konnte sprechen. Der babylonische Priester und Astronom Berossos berichtete in seinen Schriften davon, dass das Wesen während der Regentschaft von Alexander dem Großen in Babylonien auch segensreich gewirkt habe. Oannes entstieg demnach morgens dem Meer, brachte den Menschen Lesen und Schreiben bei, lehrte sie Acker- und Hausbau, erklärte ihnen, wie man Gesetze entwirft, und vermittelte die neuesten technischen Erkenntnisse. Abends verschwand er wieder im Meer.

Warum Lovecraft so großes Interesse an seltsamen Kreaturen hegte, mag ein Blick in seine schwierige Kindheit erklären. Lovecraft war zeit seines Lebens kränklich. Beide Eltern waren wegen psychischer Leiden in Behandlung, der Vater fünf Jahre, die Mutter zwei Jahre lang, und beide Eltern starben in einer psychiatrischen Einrichtung. Ansonsten Einzelgänger, war der Großvater eine wichtige Bezugsperson für den Jungen. Er versorgte ihn mit Geschichten, fütterte ihn mit antiken Mythen wie Homers *Odyssee* und erzählte ihm ausgedachte Horrorgeschichten. Lovecraft fühlte sich verlassen von der Welt. An menschlichen Beziehungen und ihren Verwicklungen sei er gänzlich uninteressiert gewesen, so Frenschkowski.

»Lovecraft war ungeheuer fasziniert von allem, was fremd, anders und im eigentlichen Sinn des Wortes ›unmenschlich‹ war«, sagt Frenschkowski. In seinen Geschichten habe er immer wieder den Einbruch des völlig Fremden beschrieben, »das das Verstehen des Menschen sprengt«. Das Thema seiner Mythologie sei »der Kosmos in seiner Fremdheit, das Abgründige als das, was der Mensch in seinen vertrauten Denkkategorien nicht begreifen kann, das Unheimliche als Gegenteil des Heimeligen und Vertrauten«. Frenschkowski diagnostiziert eine klare Grundhaltung hinter den Erzählungen: »Durch den Schrecken hindurch meldet sich die

Neugier zu Wort, und hinter dem Abscheulichen steht die Faszination, hinter dem Grauen das Staunen.« Es ist das alte Angst-Lust-Prinzip, das Lovecraft so meisterlich zu nutzen weiß.

Der Autor verstand sich als Maler von Stimmungen und Bildern des Geistes. Für viele ist Lovecraft auch deshalb »*der* Autor des Unheimlichen«. Stephen King bezog sich auf ihn, auch auf die *Batman*-Filme hatte sein Werk Einfluss. Der Schweizer »Alien«-Schöpfer H. R. Giger ließ sich bei seinen Entwürfen für das Weltraummonster von Lovecraft inspirieren.

Die Geschichte über das uralte Monster Dagon belegt, wie wandelbar ein und dieselbe Figur im Lauf der Jahrtausende ist – wenn sie einen Kern besitzt, der sich an die jeweilige Zeit anpassen lässt. Aus einem Gott wird ein Ungeheuer, und am Ende wird sogar ein Exoplanet nach ihm benannt. Die Geschichte führt uns aus den Tiefen des Universums rund 5000 Jahre zurück bis zum *Gilgamesch-Epos*

und den Schriften der Sumerer, eines Volkes, das einst die Schrift erfand und in der Region des heutigen Irak zwischen den Flüssen Euphrat und Tigris lebte.

Ich hatte schon zu Beginn angekündigt, dass dieses Buch auch in gewissem Sinn eine Zeitreise ist, eine Suche nach den Wurzeln der heutigen Monster. Bei manchen kennen wir die Vergangenheit genau: Figuren der griechischen Mythologie wie Minotaurus oder Polyphem bleiben in ihrer heutigen Bedeutung eng mit der antiken Entstehungsgeschichte verknüpft. Der Minotaurus, ein bestialisches Mensch-Stier-Mischwesen, war gefangen in einem eigens erbauten Labyrinth des Königs Minos auf Kreta. Dem Ungeheuer mussten Jahr für Jahr sieben schöne Jungfrauen und ebenso viele Jünglinge geopfert werden, bis der griechische Held Theseus dem grausigen Ritual ein Ende setzte und das Monster tötete. Der Minotaurus galt lange als Sinnbild für animalische Urkräfte, die alles vernichten. Doch im 20. Jahrhundert bekam das Monster ganz neue Bedeutungen. Der Schriftsteller Friedrich Dürrenmatt setzte ihn beispielsweise eher als Sinnbild für eine herrschende Orientierungslosigkeit ein – die Gesellschaft gefangen im Labyrinth.

Man sieht also, dass selbst die eigentlich exakt beschriebenen und damit klar definierten Monster Veränderungen unterworfen sind, einige mehr, andere weniger. Das war für mich eine überraschende Erkenntnis: Produkte unserer Fantasie entwickeln sich beinahe wie Lebewesen. Ihre DNA, ihr Wesenskern kann sich wandeln und anpassen. Schon seit der frühesten Epoche der Menschheitsgeschichte sind Monster unsere Begleiter. Im Laufe der Zeit werden sie immer vielgestaltiger, zahl- und variantenreicher. Einige Monster treten hinzu, und andere verschwinden wieder von der Bildfläche, doch die Quelle, aus der sich ihre Vielfalt speist, entspringt in uns. Eine genauere Spurensuche in der Menschheitsgeschichte wird also spannende Erkenntnisse einbringen. Folgen wir den Fährten der Monster, die uns über Steinzeithöhlen und geheimnisvolle Pfeilerwesen eines 12.000 Jahre alten Bergheiligtums bis in die Gegenwart zu Zombies und ins Umfeld des amerikanischen Präsidenten Donald Trump führen, können wir erstaunliche Erkenntnisse nicht nur über Monster, Mischwesen und menschliche Bestien gewinnen, sondern auch über die Gesellschaften, die sie hervorbringen.

Steinzeit – von monströsen Göttern

Wir hatten im einleitenden Kapitel die Steinzeithöhlen Mitteleuropas mit ihren fantastischen und gleichzeitig seltsamen Mischwesen besucht und dabei die Minotaurus-artige Figur aus Chauvet oder den Löwenmenschen von der Schwäbischen Alb kennengelernt. Es waren erste, vereinzelte Spuren. Ich will diesen Faden nun wieder aufnehmen und eine Reise durch die Jahrtausende beginnen, um die Spuren der Monster zu ergründen. Um beim Koffer von Newt Scamander zu bleiben: Lassen Sie uns wieder hineinsteigen und nach den ältesten Spuren darin suchen!

Monster stehen für alle Themen, die uns Menschen beschäftigen, für Sex, Macht, Liebe, Tod. Bisher lag der Fokus eher darauf zu ergründen, welch seltsames Phänomen die Monster eigentlich sind: mächtige menschliche Erfindungen, die unsere inneren Ängste sichtbar machen. Nun wollen wir, ausgestattet mit diesem Wissen, die Monster der verschiedenen Epochen genauer studieren und von ihnen lernen. Begleiten Sie mich auf eine ungewöhnliche Reise in unsere Vergangenheit, die uns auch die Monster unserer Zeit besser verstehen lässt.

Wir begeben uns nun zurück in eine Zeit, in der die Menschen allmählich begannen, eine Vorstellung von einer anderen, unbekannten Welt zu entwickeln, einer jenseitigen oder einfach nicht sichtbaren Parallelwelt, die mit geistigen Dingen verknüpft war. Das war die Voraussetzung dafür, dass sie sich überhaupt Götter oder Monster ausdenken konnten. Erst auf dieser Basis waren mythische Konzepte sinnvoll, nur so konnten schamanische Rituale entstehen, bei denen es darum ging, mit dieser anderen Welt in Kontakt zu treten. Monster entstanden also nach der Einteilung der Welt in eine diesseitige und eine jenseitige Welt – genau wie Götter. Die Menschen mussten sich zudem Konzepte ausdenken, welche Art von Verbindung es zwischen dieser neuen imaginierten und der vertrauten, realen Welt geben könnte. Es ist gut vorstellbar, dass Mischwesen hier eine Art Wächter- oder Mittlerrolle einnahmen. Sie waren real und irreal zugleich, sie hatten sowohl menschliche als auch übernatürliche Eigenschaften. Sie könnten in der Vorstellung der Menschen den Zugang zur unbekannten, jenseitigen Welt und den Göttern vermittelt haben. Wir werden sehen, ob es dafür Indizien gibt.

Von Fremden, Monstern und Göttern

Die Reise beginnt an einem der faszinierendsten Orte, die ich jemals besucht habe: Göbekli Tepe im Südosten der Türkei. Das fast 12.000 Jahre alte Bergheiligtum mit seinen gewaltigen Steinkreisen ist etwa 7000 Jahre älter als die berühmte Kultstätte Stonehenge im Südwesten Englands und stammt damit aus einer Zeit, in der die Menschen noch Jäger und Sammler waren. Es steht in der Nähe der türkischen Großstadt Şanlıurfa unweit der Grenze zu Syrien, in einer Region, die als die Wiege der modernen Zivilisation gilt.

Der Göbekli Tepe, was so viel bedeutet wie »bauchiger Berg«, ist ein künstlich aufgeschütteter Hügel mit 300 Meter

Durchmesser. Damit ist er die älteste von Menschenhand errichtete Kultstätte, die wir kennen. Er gilt als Vorläufer späterer Heiligtümer. Vier große Steinkreise haben die Archäologen bereits ausgegraben, 50 weitere könnten sich noch unter dem Hügel verbergen.

In der Mitte der größten Anlage ragen zwei mehr als fünf Meter hohe Pfeiler auf, sie erinnern vage an eine menschliche Gestalt. Den Kopf der Pfeiler bildet ein markanter Querbalken, allerdings trägt er weder Gesicht noch Nase, noch Augen, noch Ohren oder Mund. An den Seiten der Pfeiler sind Arme und Hände in stilisierter Form dargestellt, um die Bauchmitte spannt sich ein Gürtel, an dem ein Fuchsfell hängt. Die Pfeiler sind zudem mit Tieren verziert, darunter Kraniche, Ibisse, Geier, Skorpione, Schlangen, Spinnen, Wildschweine, Auerochsen, Füchse und Löwen. Ein wahrer Steinzeitzoo versammelt sich dort. »Diese Wesen, die nur aus der Fantasie des Menschen heraus entstanden sind, hatten etwas mit Vorstellungen des Jenseits zu tun«, ist Harald Floss vom Institut für Ur- und Frühgeschichte der Universität Tübingen überzeugt. Sie könnten als Mittler zwischen den Welten gedient haben.

Als gesichert gilt, dass am Göbekli Tepe große Feste gefeiert wurden, weit verstreute Sippen trafen sich auf dem heiligen Hügel. Die wichtigsten religiösen Rituale fanden in den damals möglicherweise überdachten Kreisanlagen mit den riesenhaften Wesen statt, vermuten Forscher. Dabei ging es darum, Kontakt zu den Göttern und zur Welt der Verstorbenen herzustellen. Möglicherweise wurden bei solchen Festen auch wichtige Stammesführer verabschiedet, die man auf ihrer Reise ins Jenseits begleiten wollte. Denn schon die Jäger und Sammler bestatteten ihre Toten und beschäftigten sich mit dem Leben nach dem Tod – und damit mit der eigenen Endlichkeit. In schamanischen Zeremonien versuchten sie, mit höheren Mächten in Kontakt zu treten, um das

Schicksal günstig zu stimmen. Es ist also tatsächlich vorstellbar, dass sie zum Zwecke dieser Kontaktaufnahme die Wesen aus Stein schufen, die, wie das Mischwesen aus der Höhle von Chauvet, die Zwischenwelt zwischen Diesseits und Jenseits besetzen sollten.

Aber handelt es sich bei den Skulpturen von damals wirklich um Darstellungen von Monstern? Oder repräsentieren sie Götter? Aus heutiger Sicht ist diese Frage nicht mehr zu beantworten. Weder zu den Zeichnungen aus der Höhle von Chauvet noch zu den Skulpturen vom Göbekli Tepe existieren schriftliche Quellen. Möglich wäre, dass die Steinzeitjäger keinen großen Unterschied zwischen göttlichen und monströsen Wesen sahen. Beide Konzepte dienen schließlich dazu, mit Themen wie Sterblichkeit und Verletzlichkeit und dem Fremden umzugehen. Offenbar war die Entwicklung des Gehirns der Menschen der Steinzeit so weit fortgeschritten, dass sie in der Lage waren, sowohl Götter als auch Monster zu ersinnen. Vielleicht gab es zunächst einfach so etwas wie Monstergötter, die Teil beider Welten waren. Und die beiden Funktionen lösten sich erst im Lauf der Menschheitsgeschichte voneinander. Das wäre ein erster Evolutionsschritt der Monster und würde gut zur generellen Entwicklung der Steinzeitgesellschaften damals passen, die auch ihre Rollen innerhalb der Gemeinschaften immer stärker differenzierten. Diese Idee folgt dem Gedanken einer Arbeitsteilung.

Interessant dabei ist, wie diese neuen Begleiter aussahen und welche Vorstellung sich unsere Vorfahren von ihnen machten. Die Welt war für sie aus mehr oder weniger bekannten, beobachtbaren Einheiten zusammengesetzt, aus Tieren, die man jagte, aus Landschaftsmarken wie Bergen, Bäumen, einem Fluss. Die Mischwesen von damals sind meist aus Versatzstücken der Wirklichkeit zusammengesetzt. Aus menschlichen und tierischen Elementen erschufen die

Menschen imaginäre Wesen – eine Erweiterung der natürlichen Welt. Sie hatten zwar Augen, um zu sehen, Füße, um zu laufen, und Flügel, um zu fliegen, waren aber dennoch etwas gänzlich Neues, indem sie die Welt zeigten, wie sie nicht war und wie die Menschen sie auch nicht erlebten. Sie verletzten die Gesetze der Natur. Die Mischwesen waren so in der realen Welt verankert, erweiterten diese aber zugleich gedanklich. Die Monster waren Manifestationen des Nachdenkens über die Wirklichkeit – gleichzeitig forderte ihr Erscheinen die Menschen dazu heraus, diesen Prozess auch am Laufen zu halten.

Die babylonische Göttin Tiamat, eine der ältesten bekannten Gottheiten der Menschheitsgeschichte, wird oft als riesiges Mischwesen, als Seeschlange oder wilder Drache dargestellt. Die Menschen opferten ihr Speisen, um sie zu besänftigen. Ein altes babylonisches Rollsiegel, das heute im British Museum in London zu sehen ist, zeigt sie als Schlange mit Hörnern und Drachenkopf. Rollt man das zylindrische Siegel auf weichem Ton ab, werden die Bilder des Monsters darauf dreidimensional kopiert. Bisweilen besitzt sie auch, wie auf einem großen Steinrelief in der assyrischen Herrscherstadt Ninive im heutigen Irak, weitere tierische Körperteile wie Krallen und Beine von Vögeln oder – obwohl sie weiblich ist – die Hörner eines Stiers. Das Relief zeigt sie im Zweikampf mit dem Gott Marduk. Doch auch die Armee von Ungeheuern, die ihr zur Seite stehen, kann ihren Untergang nicht verhindern. Marduk spaltete Tiamat in zwei Hälften, daraus entstanden Himmel und Erde, so die alte babylonische Vorstellung. Die Göttermonster dieser Zeit waren destruktiv, sie verursachten Chaos und waren den Menschen gegenüber feindselig eingestellt. Man musste sie mit Opfern gnädig stimmen, so die Vorstellung.

Auch im alten Ägypten waren praktisch sämtliche Götter Mischwesen. Menschliche Körper und Tierköpfe bilden dabei eine Einheit. Der Hauptgott Horus etwa hat einen Falkenkopf, der Totengott Anubis einen Hunde- oder Schakalkopf, der Sonnengott Re ebenfalls einen Falkenkopf. Darüber trägt er eine Scheibe, sie symbolisiert die Sonne, eine Schlange umschlingt sie. Osiris als Herrscher über das Totenreich trägt einen Mumienkopf auf den Schultern, der Wasser- und Fruchtbarkeitsgott Sobek einen Krokodilkopf, der Mond- und Wissensgott Thot einen Ibis- oder einen Paviankopf. Die Darstellung als Mischwesen verdeutlichte, dass die Götter einem anderen Reich angehörten.

Auch im Hinduismus finden sich zahlreiche monströs wirkende Gottheiten. Die vielarmige Hindugöttin Kali trägt einen Rock aus abgeschlagenen Armen und eine Kette mit menschlichen Schädeln. Der Hauptgott Shiva schmückt sich mit einer Schlange um den Hals. Wer durch das vorwiegend buddhistische Myanmar reist, sieht sich einer Armada monströser Götter gegenüber, sie sind knallbunt und ausgestattet mit zahllosen grausigen Facetten. Noch heute bemühen sich die Menschen um das Wohlwollen dieser Götter und bringen ihnen Opfergaben. Auch Buddha, selbst kein Gott, wird in vielen Darstellungen von einer überlebensgroßen Kobra mit weit aufgerissenem Maul begleitet. Diese soll den meditierenden Buddha dem Volksglauben nach mit ihrem breiten Kopf vor Regen und Sturm beschützen.

Einen besonders monströsen Eindruck machen auf uns die Götter der Azteken. Diese verehrten einst furchterregende Gestalten wie Xolotl mit seinem Hundekopf und den nach hinten gedrehten Füßen oder Tlaloc mit seiner blauen Haut und den hervorquellenden Augen. Auch wenn die Götter der Ägypter oder Azteken einen unheimlichen Eindruck auf uns machen, erfüllen sie doch immer klare Rollen und Funktionen, waren in festgelegte Rituale eingebunden. Es galt, ihnen Nahrung oder sogar Menschen zu opfern, um sie milde zu stimmen. Im Gegenzug sicherten sie die Ordnung der Welt.

Ein klarer und einleuchtender Deal mit den höheren Mächten. Einen Deal mit den Monstern wird es hingegen niemals geben.

*

Der irische Philosoph Richard Kearney stellt in seinem Buch *Strangers, Gods and Monsters* die These auf, dass sich die menschliche Identität über drei Figuren definiere: Fremde, Götter und Monster. Alle drei würden als anders empfunden, weil sie entweder einer anderen Sphäre angehören wie die Götter oder einer anderen Kultur wie die Fremden oder einer Grenzregion der Wirklichkeit wie die Monster. Sie zeigen uns damit auf verschiedenen Ebenen, wer wir nicht sind, und stellen dadurch unsere Vorstellungen und unser Selbstbild infrage. Sie sind nicht wie wir, stehen aber mit uns in Verbindung. Wir begegnen ihnen also an den Grenzen unserer Welt, unserer Gesellschaft, unserer Vorstellung. Sie können uns deshalb sowohl erschrecken, sodass wir die

Flucht antreten, als auch anziehen und in uns den Wunsch auslösen, Grenzen zu übertreten und in unbekanntes Terrain aufzubrechen.

Monster geben dem Unaussprechlichen eine Gestalt. Sie ermöglichen es uns, das Undenkbare – in uns verborgene Ängste und Sehnsüchte – ins Bewusstsein zu holen. Monster regen uns also dazu an, über uns selbst nachzudenken. Das könnte ein Grund sein, warum sie so viele Facetten haben. »Monstrositäten sind deshalb so spannend, weil sie anders als Götter oder Dämonen in kein gängiges Ordnungsmuster passen«, sagt der Wissenschaftshistoriker Michael Hagner. Wir versuchen, mit ihrer Hilfe ein Bild von anderen Welten, anderen Möglichkeiten, für das andere an sich zu bekommen. Gotteserfahrungen haben hingegen mit der Auflösung des Selbst zu tun, mit Situationen, in denen wir mit einem größeren Ganzen verschmelzen. Zu ihnen schauen wir auf, wohnen sie doch in erhabenen Sphären. Die Wege der Götter sind nicht unsere Wege.

Eine der zentralen Fragen ist, wie aus den anfänglichen Monstergöttern Monster und Götter wurden, ob das langsam passiert ist oder eher schlagartig, als die Menschen sich vor rund 6000 Jahren in Städten niederließen und sich die Gesellschaft immer weiter ausdifferenzierte. Monster und Götter trennen sich offenbar erst im Lauf der zunehmenden Polarisierung von Gut und Böse weiter voneinander, also erst, als Gesellschaften auch ins Jenseits Ordnung brachten. Im Zuge dessen rückten Götter ins Jenseitige ab, die Monster blieben jedoch Teil unserer Welt und bevölkerten unerforschtes Terrain – also: fremde Länder, die Weltmeere, Wildnis, Wüste, Gebirge. Im Zuge dieser Trennung wurden auch einige alte Götter zu Monstern umgedeutet, die nun von Gott besiegt werden müssen.

Alle Schöpfungsgeschichten spiegeln genau diesen Aspekt wider. Die ersten schriftlichen Überlieferungen dieser

Mythen entstanden, als Menschen begannen, in Städten zu leben. In den meisten Schöpfungsmythen vertreibt ein Schöpfergott erst einmal die Nacht, die man symbolisch auch als Welt der dunklen Monster sehen könnte. Der meist einsame Weltenherrscher spuckt, gebiert oder ejakuliert und bringt so das Licht hervor. Dann nimmt er sich des Weltchaos an. Er räumt auf, treibt die Dämonen und Monster an den Rand, und siehe da, schon ist Ordnung. Gut hier, böse da. In den Geschichten vom Anfang der Welt entsteht also in der Regel eine göttliche Ordnung.

In der Bibel finden sich später im Alten Testament ähnliche Geschichten. Zum Beispiel die über das Seeungeheuer Leviathan, welches das Chaos verkörpert und optisch eine Mischung aus Schlange, Drache, Krokodil und Wal ist. Gott muss es schließlich mit einem »harten, großen, starken Schwert töten«, als es zu mächtig wird. Vorbild für Leviathan war übrigens die babylonische Göttin Tiamat. Es ist nicht die einzige Geschichte in der Bibel, in der die alten Götter zu Monstern degradiert und schlussendlich getötet werden. Auch das Meeresungeheuer Tannin und das nilpferdartige Landungeheuer Behemoth, das über die Wüste herrschte, werden von Gott durchbohrt oder mit dem Schwert zerschmettert. Bei Behemoth handelt es sich möglicherweise um den altägyptischen Gott Seth.

Dem bereits erwähnten Gott Dagon ist das gleiche Schicksal beschieden. Sein Ende wird symbolisch in der Bibel beschrieben: Als die für das Volk Israels so wichtige Bundeslade mit den auf Steintafeln geschriebenen zehn Geboten in Dagons damaligem Haupttempel in Aschdod gelagert wird, zerspringt dessen Statue des Gottes der Philister in Stücke. So vertreibt der biblische Gott mit Dagon eine weitere alte Gottheit. Dagon entwickelt sich in späteren Erzählungen zu einem monströsen Wesen. Viele der Ungeheuer haben göttliche Wurzeln und werden danach zu Begleitern des Teufels. Die Trennung von Göttern/Gott und Monstern setzt sich mit der Ausbreitung des Christentums immer weiter durch. Die alten heidnischen Götter gehen als Monster im christlichen Glauben auf. Dass es dem Christentum gelang, Elemente früherer Religionen entweder zu integrieren oder zu verdrängen, erklärt seinen großen Erfolg.

Monster machen sich breit

Wir sehen also, dass sich die Wege der Götter von den unsrigen trennten. Die Monster hingegen blieben unter uns und breiteten sich über den gesamten Globus aus. Folgen wir also weiter den Spuren, die sie bei ihrem Vormarsch hinterlassen haben, und schauen, von wo aus diese Entwicklung ihren Ursprung nahm.

Monster waren jahrtausendelang zunächst eher vereinzelte Erscheinungen, jedenfalls sieht so der archäologische Befund aus. Massenhaft verbreiteten sie sich erst, als die ersten größeren Städte entstanden und sich überregionale Handelsbeziehungen und die ersten Eliten etablierten, schreibt der britische Archäologe und Anthropologe David Wengrow in seinem Buch *The Origin of Monsters*. Seiner Ansicht nach breiteten sich all die Sphingen, Greife und gehörnten Schlangen vor 6000 Jahren wie bei einer Epidemie aus, so, als würden sich weitere Siedlungen quasi mit dieser Idee infizieren. Ihren Ursprungsort hatten sie dabei in den ersten Städten im Mittleren Osten im sogenannten Fruchtbaren Halbmond, der sich heute sichelförmig vom Libanon über Syrien und die Südosttürkei bis zum Irak und Iran zieht. Sie tauchten dort gehäuft in den aufstrebenden Stadtstaaten oder etwas später in den Zentren der ersten größeren Reiche auf. »Monster sind kosmopolitische Wesen«, sagt Wengrow.

Keimzellen dieser Städte waren einst neben Verwaltungseinrichtungen vor allem Tempel oder religiöse Anlagen. Dies zeigt, wie wichtig der religiöse Kontext zu Beginn für die Monster war. Und noch etwas fällt auf: Offenbar entstand eine Vielzahl neuer Monster genau in der Zeit, in der die menschliche Gesellschaft hierarchischer und die soziale Interaktion komplexer wurde. Offenbar waren die monströsen Mischwesen vor allem für die Herrscher von großem Nutzen.

Wengrow sammelte systematisch Monsterbilder früher Kulturen und analysierte ihre möglichen Verbreitungswege. Die Ergebnisse waren verblüffend: So spielte etwa der technologische Fortschritt eine wichtige Rolle. Mechanische Werkzeuge wie Stempel, Abdruckformen und Rollsiegel kamen zum Einsatz, um im großen Stil Bilder auf weichem Ton zu vervielfältigen. Ohne diese frühe Form der Massenvervielfältigung hätte sich die Idee der Monster nicht so schnell verbreiten können. Es war das erste Mal in der Geschichte der Menschheit, dass sich bildliche Informationen aufgrund einer neuen Technik deutlich schneller herstellen und weitergeben ließen.

Besonders populär waren die Mischwesen immer dann, wenn sich in einer Region größere soziale und wirtschaftliche Veränderungen oder gar fundamentale Umwälzungen andeuteten. So fanden sich beispielsweise im alten Ägypten gehäuft Monsterbilder, als sich das erste Pharaonen-Reich mit dem Herrscher Narmer zu etablieren begann. Interessant ist dabei auch, dass die Vorbilder für die ägyptischen Monster oft aus anderen Ländern der Region importiert wurden. Mitte des 4. Jahrtausends vor Christus etwa wanderten die Mischwesen aus der Region zwischen den Flüssen Euphrat und Tigris in Richtung Oberägypten. Massenhaft tauchten sie dort auf Bildern und Gegenständen auf, auf Schmink-Paletten, Kämmen, Messern oder Verzierungen von Stockspitzen. Vor allem die aufstrebenden Schichten des neu entstehenden Reichs schmückten sich mit den offenbar mächtigen Wesen.

Ein schönes Bespiel dafür ist eine 5000 Jahre alte Prunkpalette des ersten ägyptischen Pharaos Narmer. Darauf sind zwei Leoparden mit langen, gewundenen Schlangenhälsen und Katzenköpfen zu sehen. Vergleichbare Mischwesen waren aus Mesopotamien bekannt. Gehalten werden die Hälse der Mischwesen von zwei menschlichen Wächtern. In der Vertiefung zwischen den einander umschlingenden Hälsen mixte man einst aus Salben und Duftstoffen edle Cremes. Die Monsterbilder kamen oft bei magischen oder medizinischen Ritualen zum Einsatz. Man wollte mit ihrer Hilfe ein Unglück abwenden oder sich vor der Ausbreitung gefährlicher Erkrankungen schützen. Sie verfügten über magische Fähigkeiten im Kampf gegen höhere Mächte und sollten auch böse Dämonen abwehren.

*

Mit der ersten Niederschrift der alten Mythen entstand ein weiteres Ausbreitungsmedium für die Mischwesen, ein neuer Wirt, wenn man so will. Das *Gilgamesch-Epos* der Sumerer ist der älteste schriftlich überlieferte Mythos der Menschheit. Die Angst vor der Vergänglichkeit des Lebens steht im Zentrum der Geschichten. Neben König Gilgamesch taucht darin auch der nackte, behaarte Enkidu auf, sein Freund und Begleiter, der Gras frisst, mit den Tieren in der Steppe lebt und auch sonst reichlich wilde, tierhafte Züge aufweist.

Auf der Suche nach weiteren schriftlichen Hinweisen auf die frühen Monster begibt man sich am besten in die Keilschriftsammlung im British Museum in London. Dort findet sich der Inhalt der ältesten noch erhaltenen Bibliothek der Welt, die einst der mächtige assyrische König Assurbanipal anlegen ließ. Die Assyrer errichteten noch weit vor den Römern vor knapp 3000 Jahren das erste Weltreich der Geschichte und erfanden eine Reihe moderner Dinge wie das Postwesen oder staatliche Förderprogramme. Assurbanipal ließ damals alles verfügbare Wissen der Zeit sammeln, auch alte Texte der Babylonier und Sumerer. Die Bibliothek ist die größte Sammlung von Literatur- und Forschungstexten des alten Orients, darunter auch Schriften aus dem sogenannten Haus der Exorzisten. In den Texten ist überaus akribisch festgehalten, wie man schützende Bilder herstellt und platziert, um gegen Dämonen vorzugehen. Zudem finden sich zahlreiche exakte Anweisungen darüber, wie man die Krankheit bringenden Dämonen Tausende Kilometer von ihren menschlichen Zielen wegschickt. »Die Assyrer kannten Millionen von Dämonen und Monstern«, sagt Jonathan Taylor, Leiter der Keilschriftsammlung. Und ebenso viele Gegenmittel. Die Texte beschreiben furchterregende Wesen wie Namtaru, der, ehemals ein Gott der Unterwelt, nun als Ungeheuer oder Dämon wirke und an einem Ort lebe, wo es Essen gebe, das nicht essbar sei, Wasser gebe, das nicht trinkbar sei, und dessen Mund mit Gift gefüllt sei. Oder Lamashtu, die Krankheit und Tod brachte und an der Brust ihrer Mutter trinkende Babys mit ihrem Pestatem tötete. Sie war nackt, hatte den Oberkörper einer Frau, den Kopf eines Löwen oder eines Hundes, an den Füßen die Klauen eines Adlers. An ihren Brüsten saugte bisweilen ein Hund oder ein Schwein. Infektionskrankheiten aller Art waren ihr Steckenpferd. In Schach halten konnte sie nur Pazuzu, ein Monster mit zwei Händen, vier Flügeln, den Klauen eines Adlers und einem deformierten Kopf. Eine Hand trug er erhoben, die zweite zeigte nach unten, auch nicht unbedingt ein netter Geselle, doch als Gegner von Lamashtu unersetzlich, weshalb ihn Mütter und kleine Kinder auf Schutzamuletten bei sich trugen. Mischwesen waren sie alle drei, wie letztlich alle Dämonen und Monster der Region.

*

Der erste Teil unserer Reise hat gezeigt, dass Bilder von Monstern in den ältesten, sesshaften Gesellschaften bald die häufigsten bildlichen Darstellungen überhaupt waren. Frühe Monster wie die schlangenartige Tiamat mit ihren Hörnern und dem furchterregenden Drachenkopf waren entstanden, als die Gesellschaft hierarchischer wurde. Offenbar brauchten die Herrscher die Wesen, um ihre Macht zu symbolisieren. Die Darstellungen waren bereits erstaunlich detailreich. Die Monster standen entweder für böse Mächte, die es zu zerstören galt (und nur der Herrscher war dazu fähig), oder für wilde, mächtige Verbündete, die Bedrohungen von außen abwehrten. Die Mischwesen übten schon damals eine große Faszination aus, sie »funktionierten« und verbreiteten sich deshalb rasant entlang der Handelsrouten, auf denen die Menschen Metalle, wertvolle Steine und andere Waren austauschten. Nachdem sie etabliert waren, machten sie sich sozusagen auf den Weg, um weitere Regionen der Erde zu erobern. Weiter geht es ins antike Griechenland, wo sich im 8. Jahrhundert vor Christus nach vier turbulenten Jahrhunderten, von denen die Geschichtsschreibung bis heute wenig weiß, neue gesellschaftliche Strukturen herausbildeten.

Antike – das Drama beginnt

Um 1200 vor Christus wüteten angeblich im gesamten Mittelmeerraum mysteriöse Seevölker und verwüsteten die Küstenregionen. So richtig bewiesen ist die Existenz dieser Völker zwar nicht, aber man findet überall Spuren der Zerstörung. Die einst mächtigen Hochkulturen der Hethiter, Phönizier, Assyrer und auch der Mykener und Minoer verschwanden. Wie genau das passierte, ist immer noch unklar. Erst rund 400 Jahre später entstanden im antiken Griechenland unabhängige Siedlungen und Städte und langsam auch die bedeutendste Hochkultur der Region, deren Ideen die europäische Zivilisation noch immer prägen und deren politische Gedanken bis heute die wichtigste Grundlage für die Demokratien der westlichen Welt darstellen. Zunächst waren diese neuen Gemeinschaften noch nicht stabil. Sie mussten sich gegen die fremde und oft bedrohlich erscheinende Außenwelt abgrenzen, auch gegen imaginäre Gefahren. Sie ahnen es schon: Das rief Monster auf den Plan.

In der frühen Eisenzeit, im 8. Jahrhundert vor Christus, breiteten sich die Ungeheuer aus dem Orient in Richtung Westen aus. Darunter waren zahlreiche Monster der verschwundenen alten Hochkulturen. Sie hatten in Bildern, Liedern und Geschichten überlebt, eroberten dann ihrerseits die Bilderwelten des archaischen Griechenlands und der Etrusker. Die monströsen Mischwesen waren damals so populär, dass man massenhaft Amphoren, Vasen, Teller, Schüsseln, Behälter für Salben und Öle mit ihnen dekorierte.

Die ältesten erhaltenen literarischen Texte dieser Epoche sind die der berühmten Schriftsteller Hesiod und Homer. Im 8. und 7. Jahrhundert vor Christus verfassten die beiden antiken Dichter ihre großen Epen und entwarfen darin ein neues Weltbild. In dieser Zeit begannen griechische Seefahrer und Händler, den Mittelmeerraum und das Schwarzmeergebiet zu besiedeln. Da die Mythen davon berichteten, wie sich die Helden in diesen fremden Welten gegen die Monster zur Wehr setzten, waren sie für die Menschen damals sehr aktuell. Die Botschaft lautete: Die griechische Kultur muss und kann sich in der Fremde behaupten.

Hesiod beschrieb in seinem berühmten Werk *Theogonie* die Entstehung der Welt aus dem Chaos. Eine Passage der *Theogonie* widmet sich ausführlich den Monstern. Dort heißt es, sie stammten alle von einer Mutter ab, deren Name Echidna laute, sie sei halb Nymphe, halb Pythonschlange, also selbst ein monströses Wesen. Sie lebe unterhalb der Erdoberfläche und habe einige ungeheuerliche Kinder zur Welt gebracht. »Erstens gebar sie den Hund des Geryones, Orthos; zum Zweiten zeugte des Hades unsäglichen Hund sie, dem nicht zu entfliehen, Kerberos, das gefräßige Untier, fünfzighäuptig, der rohen Gewalttat frech sich erfreuend. Drittens gebar sie nun wieder die unheilbrütende Hydra. Auch Chimaira gebar sie, (...), schrecklich und groß und behände zum Lauf und gerüstet mit Stärke. Diese besaß drei Köpfe: vom mutigen Löwen den einen, den von der Ziege, sodann von der Schlange, dem mächtigen Drachen.«

In seinem berühmten Epos *Odyssee* erzählt Homer davon, wie König Odysseus mit seinen Gefährten aus dem Trojanischen Krieg ins heimische Ithaka zurückkehrt. Auf dieser

Irrfahrt müssen sie unzählige Abenteuer bestehen, bis sich der tapfere und schlaue Held schließlich den Weg nach Hause erkämpft. Sein Weg führt ihn durch eine fremde und bisweilen bizarre Welt, in der er zahlreiche Ungeheuer besiegen muss. Er überlistet den einäugigen Riesen Polyphem und blendet ihn mit einem glühenden Pfahl. Er kann vor den Laistrygonen fliehen, einem menschenfressenden Riesenvolk, wird von einer geheimnisvollen Zauberin bezirzt, muss das sechsköpfige, menschenverschlingende Seeungeheuer Skylla umschiffen und dem betörenden Gesang der Sirenen widerstehen. Die Antike begriff die Sirenen als Wesen aus dem Meer, sie waren halb Frau, halb Fisch. Der römische Dichter Horaz berichtete von einem »oben so reizenden Weib«, das dann »hässlich in einem Fisch ausliefe«. Durch ihren sinnlichen Gesang lockten sie die vorbeifahrenden Seeleute an, um sie dann gnadenlos zu töten.

Man sieht schnell, dass sich unser Monsterkoffer in der griechischen Antike sehr schnell füllt. Über die Schriftquellen erfahren wir auch viele Details. Die griechische Mythologie strotzt nur so vor Ungeheuern, Bestien und Monstern in allen Facetten. Meist handeln die Geschichten, in denen sie auftreten, von ungeheuerlichen Grausamkeiten. Die mächtigsten unter ihnen sind oft die Nachkommen von Göttern. Die einäugigen Zyklopen oder die Giganten haben göttliche Elternteile, sind aber selbst keine Götter mehr. Man sieht, dass in der Monsterwelt damals etwas Fundamentales passierte: Während die ägyptische Mythologie noch von Göttern mit monströsen Anteilen beherrscht war, bildeten die Monster

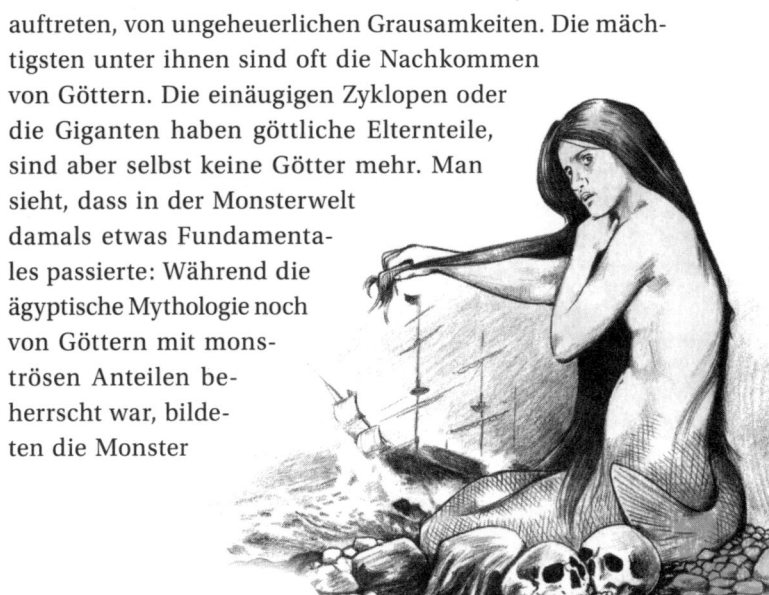

nun teilweise schon eine eigenständige Gruppe, sie beginnen sich zu emanzipieren.

Einige Jahrhunderte später versammelte der römische Dichter Ovid in seinen *Metamorphosen* ebenfalls eine endlose Reihe monströser Wesen. In den wüsten Verwandlungsgeschichten, die ihren Ursprung vor allem in der griechischen Mythologie haben, verschieben sich die Grenzen zwischen dem Menschlichen, Göttlichen und Monströsen immer wieder. Götter zeugen mit anderen Göttern oder mit Menschen neue Wesen, eine Göttin verliebt sich in einen Stier und zeugt ein Mischwesen, den berühmten Minotaurus, der wiederum selbst ein Monster ist, das schließlich besiegt werden muss. Es herrscht ziemliches Durcheinander.

Zunächst finden sich Beschreibungen über Fabelwesen und Monster vorwiegend in der antiken Geschichts- und Reiseliteratur, erst bei Plinius in dessen *Naturalis historia* im 1. Jahrhundert nach Christus werden sie auch zum Gegenstand der Naturkunde. Plinius' Naturgeschichte bildete die Grundlage dafür, wie zahlreiche Fabelwesen und Monster später im Mittelalter und noch in der Renaissance dargestellt wurden. Der römische Gelehrte war fasziniert davon, wie viele Formen und Gestalten menschliche Wesen annehmen konnten. Für ihn waren das »Spielarten der erfinderischen Natur«. Plinius schrieb wertfrei von den exotischen und von den monströsen Gestalten, die angeblich irgendwo weit weg am Rand der Welt lebten, wie auch von realen Missbildungen, die die Menschen in ihrem Umfeld erleben konnten.

Einäugige Menschenfresser
und riesige Schlangenfüße

Die antiken Schriftsteller schildern die fremde Welt der Monster sehr ausführlich und dabei recht plastisch. Hesiod erwähnt wundersame Völker, Halbhunde, Hundsköpfe und kleinwüchsige Pygmäen. Homer schrieb von Einäugigen, die im Norden Europas lebten, und von Äthiopiern in Afrika, denen ein überaus langes Leben beschert sei. Herodot erzählte von »wilden Männern und wilden Weibern«, von Menschen mit Hundsköpfen und Menschen ohne Kopf, die Augen auf der Brust tragen und im bergigen, waldreichen Westen Libyens am Rande Afrikas – so dachte man damals – leben würden. Und hinter dem Land der Skythen nördlich des Schwarzen Meeres würden in den Bergen Menschen mit Ziegenbeinen leben. Der Geschichtsschreiber Ktesias zeigte sich fasziniert von den sogenannten Skiapoden, Menschen mit einem großen Fuß, die schnell laufen und jagen konnten und die den übergroßen Fuß als Sonnenschutz verwendeten (später in mittelalterlichen Texten wurde daraus ein Regen- und Unwetterschutz).

Bisweilen äußerten sich Autoren wie Herodot kritisch zu Details aus den eigenen Schilderungen seltsamer Völker, fügten sie aber dennoch in ihre Beschreibungen ein. Der berühmte Arzt Hippokrates versuchte sogar, eine Erklärung für das Aussehen der seltsamen Mischwesen zu finden. Sie würden an den Wasserstellen Afrikas zusammenkommen und sich »weder des Gleichstämmigen noch des Fremdstämmigen« enthalten. »Sie treiben es, wie sie lustig sind, darum entsteht dort eine vielgestaltige Tierwelt.«

Der Berliner Archäologe und Historiker Lorenz Winkler-Horáček erzählt von der antiken Expedition eines Karthagers namens Hanno, der wohl im 5. Jahrhundert vor Christus die Westküste Afrikas hinunter bis auf die Höhe des heutigen Kamerun segelte, also bis zum Golf von Guinea. Dort traf er auf Ureinwohner. In einem Kampf erschlugen er und seine Leute einige behaarte, wilde Frauen, die er Gorillai nannte – nicht zu verwechseln mit den heutigen Gorillas. Die Häute der Toten brachte Hanno zum Beweis für seine Expedition mit. »Die in diesen Gorillai vermeintlich sichtbare Überschreitung der Grenze zwischen Mensch und Tier wurde damit auch zum Teil einer Beglaubigungsstrategie für die Existenz der Grenzregionen mit ihren fremden und hybriden Bewohnern«, schreibt Lorenz Winkler-Horaček.

Solche aus heutiger Sicht teilweise drastischen Schilderungen machen deutlich, wofür die Menschen der Antike ihre Monster brauchten. Sie wollten sich von einer vermeintlich unzivilisierten Welt draußen abgrenzen. Viele Reiseberichte entsprachen auch nicht unbedingt der Wahrheit. Aber indem man Wesen wie die Gorillai in die Nähe von Wilden rückte, sie quasi zu Monstern machte, betonte man die eigenen Werte, die sich deutlich von den rüden, fremden Sitten abhoben.

*

Für einige Monster gab es wahrscheinlich tatsächlich reale Vorbilder. Forscher nehmen an, dass entweder die Kopfform von Mastodonten, einer Frühform der Elefanten, oder embryonale Fehlentwicklungen als Inspirationsquelle für die Mythen über Zyklopen gedient haben könnten. Die Humboldt-Universität in Berlin hat in ihrer wissenschaftlichen Sammlung einen prähistorischen Elefantenschädel aus Indien, dessen große Nasenöffnung man leicht für eine Augenhöhle halten kann. Auf der Internetseite des Instituts heißt es dazu: »Dieser Eindruck verstärkt sich dadurch, dass die echten Augen bei Elefanten nicht rundherum von Knochen eingefasst sind; der Kopf ist rund und erinnert somit an einen menschlichen Schädel. Der Riesenwuchs der Zyklopen ließe sich durch die Größe des Schädels erklären.« Bis zum Ende der letzten Eiszeit waren solche Zwergelefanten auf zahlreichen Mittelmeerinseln wie Malta, Zypern oder Kreta heimisch. Es ist also durchaus möglich, dass die Griechen damals in irgendeiner Höhle auf fossile Elefantenschädel gestoßen sind – oder aber Geschichten über solche Funde aus Indien oder dem Osten importierten.

Manche der Monster und auch viele Götter der Antike erinnern in ihrer Gestalt an die Götter der Ägypter und Sumerer. Der griechische Geschichtsschreiber und Geograf Herodot bemerkte bereits im 5. Jahrhundert vor Christus hinsichtlich der Götternamen: »Dass sie fremdländischen Ursprungs sind, habe ich durch Forschen festgestellt; und ich glaube bestimmt, dass sie hauptsächlich aus Ägypten stammen«, schrieb er im zweiten Buch seiner *Historien*. Tatsächlich wurden auch einige griechische Götter zunächst als Mensch-Tier-Wesen dargestellt und erhielten erst später eine menschliche Gestalt. Der Gott Pan war anfangs behaart, hatte Hörner und Ziegenbeine, im Lauf der Jahrhunderte wurde er immer menschenähnlicher. Demeter hatte lange Zeit einen Pferdekopf, Hera trug den Beinamen »die Kuhäugige«, und Athene war »die Eulenäugige«. Je mehr die Menschen damals lernten, die Natur zu beherrschen, umso menschenähnlicher wurden ihre Götter – und umso monströser die Monster.

Antike Monster weisen meist drei Eigenschaften auf, meint Winkler-Horaček. So machten Mischformen aus Mensch und Tier erstens die Überschreitung einer Grenze sichtbar, seien zweitens eng verbunden mit der ungezähmten Natur, dafür stehen Merkmale wie wilde Behaarung oder das Tierhafte, und verstießen drittens regelmäßig gegen gesellschaftliche Normen, beleidigten etwa die Regeln der

Gastfreundschaft oder gingen zügellos ihren sexuellen Trieben nach, belästigten Frauen und missachteten die Institution der Ehe.

Die Monster standen also sinnbildlich für die Kräfte, die die antike Gesellschaft nach damals vorherrschender Meinung bedrohten. Entsprechend beängstigend mussten ihr äußeres Erscheinungsbild und ihr innerer finsterer Charakter sein. Riesen, sich schlangenartig windende Reptilien oder hinterlistige Mensch-Tier-Mischwesen vereinigten die schlimmsten menschlichen und tierischen Eigenschaften in sich. Und immer stellten sie eine Gefahr dar.

Die griechische Mythologie ist voller zorniger, grausamer Menschenfresser. Zu den beeindruckendsten Figuren gehören sicher die riesenhaften Giganten. Antike Autoren ergingen sich in Beschreibungen über ihre furchterregende Erscheinung, insbesondere die Schlangenschuppen an den Unterschenkeln wurden häufig betont. Ovid sprach sogar von Beinen, die in einem Schlangenkörper auslaufen. Die Giganten kämpfen mit monströsen Waffen, mit gewaltigen Keulen, Felsblöcken und sogar ganzen Baumstämmen. Bei Ovid können sie sogar Berge übereinanderstapeln. Im Auftrag ihrer Mutter Gaia greifen sie die olympischen Götter an, und in einer gigantischen Schlacht, der sogenannten Gigantomachie, entbrennt ein irrwitziger und brutaler Kampf. Da die Götter die Giganten nicht töten können – dies ist nur Menschen möglich –, kommt Herakles ins Spiel. Er schafft es, die Giganten zu besiegen.

»Die wirklich alten Giganten der griechischen Sagenwelt waren Figuren einer schrecklichen und feindseligen Andersartigkeit, eine Bedrohung für ›uns‹ und die einheimische Kultur«, schreibt der amerikanische Literaturwissenschaftler Walter Stephens. Diese Monster müssen besiegt werden – ein immer wiederkehrendes Motiv in den Geschichten der griechischen Mythologie. Helden wie Herakles oder Theseus vernichten die Monster und stellen die Normalität wieder her, die kurzzeitig von außen bedroht war. Während andere Monster im Lauf der Zeit ihren Schrecken verloren haben, blieben die Giganten in der gesamten griechischen und sogar noch in der römischen Antike Feindbilder. Tendenziell wurden sie sogar noch grausamer und weniger menschlich. Sie sind Kreaturen einer gänzlich anderen Welt, sie verkörpern eine fremde Ordnung, die es zu bekämpfen gilt, will man die eigene Gesellschaft gegen das Chaos verteidigen.

Dabei sind Giganten eine interessante literarische Schöpfung. Sie sind uns einerseits ähnlich und vertraut, unterscheiden sich aber in ihrer Größe deutlich von uns, sind uns also an Stärke weit überlegen. Das eigene Leben und die Menschen selbst geraten im Angesicht dieser Wesen zur Miniatur. So bildet sich im Fußabdruck eines Riesen ein See, in seinem Schuh kann man sich schlafen legen, seine Hand kann einen Menschen ganz umfassen, so, wie King Kong im Film die blonde Frau ganz umfasst.

Manche Giganten haben uralte Wurzeln. Im *Gilgamesch-Epos* der Sumerer taucht Humbaba auf, der einen wertvollen Zedernwald in den libanesischen Bergen beschützt und mal als Riese, mal als feuerspeiender Drache und »mit einer Stimme wie ein Sturm« beschrieben wird. In der nordischen Mythologie begegnen uns die Riesen in Gestalt von Trollen. Die plumpen, unheimlichen und riesengroßen Wesen leben etwas abseits der Menschen und Götter, oft in Bergen oder dunklen Wäldern. Sie erfüllen bisweilen die Funktion mächtiger Wächter, bleiben aber immer Teil der heimischen Welt, stellen also nicht wie in der Antike eine Bedrohung von außen dar. Trolle sind zwar destruktiv, lassen sich aber meist mit einer kleinen Gefälligkeit besänftigen oder mit einer List übertölpeln, das unterscheidet sie von ihren antiken Vorbildern und nimmt ihnen den absoluten Schrecken.

Weitaus vielschichtiger sind Mischwesen, zu den bekann-

testen gehören sicher der Minotaurus, ein menschliches Wesen
mit Stierkopf, und die Kentauren, die den Rumpf und
die Beine eines Pferdes und
den Oberkörper eines
Menschen besitzen.

In der griechischen Bil-
derwelt tauchen zudem oft
die sogenannten Sphingen
auf, männliche Löwen mit
einem Menschenkopf. Der
Kampf eines Helden ge-
gen ein Monster gehörte
im 7. Jahrhundert vor
Christus zu den häu-
figsten Bildmotiven.
Die Menschen hatten
die Welt der Monster
zu dieser Zeit stän-
dig vor Augen. Sehr oft
abgebildet war die Sphinx von Theben, eine weitere Tochter
von Echidna. Der geflügelte Löwe mit dem Kopf einer Frau
galt in der Antike als Sinnbild des Bösen, als Quell der Zerstörung. Wer bei ihr auf einem Berg westlich der Stadt Theben
vorbeikommt, muss ein Rätsel lösen: »Welches Wesen geht
am Morgen auf vier Beinen, am Mittag auf zweien und am
Abend auf dreien?« Wer die Frage nicht beantworten kann,
wird erwürgt und aufgefressen. Ödipus weiß als Einziger die
richtige Antwort: »Der Mensch.« Daraufhin stürzt sich die
Sphinx in den Tod, und der Held wird von den Einwohnern
Thebens gefeiert.

*

Die zentrale Aufgabe eines antiken Helden war es, das Monster zu töten. Diese Figur hat bis heute ihre Gültigkeit. Wenn eine Gesellschaft bedroht ist, schickt sie ihre Helden aus, um vor dem Untergang gerettet zu werden. Heute tauchen sie in Hollywood-Filmen auf und müssen die ganze Menschheit retten, indem sie Asteroideneinschläge verhindern oder Killerviren unschädlich machen.

In der Antike stellen diese Figuren im Kampf Mut und ihre Überlegenheit unter Beweis, so wie Herakles. Auf der Jagd nach dem erymanthischen Eber tötete Herakles in den abgelegenen Regionen Arkadiens mehrere Kentauren mit Pfeil und Bogen, den Kentauren Nessos erlegte er gezielt mit dem Schwert. Der Held zog im Dienste der Gemeinschaft in einen symbolischen Kampf. Ein junger, starker und kluger Krieger, der für Recht und Ordnung stand, bekämpfte und besiegte ein Chaos stiftendes Monster, das die Welt bedrohte. »Man könnte sagen, dass Monster und Helden in praktisch allen Kosmologien gleichzeitig wie paarweise Zwillinge entstehen, wie untrennbare Pole eines gemeinsamen Systems von Werten und Ideen, das der Ordnung zugrunde liegt«, so der amerikanische Anthropologe David Gilmore.

Dieses Muster, das den uralten Mythen zugrunde liegt, findet sich so in den Geschichten vieler Kulturkreise wieder. Auch in den nordischen Sagen, die sehr viel später als die Geschichten der Ägypter oder Sumerer entstanden, tauchen fürchterliche Monster und Dämonen auf, allen voran die gewaltige Midgardschlange, ein die Welt umschlingendes Ungeheuer, das der heldenhafte Gott Thor bekämpft und schließlich unter Einsatz seines Lebens mit seinem Hammer vernichtet. Der Historiker Norman Cohn nannte die Mann-gegen-Monster-Erzählung den »universellen Kampfmythos«. Sie war ein zentraler Mythos antiker Gesellschaften.

Jede Gesellschaft kennt das Problem, dass ihre Normen und Werte ständig infrage gestellt und bisweilen nicht respektiert werden. Um ihr damals neues Wertesystem zu etablieren und zu verteidigen, brauchten die Menschen der Antike die Monster. Indem man negative Erscheinungen wie triebhaftes Verhalten oder ungezügelten Zorn auf Monster projizierte, definierte man dieses Verhalten als nichtmenschlich und deshalb von außen kommend. So wollte man einerseits diese Überschreitung der Normen verhindern und gleichzeitig auch das Konzept des Menschen als kontrolliertes, »vernünftiges« Wesen etablieren. Die Menschen der Antike versicherten sich ihrer selbst, indem sie alles Triebhafte und Böse aus der Mitte der Gesellschaft verbannten und in einen wilden Außenraum verlagerten.

In den antiken Mythen kristallisierten sich die Gegenpole Natur und Kultur, Wildnis und Zivilisation, materielle und gedankliche Welt heraus. Die rohen und kulturlosen Monster wohnten in dunklen Höhlen, auf hohen Bergen und in abgelegenen, wilden Wäldern. Dort spielten sich die Dramen ab, dorthin zog es die Helden. »Der Verstoß gegen menschliche Normen findet in der Wildnis statt«, sagt der Berliner Archäologe Lorenz Winkler-Horaček. »Man könnte sagen, er ist dorthin ausgelagert.«

Im Reich der Monster

Es lohnt sich also, sich auch an dieser Stelle mit den Orten zu beschäftigten, an denen die Monster einst hausten. Eines fällt dabei schnell auf: Die Monster der Antike lebten in den wilden Randzonen des griechischen Einflussgebiets. Immer wenn ihr Machtbereich sich ausdehnte, wanderten auch die Monster wieder an die Ränder der bekannten Welt. Das ist ein Phänomen, das sich bis heute hält. In der Vorstellung der Menschen sind Monster Grenzbewohner, weit genug entfernt, um nicht unmittelbar im Alltag von ihnen bedroht zu werden, aber doch nicht so weit entfernt, dass sie nicht theoretisch auch mal vorbeikommen könnten.

In alle Himmelsrichtungen schwärmten die Helden aus, um die Monster zu besiegen. In Hyperborea, einem fantastischen Land im Norden, trennte Perseus der schrecklichen Medusa ihren furchterregenden Kopf mit den wilden Schlangenhaaren, den glühenden Augen und dem weit offenen Mund ab.

Im östlichen Lykien tötete der auf dem Pferd Pegasus reitende Held Bellerophon mit seinem bleiummantelten Speer das dreiköpfige, feuerspeiende Monster Chimaira. Das Blei schmolz dabei im Feueratem des Monsters und verstopfte der Bestie die Atemwege. Im äußersten Westen überwand Herakles auf dem Weg zu einem wunderschönen Garten von Nymphen Triton. Dieser Kentaur der Meere war ein Wesen mit dem Oberkörper eines Menschen, den Vorderbeinen eines Pferdes und dem Unterkörper eines Delphins.

Im Lauf der Jahrhunderte verschoben sich die Grenzen der bekannten und beherrschten Welt und mit ihnen die Wohnorte der Monster immer weiter in den Westen, vom griechischen Arkadien über Kampanien, Marokko, das Atlas-Gebirge bis zu einer Atlantikinsel, möglicherweise den heutigen Kanaren. Die Helden wagten sich dorthin, verteidigten die Gemeinschaft gegen die Gefahren und grenzten sie damit auch symbolisch von fremden Kulturen ab.

Und noch etwas fällt auf: Das Reich der Monster ist einerseits wild und ungezähmt, wird andererseits auch als sehr fruchtbar beschrieben. Ihre unmittelbare Behausung ist meist eher düster. Sie bewohnen die Eingeweide der Erde, dunkle Höhlen oder die Unterwelt, steigen herauf aus den düsteren Tiefen der Seen oder Meere. Doch gleichzeitig haben die Landschaften, in denen sich ihre kargen Höhlen und Wohnorte befinden, insgesamt eine üppige Vegetation, Wiesen voller Blumen und Weiden voller Tiere. Monströses und Schönes, Schreckliches und Verlockendes schienen eine Einheit zu bilden.

Manche Wohnorte der Ungeheuer kann man heute besuchen. Die riesenhaften, einäugigen Zyklopen lebten angeblich entweder in einer Höhle nahe dem Vulkan Ätna auf Sizilien oder etwas nördlich davon beim Ort Pozzuoli nahe Neapel, der inmitten der Phlegräischen Felder liegt, einer vulkanisch extrem aktiven Region voller Eruptionsherde, dampfender und stinkender Schwefelquellen und Fumarolen. Das Meerungeheuer Skylla beherrschte einst die Meerenge von Messina zwischen Sizilien und dem Festland, die menschenfressenden Laistrygonen könnten an der Südspitze Korsikas nahe der heutigen Stadt Bonifacio gewohnt haben.

*

Der Trend setzte sich fort. »Die äußeren Grenzen der bekannten Welt werden immer weiter gezogen«, sagt der Medizinhistoriker Josef Neumann. Bei Homer lag die Grenze der Welt noch bei Troja, also in Kleinasien, im 1. Jahrhundert nach Christus finden sich die seltsamen Wesen bereits in Indien, in entlegenen Regionen der Berge oder weitab der Zivilisation in den Wüsten Libyens. Der römische Naturphilosoph Plinius, von dem die erste Naturgeschichte der Menschheit stammt, schrieb darin auch von Tieren und Gestalten aus Indien, von denen er gehört hatte. Er zitierte den Geschichtsschreiber Megasthenes, nach dem es auf einem Berg »Menschen mit verkehrten Fußsohlen und acht Zehen an jedem Fuß geben« sollte, er berichtete von Menschen mit Hundsköpfen, die sich in Felle von wilden Tieren kleiden, die nicht reden, sondern bellen, Krallen haben und von der Jagd und vom Vogelfang leben.

Solche exotischen Geschichten von Monstern und seltsamen Völkern waren auch in der römischen Antike populär. Reale Reisen oder Feldzüge erweiterten die Vorstellungen von der Welt. »Dabei bleibt aber immer der äußerste Rand der Ort der Fremdheit, wo die Andersartigen leben«, so Neumann.

Und so folgte auch für die Monster eine neue Etappe auf ihrem Weg durch die Zeiten. Auch sie reisten weiter und veränderten sich. So, wie die Menschen sich aufgrund von kulturellen, sozialen oder technologischen Fortschritten an neue Gegebenheiten anpassten, mussten es auch die Monster tun.

Auf dem Weg ins Mittelalter:
Die Wunder aus dem Osten

Als Alexander der Große Richtung Indien aufbrach, nahm er nicht nur Soldaten mit auf diese Expedition, sondern auch Wissenschaftler, Gelehrte und Philosophen wie Kallisthenes. Sie sollten die geheimnisvollen Regionen Asiens erkunden und etwa den Weg vom Euphrat zum Indus und alle Vorkommnisse während des langen Marsches im Detail beschreiben. Die Welt sollte erfahren, wie mutig der Herrscher in fremdes Territorium vordrang und dass er keine Gefahren scheute. Alexander füllte damit eine Rolle aus, wie sie zuvor die bereits erwähnten Helden in den antiken Mythen innegehabt hatten. Er nahm es mit den größten, oft übermenschlichen Bestien und Monstern der Erde auf, um seine Stärke unter Beweis zu stellen. In seiner Geschichte geht es vor allem darum, männliche Tugenden wie Mut, Entschlossenheit und Furchtlosigkeit zu betonen. Je schrecklicher die Monster waren, die Alexander besiegte, umso größer und männlicher wirkte ihr Bezwinger. Helden und Monster sind wie zwei Seiten der gleichen Medaille. Die Monster in diesen Geschichten fungieren als Gegenbild zum Menschen, je fremdartiger sie wirken, umso besser.

Alexander soll nicht nur zahlreiche Wissenschaftler mit der Dokumentation beauftragt haben, angeblich schrieb er selbst einen Brief über die Wunder Indiens an seinen berühmten Lehrer Aristoteles. Dieser vermeintliche Brief ist in zahlreichen handschriftlichen Versionen in griechischer und lateinischer Sprache erhalten geblieben, was zeigt, wie populär Erzählungen über Alexander den Großen einst waren. Dass in den überlieferten Texten zwischen Fakten und Legenden kaum unterschieden wird und sie zuweilen von erstaunlichen, zuweilen höchst unwahrscheinlichen Dingen berichteten, störte damals niemanden. Zusammen mit anderen Texten und mündlichen Überlieferungen bildeten sie die Vorlage für eine Art Biografie des mächtigen Eroberers und Weltenherrschers, die oft als Alexanderroman bezeichnet wird.

Ich erzähle diese Geschichte, weil sie, obwohl sie formal in der Antike spielt, letztlich den Übergang zum Mittelalter markiert. Sie behandelt den Kampf Alexanders des Großen gegen die Monster Indiens, historisch gesehen, fanden die Feldzüge des Herrschers im 4. Jahrhundert vor Christus statt, die älteste zusammenhängende Niederschrift der Ereignisse stammt aber erst aus dem 4. Jahrhundert nach Christus. Sie wurde also mitnichten, wie der Bericht vorgibt, von Augenzeugen verfasst, sondern etwa 700 Jahre später aus historischen Quellen, mündlich überlieferten Legenden und neu erdichteten Passagen zusammenmontiert. Die Erzählung wurde in den folgenden Jahrhunderten von einer Reihe von Autoren weitergeschrieben. Im Lauf der Jahrhunderte wurde sie immer blumiger, vor allem im Mittelalter, wo es eine große Begeisterung für die Bestien aus dem Osten gab. Auch den Brief an Aristoteles gibt es in zahlreichen Varianten, die sich jeweils dem Zeitgeist anpassten.

Die Geschichte selbst liest sich wie ein Prototyp für eine spannende Monstergeschichte, wie sie noch heute in zahlreichen Hollywood-Filmen erzählt wird. Wollen wir also mal einen Blick in diese bösartige, exotische Welt werfen, in die unser Held Alexander aufbricht. Vor allem monströse Schlangen hatten es den Geschichtsschreibern angetan, die als Augenzeugen von den Heldentaten berichteten. »Ganz Indien ist voll von Riesenschlangen immenser Größe; Sümpfe und Gebirge wimmeln von ihnen, es gibt nicht einmal einen Hügel, der frei von ihnen wäre«, schrieb Philostrat. Die Schlangen könnten Menschen und sogar ganze Elefanten verschlingen. Megasthenes erzählte von »Riesenschlangen, die ganze Rinder und Hirsche« vertilgten. Möglicherweise war die Pythonschlange ein reales Vorbild für all diese Berichte, allerdings vermuten Altphilologen auch eine Verbindung zu den vor allem in Himalaja damals verbreiteten Schlangenkulten, etwa in der heutigen Kaschmir-Region.

Schlangen tauchten auch in Alexanders vermeintlichem Brief an Aristoteles über die Wunder Indiens auf. Das Heer hatte König Poros am Hydaspes im heutigen Pakistan besiegt und verfolgte ihn Richtung Indien – es folgte ein endloser Marsch durch die Wüste, die Soldaten waren so ausgezehrt und durstig, dass sie der Legende nach ihren eigenen Urin tranken, bis sie nach endlosen Tagen endlich die Wüste hinter sich gelassen hatten und einen Süßwassersee erreichten, der mitten in einem dunklen Wald lag. Endlich konnten die Männer ihren Durst stillen, doch die Ruhe währte nicht lange. An dieser Stelle wird der Brief reichlich düster: »Als der Mond aufging, tauchten mit einem Mal Skorpione auf, um am See zu trinken. Dann kamen riesige Bestien und Schlangen von verschiedener Farbe, einige rot, andere schwarz oder weiß, einige golden. Überall auf der Erde hallte ihr Zischen wider und erfüllte uns mit großer Furcht.« Die Soldaten konnten sich wehren, wähnten sich in Sicherheit – bis Drachen von den nahe gelegenen Bergen kamen, um an der Wasserstelle zu trinken. Es soll ein fürchterliches Gemetzel gewesen sein, an dessen Ende Alexander die Monster besiegte.

Doch damit nicht genug, krochen nun riesige Krebse und Krokodile mit undurchdringlichen Panzern zum See. Nur mit Feuer waren sie zu vertreiben. Atemlos schreibt Alexander: »Es war nun die fünfte Stunde der Nacht, und wir wollten ausruhen. Aber nun kamen weiße Löwen herbei, größer als Stiere. Sie schüttelten die Köpfe und brüllten laut und griffen uns an. Aber wir trafen sie mit den Spitzen unserer

Jagdspeere und töteten sie. Im Lager herrschte große Aufregung.« Wer denkt, das war's schon, irrt. »Die nächsten Geschöpfe, die kamen, waren riesige Schweine von verschiedener Farbe. Wir bekämpften sie auf dieselbe Art. Dann kamen Fledermäuse, so groß wie Tauben, mit Zähnen, wie Männer sie haben. Sie flogen uns geradewegs ins Gesicht.« Einige seiner Männer wurden verletzt, hatten aber kaum Zeit, ihre Wunden zu pflegen, da stürmte aus dem Wald ein riesiges Monster mit einem gewaltigen Horn auf sie zu, größer als ein Elefant, und brachte den Boden zum Zittern. 76 Krieger starben, ehe der Rest der Truppe das Monster niederstrecken konnte. Da schwebten aus der Finsternis überdimensionale Fledermäuse heran und packten sich die am Seeufer liegenden Leichen der Soldaten. Als Letztes tauchten noch Geier auf, dann war der Spuk vorbei, der Tag brach an.

Alexander der Große sollte noch wundersame Dinge erleben, sollte im Sommer Bäume ohne Laub sehen und Jungfrauen mit wundervollen Stimmen, die in Blumen wachsen. Diese Berichte wechseln sich ab mit anderen von schrecklichen Gestalten und Palästen ganz aus Diamanten. Die Geschichten sollten den Menschen auch deutlich machen, dass Regionen mit unermesslichen Reichtümern, von Europa aus gesehen, im Osten und Süden lagen. Der immer wieder neu erzählte Alexanderroman war in der Spätantike und auch im Mittelalter neben der Bibel der bekannteste und am weitesten verbreitete Text in Europa.

So dienten die im Alexanderroman erwähnten Wesen auch als Vorbild für eine Reihe mittelalterlicher Monster, die irgendwo jenseits der Grenzen der antiken Welt in Afrika oder Asien lebten. Über die damals beliebten Bestiarien verbreiteten sich ihre Geschichten in ganz Europa bis nach Britannien und Schottland. Es handelt sich dabei um Tierdichtungen, »bestia« bedeutet auf Lateinisch »wildes Tier«. Solche bisweilen monströsen Wesen stehen im Zentrum einer moralischen Geschichte, die Autoren verbanden bestimmte tatsächliche vorhandene oder angedichtete Eigenschaften der Tiere oder Fabelwesen allegorisch mit der christlichen Heilslehre. Die Mönche des Mittelalters machten aus den Bestiarien oft prächtig und knallbunt gestaltete Werke. Als Schmuckelemente tauchten seitlich am Rand vieler Bücher häufig Drachen, Seeschlangen oder Mini-Einhörner auf, wie Sie sie auch in diesem Buch finden.

Am Ende der Antike hatte sich also eine große Gruppe von Monstern etabliert, darunter waren Figuren wie die Giganten oder Riesen, die uns Menschen bis heute begleiten. Monster wurden damals vor allem als Gegenbilder zu den neu entstehenden Gesellschaften gebraucht, deren Regeln und Werte die Menschen mit aller Macht verteidigen mussten. Hier kamen die Helden ins Spiel, auch das klassische Heldenmotiv ist ein Erbe der Antike. Dementsprechend befanden sich die Orte, an denen die Monster hausten, auch damals schon in den wilden Grenzregionen der bekannten Welt.

Mittelalter – Monster sind immer die anderen

Wer mit geschärftem Blick durchs Leben geht, wird erstaunt sein, wie oft er im Alltag auf Spuren mittelalterlicher Monster stößt. Ich war jüngst in Wien in den Altstadtgassen nahe dem Stephansdom unterwegs. Der feuchtherbstliche Nieseldunst hatte einen Anteil daran, dass die steinernen Gassen und die eng stehenden alten Häuser an manchen Stellen plötzlich ganz mittelalterlich anmuteten. Ich hatte das Gefühl, als könnte gleich ein Pferdegespann um die Ecke kommen. Kurz nach der Straßenkreuzung, an der die Jesuitengasse in die Schönlaterngasse mündet, steht schräg auf der anderen Straßenseite das sogenannte Basiliskenhaus. Es liegt gegenüber dem Haus mit der Nummer 6 mit der namensgebenden Schönen Laterne, das gerade aufwendig renoviert wurde. Eine Renovierung könnte das im Jahr 1212 erbaute Basiliskenhaus mit der leicht geknickten Fassade ebenfalls vertragen. An einigen Stellen blättert der schmutzig-grüne Anstrich ab. Aber interessant ist ein anderes Detail, das sich auf eine uralte Sage über ein gefährliches Fabelwesen bezieht. Im Juni 1212 soll ein dort wohnender Bäcker im Hausbrunnen ein ihm unbekanntes Tier entdeckt haben, dessen giftiger Atem für Menschen tödlich war und dessen Blick jeden augenblicklich versteinerte. Wehren konnte man sich nur, indem man dem Ungeheuer einen metallenen Spiegel vorhielt. Solche Wesen waren im Mittelalter in der Alltagswelt verankert.

Oben im zweiten Stock zwischen zwei alten, barocken Doppelfenstern fällt der Blick auf einen seltsamen, unförmigen Stein in einer Vertiefung. Erst bei genauerer Betrachtung erkannte ich das Fabeltier, nach dem das Haus benannt ist. Mit seinem ehemals goldenen Schnabel, dem goldenen Schwanz und den zerzausten Federn auf dem Kopf sah das angeblich so gefährliche Tier fast niedlich aus.

Heute weiß man, dass es keinen Basilisken gibt. Man lächelt amüsiert über den Schaukasten in der Gaststätte Zum Basilisk, die eigens eine Wandnische für den Nachbau der alten Szenerie mit Brunnen, Bäckerbuben, Spiegel und Jungfrau, die vor dem Basilisk gerettet werden muss, freigeräumt hat. Man staunt auch, dass sich Ende des 19. Jahrhunderts der Geologe Eduard Suess (er war für die erste Hochquellwasserleitung Wiens verantwortlich) mit wissenschaftlichem Denken dem Phänomen näherte und aufgrund historischer Aufzeichnungen folgerte, dass damals möglicherweise bestimmte Gesteine im Brunnen giftige Gase gebildet haben könnten. In Wien gab es einst 10.000 solcher alten Hausbrunnen, und die Angst vor vergiftetem Wasser war natürlich groß.

Die Geschichten rund um die Basilisken reichen weit zurück. Der Geschichtsschreiber Plinius der Ältere hatte den Basilisk im achten Buch seiner *Naturalis historia* den Tieren zugeordnet, die aus dem afrikanischen und orientalischen Bereich stammen. Plinius zufolge handelte es sich um eine Schlangenart, heimisch in der Provinz Kyrenaika, eine Landschaft im östlichen Libyen. Er habe einen weißen Fleck am Kopf, der ihn wie ein Diadem schmücke. »Durch sein Zischen verjagt er alle Schlangen und bewegt nicht, wie die anderen, seinen Körper durch vielfache Windungen, sondern geht stolz und halb aufgerichtet einher. Er lässt die Sträucher absterben, nicht nur durch die Berührung, sondern auch schon durch den Anhauch, versengt die Kräuter und sprengt Steine: Eine solche Stärke hat dieses Untier. Man glaubte, dass jemand ihn einst zu Pferde mit einem Speer erlegt habe und dass das wirkende Gift an diesem emporstieg und nicht nur dem Reiter, sondern auch dem Pferd den Tod brachte. Und dieses gewaltige Ungeheuer – denn häufig haben Könige es tot zu sehen gewünscht – wird durch die Ausdünstung des Wiesels umgebracht: So sehr gefiel es der Natur, nichts ohne etwas Gegenkraft zu lassen. Man wirft die Wiesel in die Höhlen [der Basilisken], die man leicht an dem ausgedörrten Boden erkennt. Diese töten durch ihren Geruch, sterben aber zugleich selbst, und der Streit der Natur ist bereinigt.«

Im Lauf der Zeit wurde der Basilisk immer hässlicher und grauenvoller; im Mittelalter verlor er sein eidechsenartiges Äußeres und wandelte sich zu einem fantastischen, gefiederten Mischwesen, einem vierfüßigen Hahn mit einer Krone, gelbem Gefieder und breiten, dornigen Flügeln. Sein Schwanz glich nun dem einer Schlange und endete in einer Klaue oder einem zweiten Hahnenkopf, manchmal hatte er sogar einen menschlichen Kopf. Die Benediktinerin und Universalgelehrte Hildegard von Bingen schrieb im 11. Jahrhundert in ihrer medizinischen Abhandlung *Physica*: »Der Basilisk entsteht aus gewissen Würmern, die etwas vom teuflischen Gewerk haben, wie die Kröte. Als sich die Kröte einst trächtig fühlte, sah sie ein Schlangenei, setzte sich zum Brüten darauf, bis ihre Jungen zur Welt kamen. Diese starben; dann brütete sie das Ei weiter, bis Leben in dasselbe kam, welches alsbald von der Kraft der alten (paradiesischen) Schlange beeinflusst wurde. Als die Kröte Leben im Ei sah, floh sie, das Junge aber zerbrach die Schale und schlüpfte aus, gab aber sogleich einen Hauch wie heftiges

Feuer, ähnlich dem Donner und Blitz, von sich. Bis zum völligen Auswachsen gräbt es sich fünf Zoll tief in den Boden, dann kommt es wieder hervor und tötet alles, was ihm in den Weg kommt. Wo ein toter Basilisk verfault, sei es auf dem Acker oder im Hause, verbreitet er Verderben, Unfruchtbarkeit und Pestkrankheiten.«

Priester und Mönche nutzten solche Schilderungen für ihre Zwecke, man konnte damit leicht die Moralvorstellungen der Kirche verbinden und unheilschwangere Geschichten und Predigten von der Kanzel herunterschreien. In den Heiligenlegenden, die die Priester den Menschen erzählten, wimmelte es nur so von gruseligen Bestien. Der Heilige übernahm im Mittelalter die Rolle des Helden, der die Gesellschaft durch sein redliches Verhalten von den Monstern, die oft Helfer des Teufels waren, befreite. Eine der berühmtesten Geschichten des Mittelalters ist die des heiligen Georg, der den Drachen besiegt. Sie taucht beispielsweise in der *Legenda Aurea* auf, einer in einfacher Sprache gehaltenen Sammlung von Heiligengeschichten des italienischen Dominikanermönchs Jacobus de Voragine aus dem 13. Jahrhundert, die für viele Jahrhunderte zur zentralen Quelle der Heiligenverehrung wurde. Jacobus siedelte den Kampf in Libyen an, wo ein Drache ein Königreich tyrannisierte und vorzugsweise Kinder verschlang. Georg tötete den Drachen mit seiner Lanze und stellte die Ordnung wieder her. Der Drache ist gleichzeitig ein Symbol für die nahende Apokalypse.

Fabelwesen, Monster und Wundervölker und ihre Eigenschaften waren im Mittelalter auch einfachen Menschen bekannt. Tierische Merkmale waren häufig mit einer konkreten, für alle lesbaren Bedeutung verknüpft. In seinen *Etymologiae*, einer umfangreichen Wissenssammlung, schilderte beispielsweise der spanische Gelehrte und Bischof Isidor von Sevilla im 7. Jahrhundert in einem eigenen Tierkapitel

(»De animalibus«) neben realen Tieren auch monströse Fabelwesen, die immer wieder auch zur Verkörperung des Bösen und Hässlichen genutzt werden. Viele Tierattribute wie »schlauer Fuchs«, »törichter Affe« oder »hinterlistiger Tintenfisch« haben ihre tiefsten Wurzeln in den Bestiarien. Dass diese Tierdeutungen und allegorischen Geschichten im Mittelalter so erfolgreich waren, hängt auch damit zusammen, dass Menschen und Tiere damals eng beieinander lebten. So ließen sich diese Wesen leicht als Vehikel für moralische Botschaften einsetzen. Die monströsen, exotischen und damit oft auch weniger bekannten Wesen aus fernen Regionen der Welt boten den Predigern einen großen Deutungsspielraum. Und die spektakulären Gestalten hatten noch einen weiteren Vorteil: Sie sorgten für Aufmerksamkeit und hatten einen hohen Unterhaltungswert.

Mittelalterliche Monsterparade

Das Mittelalter war eine Zeit voller schauriger, wunderlicher und besonders abstoßender Monster, dort tauchte eine wahre Armada menschenartiger Wesen mit bizarr entstellten Gliedern auf, Mischungen aus Mensch und Tier, fantastische Meeresbewohner sowie kriegerische Amazonen. Die bisweilen höchst erstaunlichen Gestalten lebten vorzugsweise irgendwo am Ende der Welt, auf fernen Kontinenten, in unzugänglichen Bergregionen oder hinter dem Horizont der weiten Meere. Auf Weltkarten wurden die Wundervölker bestimmten Regionen der Welt zugeordnet. In Romanen und Reiseerzählungen tauchten weitere schreckliche, bisweilen aber auch lustige und unterhaltsame Gestalten auf. Auch auf Zeichnungen, Gemälden und religiösen oder wissenschaftlichen Handschriften tummelten sich die wildesten und skurrilsten Mischwesen, die man sich nur vorstellen kann:

Menschen mit Hörnern, mit riesigen Lippen oder Ohren bis zur Hüfte, mit Ganzkörperbehaarung oder einem Katzenschnurrbart, mit Hundeköpfen oder Vogelfüßen, mit heraushängendem Darm oder leuchtendem Leib, mit sechs Händen, sechs Armen, sechs Füßen oder sechs Fingern, Zwerge mit Mündern so klein, dass sie sich nur mittels Strohhalm von Flüssigkeiten ernähren können, Kopflose, Nasenlose, Ohrenlose, Mundlose, Augenlose, Zwitter, Doppelköpfige, Einbeinige mit einem Fuß so groß, dass dieser Schatten spenden kann, grüne Menschen und einäugige, riesenhafte Zyklopen, aber auch nackte, Blut trinkende Menschenfresser – diese auch in der Variante der Elternesser. Es sind Gestalten, wie sie sich kein Horror- oder Fantasy-Autor im 21. Jahrhundert besser hätte ausdenken können.

Schon im Mittelalter wurden Versuche unternommen, diese Flut von Monstern zu kategorisieren, mit mehr oder minder großem Erfolg. Die beiden meistkopierten Abhandlungen über die Völker aus dem Osten, *Liber Monstrorum* (Buch der Monster), und *Tractatus Monstrorum* (Erörterung über die Monster) betonten vor allem die bedrohliche Natur der Monster. Beide Werke stammen vermutlich aus dem 8. Jahrhundert und wurden im Mittelalter breit rezipiert. Der unbekannte Verfasser des ersten Buchs, möglicherweise ein englischer Mönch, definierte darin »drei Arten von Dingen auf Erden, die der menschlichen Gattung den größten Schrecken einflößten: menschliche Missgeburten, die fürchterlichen und zahllosen Arten wilder Tiere und die schrecklichsten Spielarten von Schlangen und Nattern«. Man taucht ein in eine düstere Welt voller Ungeheuer. Der Ton im *Tractatus Monstrorum* – auch hier ist der Verfasser unbekannt – ist misstrauisch, fast paranoid. So ist dort zu lesen: »Es gibt ein gewisses Volk von vermischter Natur, das auf einer Insel im Roten Meer haust. Seine Angehörigen stehen in dem Rufe, die Zungen aller Nationen zu beherrschen;

so setzen sie Menschen ins Erstaunen, die von weit her gekommen sind, indem sie deren Bekannte beim Namen nennen, auf dass sie sie vielleicht übertölpeln und bei lebendigem Leibe auffressen können.«

Bestimmte Wesen tauchen in unterschiedlichen Werken quer durch Europa auf. Es ist anzunehmen, dass die Autoren teilweise voneinander abschrieben und dabei einzelne Details der Monster entsprechend an ihren regionalen Kontext oder ihr kulturelles System anpassten. So taucht in dem in England populären Werk *Wonders of the East*, manchmal auch: *The Marvels of the East* aus dem 11. Jahrhundert das eben beschriebene sprachbegabte Volk menschenähnlicher, mit einem Löwenkopf ausgestatteter Monster unter dem Namen Donestre auf, die Zweigeteilten. Es stellt einen weiteren Versuch der Kategorisierung von Monstern dar. Die Donestre konnten wie im *Tractatus Monstrorum* geschildert alle Sprachen sprechen, sich so schneller mit fremden Reisenden anfreunden – und diese dann leichter überfallen, um sie schließlich zu verzehren. Die Geschichte ist hier minimal verändert. Die Donestre ließen den Kopf übrig, den sie dann bitterlich betrauerten. Möglicherweise war das auch im übertragenen Sinne gemeint: Wer in die Fremde geht, verliert seine eigene Identität.

Dies zeigt, dass es im Mittelalter immer stärker darum geht, Monster nicht nur als gefährliche Wesen zu schildern, die es heldenhaft zu bekämpfen gilt, sondern sie auch mit einer möglichst für alle erkennbaren Bedeutung aufzuladen. Monster wurden immer mehr zu moralischen Wesen. Die Menschen im Mittelalter brauchten sie, um sich von den Fremden abzugrenzen. Seit dem frühen Mittelalter war der Feind vor allem der andere, der Fremde, der zudem anders aussieht, andere Dinge isst, anders riecht und auch andere Werte hat. Die Bevölkerung Europas war von 18 Millionen Menschen im 7. Jahrhundert auf knapp 75 Millionen kurz vor

Ausbruch der Pest Mitte des 14. Jahrhunderts angewachsen. Dies führte zu mehr Konkurrenz und Konflikten unter Regionalherrschern. Auch die Bedrohung von außen durch arabische und maurische Stämme hatte zugenommen, es kam im gesamten Mittelmeerraum gehäuft zu Angriffen. Die mittelalterlichen Bücher griffen diese Stimmung der Bedrohung auf und fütterten ihre Leser verstärkt mit abenteuerlichen Schilderungen über monströse Gestalten aus dem Osten. Ihren Wahrheitsgehalt konnte und wollte kaum jemand überprüfen.

Das Beispiel der Donestre macht etwas Grundsätzliches deutlich: Diese Monster wurden im Mittelalter zwar auch als unterhaltsame Gruselgestalten gesehen, doch ihre wichtigere Funktion war eine andere: Sie dienten als plastische Objekte für Gedankenspiele, mithilfe derer man die Grenzen der Normalität auslotete. Sie sollten anschaulich machen, was an einem eigentlich normal ist und wer man selbst ist oder sein will. Sie hatten eine Funktion in der Gesellschaft. Es ging um Fragen der Identität. »Ein Monster im Mittelalter war ein Wesen, das sich durch den Körper, die Ernährung oder das soziale Zusammenleben von den Europäern unterschied«, sagte der Bonner Mediävist Rudolf Simek in einem Interview mit der *Frankfurter Allgemeinen Sonntagszeitung*. Und zwar so, dass es als moralisches Beispiel verwendet werden konnte. Man wollte den Menschen zeigen, wie man ist und wie eben nicht. Das Monster diente im Mittelalter der Unterscheidung.

Der französische Philosoph Michel Foucault hielt im Frühjahr 1975 immer mittwochs am Collège de France eine bemerkenswerte Vorlesung über »Die Anormalen«. Immer wieder sprach er auch über das Monster, das vom Mittelalter bis ins 18. Jahrhundert im Wesentlichen ein Mischwesen sei, und definierte dabei die Erscheinungsformen von Mischwesen: »Es ist das Mischwesen zweier Bereiche, des menschlichen und des animalischen: Der Mensch mit dem Stierkopf, der Mensch mit den Vogelfüßen – lauter Monster. Es ist ein Mischgebilde aus zwei Arten, ein Mixtum zweier Arten: Das Schwein mit dem Schafskopf ist ein Monster. Es ist eine Mischung aus zwei Individuen: Wer zwei Köpfe hat und einen Leib, zwei Leiber und einen Kopf, ist ein Monster. Es ist die Mischung aus zwei Geschlechtern: Wer zugleich Mann und Weib ist, ist ein Monster. Es ist die Mischung aus Leben und Tod: Der Fötus, der mit einer Morphologie, die nicht lebensfähig ist, das Licht der Welt erblickt, aber dennoch ein paar Minuten oder einige Tage durchhält, ist ein Monster. Schließlich ist es eine Mischung aus verschiedenen Formen: Etwas, das weder Beine noch Arme hat, wie eine Schlange, ist ein Monster. Folglich überschreitet es die natürlichen Grenzen, die Klassifikationen, die Kategorientafeln und das Gesetz als Tafel: Genau darum geht es in der Monstrosität.«

Ein Monster war auch eine Projektionsfläche für Feindbilder, die je nach Zeitgeist umgedeutet wurden. Schwarzhäutige Menschen wurden im Mittelalter oft verteufelt. In Mitteleuropa lebten kaum Afrikaner, sie waren den Menschen fremd und unheimlich. Die Farbe Schwarz avancierte in der Folge zur Farbe des Teufels und damit der Sünde und des Bösen. Als Beleg galten die Schriften der Kirchenväter, etwa des heiligen Hieronymus, der schrieb, die Äthiopier würden ihre dunkle Hautfarbe verlieren, »sobald sie moralisch vollkommen würden«, was passiere, wenn sie das Neue Jerusalem akzeptierten.

Es war ein gängiges Verhalten, das letztlich bis heute gilt: Menschen, die als anders wahrgenommen wurden, wurden eher ausgeschlossen und damit auf gewisse Art dämonisiert. Doch jemanden oder etwas als anders wahrzunehmen erlaubte es den Menschen auch, sich selbst als normal zu empfinden. So definierte gerade eine abweichende Erscheinung die gesellschaftliche Norm. Auch das ist bis heute so geblieben. Indem man auf die Abweichung hinweise, definiere man damit auch das Normale, sagt Rudolf Simek. »Der Mensch brauchte Monster, um sich selbst als normal zu definieren.« Das ist eine zentrale Funktion, die Menschen wollten sich ihrer selbst versichern. Vermutlich hatte das gerade im Mittelalter, wo sich ständig die Machtverhältnisse änderten, eine große Bedeutung. Man brauchte ein Gefühl der Zugehörigkeit.

Die konkrete Gestalt des Monsters war zunächst einmal zweitrangig. Sie konnten sowohl böse sein und offensichtlich verbotene Dinge tun, also Blut trinken oder sich gegenseitig auffressen, sie konnten aber auch einfach nur ungewöhnliche Nahrung zu sich nehmen, anders gekleidet oder nackt sein oder in seltsamen Umgebungen wohnen. In der Summe war die Vielfältigkeit der Monster und Wundervölker sogar ein Beleg dafür, wie varianten- und einfallsreich Gott die Schöpfung gestaltet hat. Die Monster bestätigten so die Allmacht Gottes. Auch das Hässliche trägt zur Ordnung bei, meinte der Kirchengelehrte Augustinus. Es sei »Teil der vollkommenen Schönheit des Universums, in dem die Unförmigkeiten und das Böse wie Licht und Schatten auf einem Bild zur Harmonie des Ganzen beitragen. Die Monster gelten dann als schön, weil sie Wesen sind und als solche zur Harmonie des Ganzen beitragen.«

Zusammengefasst bedeutet das, dass die Menschen Monster nicht in erster Linie als schrecklich, sondern einfach nur als anders und Teil eines größeren Ganzen betrachteten. Forscher gehen jedenfalls davon aus, dass viele dieser fremdartigen Kreaturen für die damaligen Menschen nicht bedrohlich gewesen seien. »Die Menschen haben sich bisweilen sogar über all die Monster, die hundsköpfigen Wesen, Zyklopen und Einfüßigen amüsiert«, sagt Rudolf Simek, Autor des Buchs *Monster im Mittelalter*. »Mittelalterliche Monster waren zwar wunderlich, fremd, ja schaurig und mitunter auch äußerlich abstoßend, aber gefährlich werden sie dem Menschen fast nie.«

Solche Monster bevölkerten auch die mittelalterlichen Reiseerzählungen von fernen Ländern. Ich bin bei meinen Recherchen auf ein wahrhaft fantastisches Buch gestoßen, dessen Lektüre ich nur empfehlen kann, weil es das Mittelalter sowohl in seiner Faszination wie in seiner Widersprüchlichkeit lebendig macht. Es handelt sich um die Reiseberichte des Ritters Jean de Mandeville, so nannte er sich jedenfalls. Seine Erzählungen führen zunächst auf Pilgerwegen nach Jerusalem und zu den heiligen Stätten im Nahen Osten und dann im zweiten Teil bis nach Indien, auf die Inseln im Indischen Ozean, nach China und Afrika und bis ins Reich des legendären Priesterkönigs Johannes. Mit steigender Entfernung zu Europa werden die Berichte immer fantastischer. Er beschrieb die im Mittelalter als monströs empfundenen Völker des Ostens ohne wertenden Ton, eher mit einem staunenden Blick. »Viele Menschen haben großen Gefallen daran, von seltsamen Dingen aus allerlei Ländern sprechen zu hören.«

Es wurde der erste Bestseller der Geschichte – heute weiß man, dass der Autor, ein französischer Apotheker, wohl nie sein Land verlassen hat, dafür aber Inspiration in seiner umfangreichen Bibliothek mit antiken und zeitgenössischen Texten und Expeditionsberichten suchte und fand, darunter auch die Alexandererzählung und die Artussage. Er erzählte wilde Geschichten, vor allem im zweiten Teil, in dem es um Indien und die zahlreichen Inseln Südostasiens geht. Es gebe dort Völker, so Mandeville, die den Darm hinten raushängen hätten. Wegen der Hitze müssten sie ihn zum Kühlen ins Meer hängen lassen. Oder er berichtet von einem bösen Volk nahe Malakka im heutigen Malaysia, dessen einziges Vergnügen darin bestehe, sich gegenseitig oder Fremde zu erschlagen. »Sie essen gerne Menschenfleisch, und wer von ihnen die meisten Menschen getötet hat, gilt als der Frömmste. Wenn sie sich gestritten haben und Frieden schließen, taugt der Friede nichts, es sei denn, einer trinkt des anderen Blut.«

Es ist ein stakkatohaftes Aufzählen von abstrusen Völkern, monströs sind sie allesamt. Im Indischen Ozean schildert er die Monster auf drei Inseln: »Auf einer anderen Insel gen Süden wohnen schmutzige Leute von böser Natur. Sie haben keinen Kopf, die Augen befinden sich auf Höhe der Achseln, der Mund steht am Herzen und ist so krumm wie ein Hufeisen. Auf einer anderen Insel gibt es Menschen, die ein ganz flaches Gesicht haben. Sie haben keinen Mund, sondern dort, wo der Mund sein müsste, nur zwei kleine Löcher. Wieder auf einer anderen Insel gibt es schmutzige Leute mit Lippen, die so lang und groß sind, dass sie sich mit ihnen das Antlitz bedecken können, wenn sie in der Sonne liegen.«

Die Menschen liebten solche Geschichten, ohne sie zu wörtlich zu nehmen. Die teilweise skurrilen Zeichnungen im Buch belegen dies. Ein Bild etwa zeigt eine mittelalterliche Gesellschaft zu Tisch, ein Mann greift sich eine gebratene Hand und will gerade zubeißen, eine Dame nimmt sich ein Stück, in der Tischmitte liegt noch der Kopf eines Mannes auf einem Teller, bereit zum Verzehr. Simek erwähnt Zeichnungen von Menschenfressern, die Leute »wie einen Döner« aßen. Man nutzte die Gestalten, um Unterschiede zu definieren und eigene Ängste zu verarbeiten.

Jean de Mandevilles Werk war sehr einflussreich, sogar Christoph Kolumbus kannte das Buch – und nahm es ernst, auch die Kugelgestalt der Erde und den (um ein Drittel zu kleinen) Erdradius, den Mandeville angegeben hatte. Eine folgenreiche Fehleinschätzung möglicherweise: Vielleicht dachte Kolumbus auch wegen dieses falschen Werts, dass er bereits in Indien angelangt sei, als er Amerika erreichte.

Monster in der Kirche

Man spürt, wie präsent die Monster im Alltag der Menschen waren. Wer sich einmal auf eine Reise zu mittelalterlichen Klöstern und Kirchen macht, wird an den Außenfassaden und in den Innenräumen bisweilen erstaunliche Figuren erkennen. Monströse Wasserspeier, mehrfach miteinander verwachsene Menschenköpfe, Sirenen in allerlei Gestalt, wilde behaarte Männer, vornehme Frauen und Fürsten mit edlem Antlitz, deren Rücken voller Kröten und Schlangen oder mit Ungeziefer und Eiter übersät ist. Man schaut und staunt und wird manchmal, wie am gotischen Straßburger Münster, auch überrascht. Dort findet sich seitlich an einem Portal des im Mittelalter höchsten Gebäudes der Welt eine in Stein gehauene Szene mit einem Fürsten und einigen Damen, die etwas verschämt nach unten schauen, während der Herr eher dreist verführerisch dreinblickt. Es lohnt sich, hinter die Dinge zu schauen, konkret auf die Rückseite des »Fürsten der Welt«. Dort winden sich Schlangen, Kröten kriechen den Rücken hinauf. Sie haben seinen Rücken regelrecht zerfressen. Es ist eine in Stein gemeißelte Allegorie auf die Doppelbödigkeit des Lebens, eine Mahnung an alle, auch die dunklen Seiten der Welt mit einzubeziehen, also genau hinzuschauen und über die Folgen des eigenen Tuns nachzudenken.

Wer nach Mischwesen, Fabelwesen und Wundergestalten an Kirchen und Klöstern sucht, wird nicht nur in Straßburg fündig. Die zugleich grotesk, verzerrt, skurril, böse und lustig wirkenden Gestalten finden sich am Stephansdom in Wien, im Zürcher Großmünster, an französischen Kathedralen wie Notre Dame, am Kölner Dom oder in besonders großer Zahl am Freiburger Münster. Manche tauchen einzeln auf, andere in Gruppen. Manche entdeckt man eher draußen, andere innen in den Kreuzgängen, Kirchenräumen oder der Krypta. Fragt man Forscher nach ihrer Bedeutung, erklären sie, dass es keine einheitliche Deutung gibt. Die »Gargoyles« genannten Wasserspeier beispielsweise mit ihren verzerrten, manchmal drachenartigen Fratzen, die bei Regen oft wahre Sturzbäche ausspucken, sind in der Regel dazu gedacht gewesen, Schaden und Dämonen von den Kirchen fernzuhalten. Solche Wächter gibt es nicht nur in Europa. Vor buddhistischen Tempeln in Südostasien stehen als Beschützer fast immer gigantische Löwen-Mischwesen. In den Tempelanlagen haben weitere monsterähnliche Kreaturen ihren Platz gefunden. Sie sollen den Tempel vor Unheil beschützen. Gläubige Buddhisten opfern ihnen aus Dankbarkeit und Ehrfurcht. Angst vor ihnen hat niemand.

Dasselbe galt wohl für die Menschen im Mittelalter. Sie liebten ihre Monster, ergötzten sich an ihnen. Monster dienten offenbar auch der Unterhaltung. Eine große Zahl reichlich bebilderter Manuskripte zirkulierte in klösterlichen und kirchlichen Kreisen. Man kann sich vorstellen, wie so manch ein Mönch es genoss, in der sicheren und behaglichen Umgebung von fremdländischen Gefahren und gefährlichen Monstern zu lesen. Umberto Eco erwähnt in seinem Buch *Die Geschichte der Hässlichkeit* einen sittenstrengen Mönch und Kreuzzugprediger, den heiligen Bernhard von Clairvaux, der gegen die Kapitellfiguren in den Kirchen wetterte. Die Gläubigen würden sich seiner Meinung nach zu sehr über sie amüsieren. Allerdings liegt angesichts der eindringlichen Schilderungen des Mönchs der Verdacht nahe, dass dieser sich überaus intensiv und mit gewisser Freude mit diesen Monstern beschäftigte: »Was soll in unseren Klöstern jene lächerliche Monstrosität, jene unförmige Schönheit und schöne Unförmigkeit? Was haben dort die unreinen Affen zu schaffen? Oder die wilden Löwen? Oder die monströsen Zentauren? Man kann dort viele Leiber unter einem einzigen Haupt sehen oder umgekehrt viele Häupter auf einem einzigen Leib. Hier gewahrt man einen Vierfüßler mit dem Schwanz einer Schlange, dort einen Fisch mit Kopf eines Vierfüßlers. Überall also zeigt sich eine so große und seltsame Vielfalt verschiedenartiger Formen, dass man sich mehr dazu hingezogen fühlt, den Marmor zu lesen anstatt die heiligen Schriften, und lieber den Tag damit verbringt, nacheinander diese Bildwerke zu betrachten, als über das göttliche Gesetz zu meditieren.« Der Mönch erschauerte offenbar selbst beim Anblick der Monster, das Angst-Lust-Prinzip funktionierte auch im Mittelalter.

Höllengestalten und Endzeitdrachen

Monster waren auch ideal dazu geeignet, um eine der zentralen Geschichten der christlichen Religion zu illustrieren: den Untergang der Welt, die damit verbundene Wiederkehr von Christus und das Jüngste Gericht. Egal, ob als Sinnbilder des Teufels, des Antichristen oder als unheilvolle Vorboten in Form von Zeichen oder gefährlichen, fremden Völkern, die den Jüngsten Tag ankündigten: Monster spielten überall die Hauptrolle. Eine spezielle Bedeutung nahmen Neugeborene ein, die mit schweren Missbildungen zur Welt kamen. Manche sahen sie damals als monströse Wesen an, andere als in der Tradition von Augustinus als wundersame Geschöpfe Gottes. Die katholische Kirche tat sich im Mittelalter und auch in der Neuzeit schwer mit der Frage, ob man sie taufen sollte. Dafür musste man nämlich Stellung beziehen hinsichtlich der Frage, wie man sie sah: als bedauernswerte Menschen oder als monströse Botschafter des Bösen.

Überaus schillernd geriet im 1. Jahrhundert nach Christus die Offenbarung des Johannes, das letzte Buch des Neuen Testaments. Es ist ein Brief an die unterdrückten Christen im

Römischen Reich, ein prophetischer, düsterer Text voller rätselhafter Bilder und Figuren, der im Mittelalter in Erwartung eines nahenden Untergangs besondere Aufmerksamkeit erfuhr. Die vier apokalyptischen Reiter erscheinen, Erdbeben und kosmische Erscheinungen künden das Ende der Welt an. Sieben Posaunen ertönen, und mit ihnen kommen Feuer, Hagel und Heuschrecken. Danach erscheinen die Wesen des Teufels: »Und ich sah ein Tier aus dem Meer steigen, das hatte zehn Hörner und sieben Häupter und auf seinen Hörnern zehn Kronen und auf seinen Häuptern lästerliche Namen. Und das Tier, das ich sah, war gleich einem Panther und seine Füße wie Bärenfüße und sein Rachen wie ein Löwenrachen.« Es folgt der Kampf Gut gegen Böse und gleich darauf die sieben Plagen, die es ebenfalls in sich haben. Die Menschen werden von schlimmen Geschwüren befallen, die das Zeichen des Antichristen tragen. Die Meere werden zu Blut, alle Meerestiere sterben, dann werden die Flüsse zu Blut, die Sonne versengt die Menschen, es wird dunkel, der Fluss Euphrat trocknet aus, und schließlich vernichtet ein gigantisches, nie da gewesenes Erdbeben die Erde. Nach dem Ende der Welt erscheint Christus erneut, besiegt den Satan und errichtet eine neue Welt.

In der Offenbarung erwähnte Johannes auch nebenbei zwei seltsame Völker, die Gog und Magog, die gemeinsam mit Satan in den Kampf gegen die Christen ziehen. Im Mittelalter identifizierte man mit ihnen nahezu alle fremden Völker, die den Westen bedrohten. So nutzte man sogar nebensächliche Aspekte der Offenbarung als Vorwand, um zu begründen, dass das Fremde gefährlich sei.

Die monströsen Feindbilder, mit deren Hilfe man sehr plastisch und drastisch Ängste schürte, dienten als Warnung für die Glaubensgemeinschaft. Der deutsche Historiker Johannes Fried beschreibt in seinem überaus spannenden Buch *Dies Irae. Eine Geschichte des Weltuntergangs*, wie stark diese Weltuntergangserwartung im Mittelalter das menschliche Denken beeinflusste. Nur gottesgefälliges Tun konnte den Untergang aufhalten. Immer wieder aber wiesen Zeichen darauf hin, dass der schreckliche Tag bevorstünde. Die Monster warnten die Gläubigen davor, vom rechten Weg abzuweichen, und ermahnten sie gleichzeitig, die göttlichen Normen und Regeln einzuhalten. Sie waren damit auch eine Art Druckmittel, eine Möglichkeit, die Gläubigen bei der Stange zu halten. Sie erwiesen sich als wirkmächtige Figuren, sie waren wandlungsfähig und geheimnisvoll, sie waren in der Lage, vor dem Untergang zu warnen. So steckte man auch mühelos die Grenze zwischen Gut und Böse ab, ein Konzept, das letztlich erst mit der Verbreitung des Christentums im Mittelalter so richtig erfolgreich wurde. Die mächtigste Figur in der Riege der Monster wurde damals der Teufel, zumindest im christlichen Abendland. Er war der ultimative Gegenpol zu Gott, das Böse in Person. Bilder von ihm gab es erst ab dem 10. Jahrhundert, er wurde meist als Schlange, Ziegenbock, als Mensch-Tier-Mischwesen dargestellt, bisweilen auch als Frau, die die Sünder lockt und verführt. Vor allem die katholische Kirche nutzte seitdem die Macht der schrecklichen Teufelsbilder, im 12. Jahrhundert taucht das Fegefeuer auf. Die Geografie der Hölle entwickelt sich weiter, als Domizil des Teufels war sie gleichzeitig ein Ort grässlichster Qualen, angefüllt mit übelsten Gestalten, die die Sünder in der Höllenglut folterten.

*

Die diffuse Weltuntergangsstimmung wurde nicht nur durch religiöse Prediger weiter angefacht.

Auch dramatische geschichtliche Ereignisse wie der sogenannte Sacco di Roma verstärkten sie. Deutsche Landsknechte und spanische Söldner wüteten im Mai 1527 drei Tage lang in der Ewigen Stadt, plünderten, vergewaltigten und mordeten, sie verschonten niemanden, weder Frauen noch Kinder, weder Priester noch die eigenen Leute. Auf den Straßen lagen derart viele Leichen, dass man das Pflaster nicht mehr sah. Krankenhäuser und Paläste standen in Flammen, die Pest begann zu wüten. Der Historiker Volker Reinhardt beschreibt den Sacco di Roma in seinem Buch *Blutiger Karneval* wie ein apokalyptisches Inferno.

Die europäische Gesellschaft war damals hin- und hergerissen zwischen dem Willen einerseits, die Welt doch noch vor dem nahenden Untergang retten zu wollen, und einer fatalistischen Grundstimmung und zunehmenden Untergangslust andererseits, die fast gierig nach jedem noch so kleinen Vorboten der Apokalypse Ausschau hielt. Das Prinzip Hoffnung und das Gefühl der Sinnlosigkeit rangen miteinander. Der Historiker Johannes Fried beschreibt das Weltbild griffig: »Eine Schöpfung aus dem Nichts, ein Ende im Nichts, dazwischen ein von Gott gezüchtigtes Volk, eine immer neu frevelnde, von Heimsuchungen, Warnungen und Drohungen geschüttelte Menschheit, eine immer erneuerte Furcht, eine Flut von Untergangszeichen und Zeichendeutungen, von Schuldbewusstsein und Erlösungshoffnung, von ethischen Forderungen und Bußleistungen. Mitunter auch von Trotz und Resignation.« Endzeitängste seien bis heute ein besonderes Phänomen der abendländischen, christlichen Kultur, so Johannes Fried. Wir seien dem Mittelalter und seinem Weltuntergangsbild auch heute näher, »als uns lieb sein kann«. Wir gefallen uns darin, Zukunft als Katastrophe zu denken, analysiert auch die Germanistin Eva Horn. Das prägt unser westliches Denken. Auch die moderne Kosmologie sagt ein Ende der Welt voraus, zumindest das unserer Erde, die in spätestens vier Milliarden Jahren von der Sonne versengt oder zuvor von Supervulkanen oder gigantischen Meteoriten verwüstet wird – fast so, wie es in der Offenbarung des Johannes steht.

Da die Apokalypse des Johannes auch viele bildgewaltige Beschreibungen enthält, diente sie jahrhundertelang als eine Art Steilvorlage für die Kunst, die sie für die jeweilige Gesellschaft aufbereitete. Themen wie das Jüngste Gericht oder die sündigen Verlockungen durch die »Große Hure Babylon« als Sinnbild für die Verführungsmacht der Welt wurden oft aufgegriffen und variiert. Die Bilder waren voller monströser Gestalten. Ich will hier nur anhand zweier markanter Beispiele andeuten, welche ungeheure Monsterbilderflut es damals gab, deren Bildgewalt bis heute nachwirkt und Generationen von Malern bis in die Moderne hinein motivisch beeinflusst hat.

Im Jahr 1498 etwa entstanden die Holzschnitte des damals 27 Jahre alten Albrecht Dürer zur Apokalypse. Das »Tier aus dem Meer« senkt hier sieben unterschiedliche Tierköpfe bedrohlich auf die Menschheit herab. Auch das »Weltgerichtstriptychon« von Hieronymus Bosch wird in diese Zeit datiert. Bevor wir mit Christoph Kolumbus in ganz neue Monsterwelten aufbrechen, lohnt sich ein genauer Blick auf das Bild. Es beginnt mit der Erschaffung von Eva im Paradies, führt im Mittelteil durch ein düsteres Weltuntergangsszenario inklusive Jüngstem Gericht und endet auf der rechten Bildtafel mit den Schrecken der Hölle. Es ist ein Aufmarsch kleiner und großer Monster und grotesker Mischwesen.

Einerseits ist das Weltgericht ein reichlich düsteres Altarbild. Nur wenige Menschen werden gerettet und ins himmlische Paradies gebracht. Andererseits sind darauf dermaßen viele originelle, fantastische und monströse Figuren zu sehen, dass man Stunden vor diesem Bild zubringen kann mit all den Insektenmonstern, den aufgedunsenen, nackten

Mischwesen, den Drachen im feinen Zwirn oder der verführerischen Gottesanbeterin mit dem Unterkörper einer Schlange. Amüsant und schrecklich zugleich sind Boschs Kopf-Füßler, menschliche Gestalten ohne Rumpf. Einer trägt nur ein Kopftuch und eine bunte Fasanenfeder, ein Zweiter ist eine Art Teufel im Ei, aus der zerplatzten Eierschale ragen kräftige Männerbeine, die mit bläulich-weißen Perlen überzogen sind. Das diabolisch herausgrinsende Wesen ist von einem Pfeil durchbohrt.

In jedem Winkel des Bilds tummeln sich solche Kreaturen. Vermutlich hält Bosch damit den Weltrekord für die meisten Monster in einem Bild. Im Bereich der sieben Todsünden beispielsweise finden sich zwei monströse Hausfrauen, sie sind Teil der Illustration der Todsünde des Geizes, der sogenannten Avaritia. Sie braten gerade ein paar Sünder am Spieß oder räuchern sie im Kessel. Ein Hausfrauenmonster hat Krötenfüße (die Kröte galt damals als Symbol des Teufels), das andere blaue Füße und ein blaues Gesicht voller Warzen. Die blauen Füße sind keine fantastische Erfindung des Malers, sie verweisen auf das zur Entstehung des Bilds um 1500 weitverbreitete Antoniusfeuer, auch Mutterkornkrankheit genannt, das solche Symptome verursachte.

Bei Bosch ist das Monsterhafte stets sehr vielschichtig, seine Hausfrauenmonster etwa, aber auch andere Figuren, haben trotz aller gruseligen Details auch immer etwas Gemütliches, manchmal sogar Heiteres. Sie sind anziehend und abstoßend zugleich. Diese Monsterwelt stammt aus dem Mittelalter, transportiert aber eine ambivalente, beinahe ironische Metaebene. Das ist typisch für die Renaissance, eine Zeit, die zumindest in der Kunstgeschichte nicht mehr dem Mittelalter zugerechnet wird. Hieronymus Boschs »Weltgericht« in Wien zu besuchen ist genau deshalb so eine gute Idee, weil er wie kein zweiter Maler bis heute diese Ambivalenz angesichts des Monströsen verbildlicht, weil er Lust und Grausamkeit, Staunen und Aberglauben, Ergötzen und Erschrecken zusammenbringt und miteinander vereint.

Es macht auch heute noch Spaß, die Allegorien hinter den Mischwesen zu ergründen. Auch die Wissenschaft bemüht sich, diese Monster zu lesen und ihnen eine Bedeutung zuzuordnen. Aber immer wieder entziehen sie sich jeder Ordnung, nicht nur bei Bosch. Einige Monster tauchen im gesamten Mittelalter immer wieder auf, ein einheitliches Deutungsmuster scheint es für sie nicht zu geben. »Während des gesamten Mittelalters sind offenbar die unterschiedlichsten Einflüsse wirksam geworden«, meint Rudolf Simek. »Monströses wie die Wundermenschen, Dämonisches wie Teufel und Groteskes wie Fabeltiere sind nicht einfach zu unterscheiden.« Dieselben Monster können zudem umgedeutet werden, wenn die Gesellschaft sich wandelt. Hier erlebte der Mittelalterforscher auch eine persönliche Überraschung. »Ich dachte, ich würde für jedes dieser Monster ein einheitliches Deutungsmuster finden«, schreibt Simek. »Aber das gibt es nicht.« Oft widersprächen sich verschiedene Quellen. »Offenbar haben vor allem die Priester in den Kirchen die Monster nach Gutdünken in ihrem Sinne gedeutet, aber eben jeder auf seine Weise.«

Die Jahrhunderte, die wir als Mittelalter bezeichnen, waren prall gefüllt mit Monstern. Die Monster wurden in dieser Zeit auch immer spezieller und vielgestaltiger. Gleichzeitig entstanden neue Medien, über die sich Monster ausbreiten konnten, unter anderem die populären Bestiarien und die Monsterfiguren an Kirchen. Die Mischwesen und Ungeheuer waren in der Bevölkerung bekannt und beliebt. Damit waren die Monster ideal für die politische oder religiöse Propaganda einsetzbar. Überhaupt gewann das Unterhaltungselement immer mehr an Bedeutung, und so wundert es nicht, dass im Zentrum der ersten Bestseller des Mittelalters Monster standen.

Exkurs: Die unheimlichsten Orte

Es klingt zunächst reichlich absurd, nach den Aufenthaltsorten von Monstern zu suchen, wo diese Wesen doch reine Produkte unserer Fantasie sind. Dennoch wiesen die Menschen den Monstern von Anfang an reale Wohn- und Aufenthaltsorte zu. Wenn wir der Vorstellung folgen, dass Monster für unsere Ängste stehen, also so etwas wie personifizierte Seelenlandschaften sind, erzählen uns die angeblichen Monsterorte auch etwas über ihre vermeintlichen Bewohner. So können wir etwas über Monster lernen, ohne sie selbst zu Gesicht zu bekommen.

Es gibt verschiedene Kategorien unheimlicher Orte. Die verwunschenen Orte, wie sie von Autoren der Antike und des Mittelalters zuhauf beschrieben wurden, gehören zu den ältesten und damit ursprünglichsten. Weitere Monsterorte finden sich in Gegenden mit extremen und gefährlichen natürlichen Gegebenheiten. Aktive Vulkane, Berge, Sümpfe und Wälder, die mit alten Geschichten aufgeladen sind, gehören dazu. Moderne Monsterorte finden sich in Regionen, die durch Menschenhand unbewohnbar gemacht wurden. Tschernobyl oder Fukushima können hier Bühnen für Monster sein.

Die Grenze der bekannten Welt. *Kap Bojador, Westafrika*
An der flachen, öden Küste stehen nur ein Leuchtturm und wenige niedrige Häuser, ein paar Sandbänke sind zu sehen. Der Himmel ist meist klar. Nichts Bedrohliches ist hier zu entdecken, nicht mal tückische Strömungen gibt es im Wasser. Und doch galt dieser Ort an der afrikanischen Küste gut 250 Kilometer südlich der Kanarischen Inseln lange Zeit als das Ende der Welt. Nicht einmal 600 Jahre ist das her, da dachten die europäischen Seefahrer, dass hinter Kap Bojador ein Meer der Finsternis und damit der sichere Tod warteten. Angeblich stand damals am Strand eine hohe Säule, über der eine mahnende Hand schwebte. Sie soll auf eine Inschrift gedeutet haben, die dringend zur Umkehr riet, sonst sei man des Teufels.

Die Meere galten als gefährliches Terrain, voller Gefahren und unbekannter Ungeheuer, die in den Tiefen lauerten. Man erzählte sich Geschichten über ein glibberiges »Lebermeer«, das wie zäher Tran alle Schiffe in die Tiefe zog. Je näher man dem Äquator komme, umso mehr nähme die Hitze zu, und bald begönne das Meer zu kochen. An Land sei es nicht besser, die Hitze sei ebenfalls nicht auszuhalten. Die Küsten bestünden aus verbranntem Land, die Sonne würde so unerbittlich herunterbrennen, dass sich die Haut dunkelschwarz färbe, und hinter den Dünen lauerten zudem düstere, monströse Gestalten, die einen bei lebendigem Leib verschlingen würden. Von ihnen hatten die Bestiarien des Mittelalters zuhauf berichtet. Kurz: Wer Kap Bojador umfuhr, der kehrte niemals zurück, darin waren sich alle einig.

Die portugiesischen Seefahrer waren damals die wagemutigsten. Immer wieder versuchten die Seefahrer, das Kap zu überwinden. 15 Expeditionen sind uns heute bekannt, die allesamt scheiterten, bis im Jahr 1434 ein gewisser Gil Eanes das Kap umrundete. Er war zuvor einmal gescheitert, doch der portugiesische Adelige Heinrich der Seefahrer, der übrigens nie an einer Schiffsexpedition teilnahm, überzeugte Eanes, es erneut zu versuchen. Vermutlich hat es so lange gedauert, die Mauer der Angst am Kap Bojador zu durchbrechen, weil nur wenige Geschichten über Reichtümer aus dem Westen die Menschen lockten. Erst die Aussicht auf Gewinne aus dem Verkauf gefangener Sklaven war Anreiz genug.

Showdown antiker Meeresmonster. *Scilla, Italien*
Der kalabrische Ort Scilla verrät auf den ersten Blick wenig von den Gefahren, die dort einst herrschten. Er liegt auf einer spitz ins Meer ragenden Landzunge, der kleine Strand ist hübsch anzusehen, wirkt wie ein Bild aus einem Reiseprospekt. Die Tücken lauern eher in den kalabrischen Gewässern, das unruhige Meer vor der Küste könnte die Fantasie der antiken Schriftsteller angeregt haben. Vor den Strudeln, den Gegenströmungen und den eigenwilligen Wellen haben Segler heute noch Respekt. Die Einheimischen nennen die Wirbel »garofali«, sie führen dazu, dass sich das Meer plötzlich wie aus dem Nichts kräuselt. Das Tyrrhenische und das Ionische Meer treffen hier zusammen, je nach Windsituation herrscht eine Nord- oder Südströmung und erzeugt zusammen mit dem Wind und den steilen Küsten chaotische Verhältnisse auf dem Wasser. Dazu kommt heute der rege Schiffsverkehr der großen Frachtschiffe und Fähren, der die Straße von Messina zu einem ziemlich unruhigen Revier für Segelschiffe machen.

In der Meerenge vor der kalabrischen Küste auf Höhe der Insel Sizilien lauerten einst gleich zwei Monster, das gefräßige Meerungeheuer Charybdis, eine Tochter des Meeresgottes Poseidon, und die gefährliche Skylla, eine schöne junge Frau, aus deren Unterleib sechs Hundeköpfe und zwölf Hundefüße wuchsen – so jedenfalls kann man es bei Homer und Ovid nachlesen. Odysseus soll hier auf der Durchfahrt sechs seiner Männer verloren haben. Die Redewendung »zwischen Skylla und Charybdis« bedeutet noch heute, dass man zwischen zwei unbezwingbaren Gefahren steht – ein Dilemma.

Skylla und Charybdis lassen sich heute etwas weiter nördlich an einem wundersamen Ort bestaunen, an dem der römische Kaiser Tiberius eine mondäne Villa bauen ließ. Unterhalb der mittlerweile längst verfallenen Villa liegt noch heute die Grotte von Sperlonga. Dort unten feierte der Herrscher rauschende Feste, umringt von den in Marmor gemeißelten Monstergeschichten der griechischen Antike. Dargestellt waren beispielsweise die Geschichten von Skylla und Charybdis und die Blendung des Riesen Polyphem. Draußen die Bucht und das Meer, drinnen das menschliche und göttliche Drama, und mittendrin der damalige Herrscher der Welt, ausschweifend feiernd.

Der Fluch des Pharaos. *Tal der Könige, Ägypten*
Dieser Ort ist ein Quell vieler Mumien-Horrorgeschichten. Dabei sieht das Tal der Könige in Ägypten nicht eben nach einem Ort des Schreckens aus. Es ist vielmehr eine Stadt der berühmten Toten. Hier haben die Ägypter einst ihre Pharaonen in prächtigen unterirdischen Grabanlagen bestattet. Eines der berühmtesten ist das Grab mit der Nummer KV62, Archäologen haben die Fundorte durchnummeriert wie Hausnummern, KV heißt Kings Valley, Tal der Könige. An der Nummer 62 bohrte der britische Archäologe Howard Carter im November 1922 die letzte versiegelte Tür zu den prächtig ausgestatteten Grabkammern von Pharao Tutanchamun auf und fand ein unversehrtes Grab vor. Es enthielt einen mit Edelsteinen verzierten goldenen Thron, außerdem Alltags- und Jagdgegenstände, darunter ein Dolch, der aus einem Eisenmeteor geschmiedet wurde. Der Sarkophag mit

der Mumie ist mit einer goldenen Maske geschmückt, der Sarg selbst besteht aus reinem Gold.

In der Folge kam es zu rätselhaften Todesfällen unter den beteiligten Archäologen und den Helfern der Expedition. Zunächst starb am 5. April 1923 Lord Carnarvon nach einer mysteriösen Infektion aufgrund eines vermeintlich harmlosen Insektenstichs, er hatte die Grabung finanziert. Weitere Archäologen und Freunde von Carter und Carnarvon kamen zu Tode. Fünf Mitglieder des Expeditionsteams begingen Selbstmord. Die Legende vom Fluch des Tutanchamun war geboren, angeblich fielen ihm 27 Menschen zum Opfer. Man sagte, die Expeditionsteilnehmer hätten die Totenruhe des Pharaos gestört. Spätere Untersuchungen zeigten, dass die Teilnehmer der Ausgrabung statistisch betrachtet sogar eine leicht höhere Lebenserwartung hatten als der Durchschnitt der Bevölkerung. Einzelne Todesfälle könnten mit giftigen Pilzsporen aus dem Grab zu tun gehabt haben, gesichert ist auch das nicht. Dennoch war die Geschichte des Fluchs in der Welt.

Der dunkle Wald am Fuße des Fuji. *Aokigahara, Japan*
Es heißt, dass alte Menschen einst in diesen Wald gingen, um allein zu sterben und ihren Familien nicht mehr zur Last zu fallen. Eine unglaubliche Vorstellung, dass man, alt und gebrechlich, den Eingang des Waldes passiert und immer weiter ins Dickicht des Dschungels vordringt, bis man irgendwann inmitten der dichten Vegetation bei nur spärlichem Tageslicht allmählich auf dem unwegsamen Gelände die Orientierung verliert, sitzen bleibt oder sich hinlegt, um zu sterben. Der Wald ist an sich nicht besonders groß, er misst nur 3500 Hektar und ist nur etwa zwei Kilometer breit. Doch angeblich funktionieren im Inneren von Aokigahara, dem Meer aus Bäumen, weder Kompass noch GPS, kein Mobilfunknetz kann Hilfe bringen. Ein idealer Ort für Legen-

den und Geschichten. Der im Jahr 1960 erschienene Roman *Der Wellenturm* von Matsumoto Seichō spielt hier, eine unglückliche Liebende begeht in dem Wald Selbstmord. Seitdem stieg die Zahl der Sterbewilligen dort stetig an. Jährlich gehen hier knapp 100 Menschen in den selbst gewählten Tod. So viele finden Freiwillige jedenfalls, die bei jährlichen Suchaktionen den Aokigahara durchkämmen. Ob unter den Toten auch Menschen sind, die vom Ort des Todes magisch angezogen werden und sich dort verirren, lässt sich nicht sagen. Für die Einheimischen aber ist klar, dass im Dickicht die Geister der Verstorbenen warten. Schilder am Eingang warnen dringend vor dem Betreten, und die Botschaften darauf sollen die Menschen vom Selbstmord abhalten.

Wecke nicht die Toten! *Samarkand, Usbekistan*
Als der russische Anthropologe Michail Gerassimow am 22. Juni 1941 in Samarkand das Mausoleum Gur Emir mit seiner 32 Meter hohen Kuppel öffnen ließ, verfolgte er eigentlich eine wissenschaftliche Mission: Er wollte herausfinden, ob der darin begrabene Emir Tamerlan (Timur) vom berühmten Herrscher Dschingis Khan abstammte. Er ließ Tamerlan deshalb exhumieren. Die Inschrift an den Außenmauern von Gur Emir nahm er dabei wohl nicht allzu ernst. »Wenn ich ans Licht des Tages zurückkehre, wird die Erde erzittern!«, stand da. Doch schon wenige Stunden später sollte die düstere Prophezeiung wahr werden. Das sagen zumindest Verschwörungstheoretiker. Denn im Rahmen der Operation Barbarossa drangen am gleichen Tag Soldaten der deutschen Wehrmacht in Russland ein, am Ende des Zweiten Weltkriegs gab es allein auf russischer Seite 30 Millionen Tote zu beklagen. Dass sich der Krieg mit Stalingrad nochmal wendete, hatte für manche abergläubischen Russen auch mit der erneuten Bestattung der Gebeine Tamerlans im Jahr 1942 zu tun.

Der Fluch ist umso beklemmender, als der Begrabene selbst einer der größten Schlächter der Menschheitsgeschichte war. Tamerlan herrschte im 14. Jahrhundert über ein Gebiet, das heute Usbekistan und Teile Kasachstans umfasst. Eroberungsfeldzüge führten ihn bis in die Türkei und nach Persien im Westen und Indien im Südosten. Mehrere Millionen Menschen soll der Emir dabei gnadenlos ermordet haben, das entspricht mehr als einem Prozent der damaligen Weltbevölkerung.

Das Haus des Teufels. *Amityville, Long Island, USA*
Der Teufel ist immer für eine Geschichte gut, besonders wenn man seinen Wohnort vorweisen kann. Die Adresse lautet: Ocean Avenue 112, eine Kolonialvilla mit großem Bootshaus und Lagunenzugang zum Atlantik. Die Vorgeschichte dieses schicken Hauses auf Long Island ist eine Tragödie. Am 13. November 1974 ermordete Ronald Defeo jr. seine Eltern und seine vier Geschwister, angeblich auf Anweisung einer Stimme im Haus. So kam der Teufel ins Spiel. Mehr als ein Jahr später zogen die neuen Besitzer ein, George und Kathy Lutz mit ihren drei Kindern. Wenn man der Geschichte Glauben schenken will, kamen sie nur deshalb nicht zu Schaden, weil sie das Haus nach nur 28 Tagen fluchtartig wieder verließen. Dazwischen hatte der Teufel auf sie eingewirkt, ihnen Fliegenschwärme geschickt, faulige Gerüche verströmt, die Wände schwitzen lassen. Sie hätten seine Schritte vernommen, seine Berührungen gefühlt, obwohl niemand im Raum sichtbar war, und Musik gehört, die er im Keller auflegte. Kathy Lutz alterte innerhalb einer Nacht um 30 Jahre, so erzählt es der befreundete Jay Anson in seinem Roman *The Amityville horror. A True story*. Der Roman verkaufte sich millionenfach, auch die Familie Lutz verdiente viel Geld an den Buch- und Filmrechten. Haben sie ihre Seele etwa an den Teufel verkauft? Der jeden-

falls scheint wieder ausgezogen zu sein. Die nächsten Besitzer hatten nur Probleme mit Schaulustigen, die das teuflische Haus mit eigenen Augen sehen wollten.

Unheimliche Natur. *Bermuda-Dreieck, westlicher Atlantik*
Insgesamt 80 Flugzeuge und etwa 190 Schiffe sollen in der Region zwischen den Bermuda-Inseln, dem amerikanischen Florida und der Insel Puerto Rico spurlos verschollen sein – von kleinen Segelschiffen bis hin zu riesigen Tankern, wie die im Jahr 1963 verschwundene, 153 Meter lange *Marine Sulphur Queen*, die mit flüssigem Schwefel beladen war. Am 5. Dezember 1945 verschwand eine Ausbildungs-Bomberstaffel der amerikanischen Armee unter Führung von Lieutenant Taylor im Bermuda-Dreieck. Offenbar hatten alle fünf Flieger die Orientierung verloren, und ihnen war dabei der Treibstoff ausgegangen. Auch das Suchflugzeug Catalina, das kurz darauf zur Unglücksstelle flog, tauchte nie wieder auf.

Es entstanden damals wüste Erklärungstheorien. Die abstrusesten Vorschläge reichten von einem Raum-Zeit-Loch über Außerirdische und mächtige Tiefseemonster bis hin zu elektromagnetischen Anomalien. Die wahrscheinlichste Erklärung lieferten Jahrzehnte später Geowissenschaftler, die gewaltige Vorkommen von Methangas auf dem Grund des Bermuda-Dreiecks lokalisierten. Solche aufsteigenden Gase können die Dichte des Wassers und damit den Auftrieb der Schiffe verringern. Größere Mengen Gas könnten auch Motoren von Flugzeugen entzündet und diese so zum Absturz gebracht haben. Andererseits weiß man heute, dass auf dem Seegebiet, das etwa zwei Mal so groß wie Deutschland ist, statistisch eher weniger Schiffe und Flugzeuge verunglückten als in angrenzenden Meeresgebieten. Charles Berlitz, Erfolgsautor des Millionen-Bestsellers *Das Bermuda-Dreieck*, erfand noch ein zweites magisches Unglücksgebiet, das Drachendreieck im Pazifik etwa 100 Kilometer südlich von Tokio. In diesem Gebiet ist die See tatsächlich häufig unruhig, doch nahezu alle Unglücksfälle, die sich dort zutrugen, konnten letztlich auf Konstruktionsfehler der Schiffe oder plötzlich entstehende haushohe Monsterwellen zurückgeführt werden.

Die Außerirdischen sind gelandet. *Area 51, Nevada, USA*
Inmitten des Nevada-Dreiecks liegt eine noch viel mysteriösere Anlage, die sogenannte Area 51. Sie ist das Mekka für alle Menschen, die an außerirdische Monster glauben. Allerdings gibt es für den interessierten Besucher ein massives Problem: Als Hochsicherheitszone der amerikanischen Armee ist das Gebiet streng bewacht. Möglicherweise werden dort also tatsächlich Ufos wie das angeblich 1947 bei Roswell in New Mexico abgestürzte Exemplar aufbewahrt – inklusive der Insassen. Vielleicht werden dort in geheimen unterirdischen Labors außerirdische Lebensformen untersucht oder geheime Experimente mit menschlichen Maschinen gemacht. Sicher ist nur, dass auf der Basis, deren Existenz von offizieller Seite jahrzehntelang verleugnet wurde, modernste Waffensysteme und Spionageflugzeuge entwickelt wurden. Und dass dort öfter Atomwaffentests stattfanden.

Neuzeit – von der Lust am Schrecken

Neue Welten, neue Medien

Als Christoph Kolumbus Richtung Amerika segelte, drang er in einen Raum jenseits der bekannten Welt vor, er bezwang das vermeintlich von Seeschlangen und Seemonstern bevölkerte Meer und kehrte im März 1493 zurück nach Spanien. Allerdings hatte er nicht, wie erhofft, Indien mit seinen Reichtümern entdeckt, sondern eine wahre Terra incognita. Mit Kolumbus begann das Zeitalter der Entdeckungen, der Blick auf die Welt veränderte sich – was sich auch auf die Monster auswirkte.

Kolumbus folgten kurz darauf weitere Seefahrer, unter anderem sein damaliger Geschäftspartner Amerigo Vespucci. Der italienische Kaufmann erreichte 1499 als erster Europäer Südamerika. Der deutsche Kartograf Martin Waldseemüller machte Vespucci auf seiner ersten Weltkarte, die Amerika enthielt, bewusst zum Namenspaten – gewissermaßen auch zu Recht, wie wir heute wissen. Denn Kolumbus hatte das amerikanische Festland erst auf seiner vierten Reise im August 1502 betreten, als er in Honduras an Land ging. Und erst Vespucci sprach in seiner weitverbreiteten Reisebeschreibung *Mundus Novus* von einem neuen Kontinent, einer neuen Welt. Die Grenzen der bekannten Welt waren verschoben, ein neues Bild von der Welt setzte sich langsam zusammen.

Was es für die Entdecker damals bedeutete, in unbekannte Regionen vorzustoßen, spiegeln die ältesten noch erhaltenen Globen wider. Auf dem gut zehn Jahre nach Kolumbus' Wiederkehr um 1505 entstandenen Hunt-Lenox-Globus beispielsweise, einem 13 Zentimeter großen, aus Kupfer gefertigten Frühwerk der Kartografie, ist in Äquatornähe an der Südküste Ostasiens der legendäre Spruch »hic sunt dracones« vermerkt: Hier sind Drachen. Viele mittelalterliche Karten vermittelten das Gefühl, dass die östlichen Ränder der bekannten Welt von Monstern und Wundervölkern bewohnt waren, man bezeichnete sie oft als »Wunder des Ostens«. In der Vorstellung der Menschen waren diese weit abgelegenen Teile der Welt wilde Orte voller gefährlicher Wesen.

Es gehörte also Mut dazu, dorthin zu fahren. Die Eroberer mussten sich darauf einstellen, den Drachen und Monstern zu begegnen, von denen die Schriften im Mittelalter halb warnend, halb staunend erzählt hatten. So ist es nur folgerichtig, dass wir neue Sterne und für eine Besiedlung infrage kommende Exoplaneten nach alten Monstern benennen und dass auch Captain Picard, als er mit dem Raumschiff Enterprise in unbekannte Welten aufbricht, die alten Karten zitiert: »There be dragons.« Heute nutzen übrigens die draufgängerischen Börsenmakler der Finanzwelt das Kürzel T.B.D. für ihre höchst riskanten Transaktionen – ein Gruß an vergangene Zeiten.

Mit der Entdeckung neuer Welten begann eine neue Epoche, wir nennen sie heute die Neuzeit. Es war eine Zeit voller Umbrüche, religiöser, politischer und wirtschaftlicher. Der Mensch machte sich eine neue Vorstellung von seinem Platz in der Welt, und damit änderte sich auch die Rolle der Monster. Wir haben gesehen, wie beliebt die Ungeheuer,

Fabel- und Mischwesen im Mittelalter waren. Viele Menschen kannten die spannenden Erzählungen von Marco Polo oder die populären Reiseberichte des Ritters Jean de Mandeville, der mit wahrer Wollust von allerlei exotischen und gruseligen Gestalten berichtet hatte. Auch die aufwendig gestalteten Bestiarien, die die Monster der Natur in einer Art Enzyklopädie auflisteten, und die unzähligen Darstellungen in Handschriften und in den Kirchen und Klöstern zeugen davon.

Eine technische Neuerung verhalf den Monstern zu noch mehr Aufmerksamkeit. Mitte des 15. Jahrhunderts erfand Johann Gutenberg den Buchdruck mit beweglichen Buchstaben und löste damit eine mediale Revolution aus. Gedruckte Erzeugnisse wurden zur Massenware. Der Buchdruck machte die Monster in den breiten Massen noch populärer. Sie waren ideale Medienfiguren, denn sie waren schon rein optisch attraktiv. Sie tauchten auf politischen Flugblättern auf oder auf einseitigen Drucken, auf denen man sensationelle Dinge wie kuriose Wundergeburten, zerstörerische Einschläge von Meteoriten oder andere als übernatürlich empfundene Ereignisse bekannt machte.

Die Texte erschienen in der Sprache des Volkes und nicht mehr auf Latein. Die Satire begann, die schreckerregenden Mischwesen zu nutzen, sie personifizierten die Kritik an den herrschenden politischen Verhältnissen. Wir werden hier gleich ein Beispiel hören, das vor 500 Jahren im Rahmen einer dramatischen Umwälzung eine wichtige Rolle spielte. Monster waren jedenfalls ideal geeignet dafür, um sie auch im aufkommenden religiösen Kampf gut einzusetzen.

Die Monster der Reformation

Im Oktober 1517 hämmerte der deutsche Reformator Martin Luther 95 Thesen gegen den Ablasshandel an die Tore der Schlosskirche von Wittenberg. Er prangerte an, dass viele Kardinäle und Bischöfe wie weltliche Fürsten in Pracht und Prunk lebten und gleichzeitig ihre Ablassprediger losschickten. Diese sammelten Geld beim Volk ein und versprachen im Austausch dafür die Vergebung der Sünden.

Über polemische Druckgrafiken formulierten Luther und seine Mitstreiter ihre Kritik an der Papstkirche auf recht deftige Art und illustrierten die Texte mit eindrücklichen Monsterabbildungen. Der berühmte Maler Lukas Cranach der Ältere hatte für den Reformator eigens eine Druckwerkstatt in Wittenberg eingerichtet. Die beiden Männer hatten die mediale Wirkmacht der Monsterbilder erkannt. Da ein Großteil der Bevölkerung zu dieser Zeit nicht lesen konnte, spielten bei der Verbreitung der reformatorischen Ideen neben Predigten und dem Vorlesen von Flugschriften auch Bilder und Illustrationen eine wichtige Rolle. Die Hure Babylon, die auf mehrköpfigen Monstern und schrecklichen Drachen verschiedenster Ausprägung ritt, war auch in der Neuzeit ein beliebtes Motiv. Im Jahr 1523 verfassten Martin Luther und sein Mitstreiter Philipp Melanchthon eine der berühmtesten antipäpstlichen polemischen Flugschriften. Im Zentrum ihres religiösen Pamphlets standen zwei Monster, zwei »grewliche Figuren«, illustriert von Lucas Cranach. Die eine war ein »Papstesel«, ein schuppiges Wesen mit einem Frauenrumpf und einem Eselskopf. Das Fabeltier war angeblich 1496 tot aus dem Tiber gefischt worden. Der Eselskopf symbolisierte in der reformatorischen Propaganda den Papst als Oberhaupt der katholischen Kirche, der Frauenkörper wiederum war ein Bild für die Dekadenz der päpstlichen

Institution. Das zweite Monster war ein Mönchskalb, das angeblich in Freiberg in Meißen gesehen worden war. Luther beschrieb das deformierte, stehende Kalb, das in eine Mönchskutte gekleidet ist, als Zeichen Gottes, das die wahre Natur der Mönche offenbare. Beide Monster waren den Menschen schon vorher bekannt. Abbildungen von ihnen kursierten wahrscheinlich schon vor der Verbreitung durch den Reformator. Die Propagandaschrift Luthers, Melanchthons und Cranachs griff sie im Sinne der Reformation auf und deutete sie als Zeichen der Missstände der katholischen Kirche um.

Johannes Eck, der in Ingolstadt beheimatete wichtigste Gegenspieler Luthers und gleichzeitig eine der zentralen Figuren der Gegenreformation, konterte prompt und deutete das Mönchskalb seinerseits als Zeichen für Luther selbst. Aufgrund seiner Vielgestaltigkeit ließ sich ein und dasselbe Wesen wie beispielsweise das Mönchskalb als Beleg für die Korruptheit und Verdorbenheit der einen oder anderen Seite heranziehen. Der Glaubenskampf tobte, die Monster standen sozusagen an vorderster Front – im göttlichen Schützengraben sozusagen.

Hexen als Sündenböcke

Auf katholischer Seite gerieten im Glaubenskampf auch Menschen in die Schusslinie, die die Ankläger gern als monströs und teuflisch bezeichneten; Hexen galten für die Glaubenskämpfer im 16. und 17. Jahrhundert als das personifizierte Böse. Hexen sind keine klassischen Monster, man verfolgte reale Menschen, beschuldigte und folterte sie auf bestialische Art, um falsche Geständnisse aus ihnen herauszupressen. Sie teilen sich mit monströsen Wesen aber ihre Rolle als Sündenböcke. Vielleicht ist das auch der Grund, warum ich bei meinen Recherchen öfter auf die Frage gestoßen bin, ob Hexen denn nicht auch als Monster gesehen wurden.

Laut dem Theologen Marco Frenschkowski sind die typischen Merkmale von Hexen das »Treffen mit dem Teufel, sei es zum Zweck der Verführung künftiger Hexen, sei es zum regulären Treffen am Hexensabbat, der Hexenflug auf Stöcken, Tieren, Dämonen oder mithilfe von Flugsalben, der förmliche Pakt mit dem Teufel, der Geschlechtsverkehr mit dem Teufel und schließlich das klassische Motivfeld des Schadenszaubers, der sich gegen Mensch und Vieh, gegen Ernte und das Wetter richten kann.« Viele angebliche Hexenriten sind Tabubrüche oder auch Sakrilegien gegenüber christlichen Traditionen. Typische Aktionen seien der Diebstahl der Hostie oder die Verehrung des Teufels gewesen. Extreme Tabubrüche wie Kindermord, Kinderopfer und Kannibalismus gehörten schon seit der Antike zum Hexenimaginarium, in Verhören und Prozessen spielten sie allerdings eine geringe Rolle. Ebenso gab es die behaupteten Tierverwandlungen natürlich in der Realität nicht, es waren erfundene Geschichten der Inquisitoren, um die beklagten Frauen in der Öffentlichkeit monströs erscheinen zu lassen.

Es waren also die Ankläger, die die Frauen zu Hexen – zu Monstern – machten. Sie warfen ihnen vor, gesellschaftliche Regeln zu verletzen. Sie dichteten ihnen Krähenfüße oder andere tierische Attribute an und rückten sie so für die Öffentlichkeit erkennbar in die Nähe der aus dem Mittelalter bekannten monströsen Wesen. Die Inquisitoren betrieben eine Art religiös motivierter Dämonisierung unliebsamer Personen, die man nur allzu gern loswerden wollte – vor allem Frauen standen zunächst im Fokus. Bei der Hexenverfolgung lagerte man das Monströse, also die Verkörperung der eigenen Ängste, nicht an einen Ort oder ein Wesen außerhalb der Gesellschaft aus. Die Monster waren die Nachbarn. Aus heutiger Sicht lag das einzig wirklich Monströse im Verhalten der Ankläger, denen jedes Mittel recht war, ihre Opfer zu entmenschlichen und die Hexen zusammen mit dem Satan zu Zentralfiguren einer Art Antireligion zu machen. Sie würden sich heimlich etwa am Hexensabbat zu schwarzen Messen treffen, zu Orgien, bei denen Männer und Frauen gemeinsam mit unsichtbaren Dämonen um einen als Ziegenbock dargestellten Teufel tanzen.

Diese traditionellen Hexentreffpunkte lagen abgelegen außerhalb der Wohnorte – eine Parallele zu den Orten, an denen Monster angeblich wohnen. Diese Nähe zu den Monstern diente als Legitimation, um die Hexen mit Recht foltern und vernichten zu können. Berühmte Hexenorte sind der Blocksberg oder Brocken im Harz, der Vulkan Puy de Dôme in Südfrankreich, der auf der schwedischen Insel Blå Jungfrun (Blaue Jungfrau) gelegene Felsen Blåkulla, der Vulkan Hekla im Süden Islands oder auch der Nussbaum von Benevento in Kampanien im Süden Italiens. Um diesen riesigen Baum mitten im Wald tanzten angeblich nachts die Hexen und verführten Männer. Die Aufenthaltsorte der vermeintlichen Hexen waren also bekannt, auch der Zeitpunkt der Hexensabbate in der Walpurgisnacht oder am Gründonnerstag. Interessant ist, wie Marco Frenschkowski in seinem Buch *Hexen* anmerkt, dass es offenbar nie ernsthafte Kontrollen oder Versuche gegeben hat, die »Hexen beim Hexensabbat in flagranti zu erwischen«.

Oft wurden auch Diebe oder unbequeme Mitglieder von Dorfgemeinschaften als Hexen oder Zauberer beschuldigt und verurteilt. Vor allem bei den Zauberern überwiegen klassische Verbrechen. Es gibt beispielsweise in Österreich einen berühmten Fall, bei dem die Bande um den »Zauberer Jackl« angeklagt wurde. Zwischen 1675 und 1690 wurden insgesamt 138 Männer aus seinem Umfeld zum Tode verurteilt, es waren in erster Linie unliebsame Landstreicher und Kleinkriminelle, die sich etwa in kirchlichen Opferstöcken bedient hatten. Diesen oft armen jungen Männern lastete man Missernten und Unwetter an.

Diese Urteilsbegründungen und Vorwürfe zeigen, dass die Hexenverfolgungen auch in Entwicklungen der Frühen Neuzeit begründet liegen. Europa war kriegsgeschüttelt, man denke an die Hugenottenkriege in Frankreich oder den Dreißigjährigen Krieg. Lange Zeit wurde in der Forschung ein Phänomen wenig beachtet, das aber nach neuestem Stand der Forschung eine große Bedeutung auch hinsichtlich der Hexenprozesse hatte: die Kleine Eiszeit in Europa. Zu Beginn des 16. Jahrhunderts war sie bereits zu spüren, die Jahre zwischen 1570 und 1630 waren die kältesten in der jüngeren europäischen Geschichte. Es sind auch die Jahrzehnte, in denen die meisten Hexen in Europa angeklagt und verbrannt wurden. Die zentrale Zeit der Hexenverfolgung begann etwa um 1570. Es kam in dieser Zeit zu einer regelrechten Hexenpanik, in den folgenden 60 Jahren wurden europaweit fast 40.000 Menschen hingerichtet. Die letzten der etwa 100.000 Prozesse fanden um 1780 statt. Etwa 50.000 Menschen fielen in ganz Europa nach Schätzungen des britischen Historikers Robin Briggs von der Universität Oxford der Verfolgung zum Opfer. Heute sind Hexen – mal abgesehen von den klassischen Märchen – eher positiv besetzt. Es wird stärker der Heilerinnenaspekt betont, in der Popkultur werden auch eher »gute, attraktive« Hexen gezeigt, die kaum noch etwas mit dem ehemaligen Bild zu tun haben. Die modernen Hexen wie Buffy aus der gleichnamigen Serie oder die drei schwesterlichen Hexen aus der Serie *Charmed – Zauberhafte Hexen* stehen trotz mancher ambivalenter Charakterzüge letztlich auf der Seite des Guten.

Monströse Geburten

Zwei ungewöhnliche Geschichten illustrieren das Spannungsfeld, in dem sich die Monster in der frühen Neuzeit, in der Zeit der Renaissance, aufhielten. Die eine handelt vom Monster von Ravenna, einem mysteriösen, missgebildeten Wesen, das im Jahr 1512 in der italienischen Stadt unter seltsamen Umständen zur Welt kam und als göttliches Zeichen für nahendes Unheil gesehen wurde. Die andere erzählt von Pedro Gonzalez, einem Mann aus Teneriffa, dem die Haare wie bei wilden Tieren im Gesicht wuchsen.

Wir reisen zunächst zurück ins Jahr 1512, zum Apotheker Lucca Landucci, der in Florenz lebte und Tagebuch führte. Er schrieb darin auch über ein Gerücht aus dem nahen

Ravenna: »Wir hörten, dass in Ravenna eine Frau ein Monster geboren habe, von welchem eine Zeichnung hierhergeschickt wurde. Es hatte ein Horn auf seinem Kopf, das wie ein Schwert aussah und steil nach oben ragte, und statt der Arme hatte es zwei Flügel, wie man sie von Fledermäusen kennt, und auf der Höhe der Brust auf einer Seite ein Y und auf der anderen Seite ein Kreuz, und weiter um die Taille zwei Schlangen. Es war ein Hermaphrodit, halb männlich, halb weiblich, auf seinem rechten Knie hatte es ein Auge, und der linke Fuß war der eines Adlers. Ich sah das Bild, und jeder, der es wollte, konnte die Zeichnung in Florenz anschauen.« 18 Tage später, so notierte Landucci, verwüsteten feindliche Truppen Ravenna. »Es war klar, welches böse Schicksal das Monster für sie bedeutete, es sieht so aus, als würde großes Unglück diejenige Stadt befallen, in der solche Wesen geboren werden.« Gerüchte, nach denen das Monster das Kind einer Nonne und eines Mönchs waren, befeuerten seine Popularität.

In Norditalien tobte damals Krieg: Verschiedene Mächte, darunter der deutsche Kaiser, der französische König, Papst Julius II. sowie spanische und englische Truppen kämpften um die Kontrolle der reichen Städte Oberitaliens. Die Monster boten nicht nur Stoff für lokale Anekdoten, sie waren gleichzeitig auch Ausdruck diffuser Gefühle in der europäischen Gesellschaft.

Der britische Wissenschaftler Armand Marie Leroi erzählt in seinem Buch *Mutants* (auf Deutsch: *Tanz der Gene*), wie sich die Geschichte des Monsters von Ravenna in Europa verbreitete, wie sich das Monster dabei äußerlich veränderte und eine ganze Reihe von Bedeutungen annahm. »Die Italiener sahen in ihm eine Warnung vor dem Schrecken des Krieges«, meint Leroi. »Die Franzosen gaben sich mehr Mühe mit der Analyse und interpretierten sein Horn als Stolz, seine Flügel als geistige Frivolität und Wankelmut, die nicht vorhandenen Arme als das Fehlen guter Taten, den Raubvogelfuß als Habgier und die deformierten Genitalien als Sodomie – kurzum, als die üblichen Sünden der Italiener.«

Es existieren weitere Monsterberichte aus derselben Region. Im Jahr 1506 wurde ein monströses Kind in Florenz geboren, seine Mutter ließ es verhungern, Gleiches wird für die Stadt Volterra berichtet. Im Jahr 1514 kam ein Monster in Bologna zur Welt, ein Mädchen mit zwei Gesichtern, zwei Mündern und drei Augen, die Nase fehlte, und an der Stirn wucherte ein hahnenkammartiger, roter Auswuchs. Sterndeuter aus Bologna interpretierten die Monstergeburt als Zeichen einer großen Seuche und des Krieges, für andere wurde sie zum Symbol eines unheilgeplagten Landes. Angeblich ordnete Papst Julius II. an, das Monsterkind ebenfalls verhungern zu lassen. Doch bei Maria Malatendi, der Tochter des Gemüsebauern Domenico, verzeichnet die Stadtchronik mehr Gnade. Das monströse Mädchen wurde in der Kathedrale von Bologna getauft und starb vier Tage später aufgrund seiner Deformationen.

In diesem Fall also sah die Kirche das missgebildete Mädchen als menschliches Wesen, als Kreatur der göttlichen Schöpfung. In anderen Fällen wurden schwere Vorwürfe von kirchlicher Seite erhoben, vor allem gegen die Mütter der missgebildeten Kinder. Erst unreine Gedanken der Mutter hätten zu den monströsen Kindern geführt, meinten manche Kirchenleute. Diese seien eine Ausgeburt des Satans.

Vermutlich sind damals in Ravenna und Bologna Kinder mit einem schweren, seltenen und damals unbekannten Gendefekt geboren worden. Es könnte sich um das Roberts-Syndrom handeln, meint Leroi, eine besonders destruktive Mutation bei Kindern. »Das würde die Gliedmaßen- und Genitalanomalien erklären.« Nicht erklären lassen sich die beiden Schlangen auf der Hüfte und das überzählige Auge am Knie. Die spanische Medizinerin María-Luisa Martínez-

Frías von der Universität Complutense in Madrid deutet das Monster von Ravenna als Mischung aus Meerjungfrauensyndrom und Zyklopie, der sogenannten Kreisäugigkeit, einer Fehlbildung des Gesichtsschädels. Der Gendefekt ist nicht so ungewöhnlich, wie man annehmen mag, eine von 100.000 Geburten ist betroffen.

Solche »wahren« Monstergeschichten sind zu Beginn der Renaissance nicht selten. Das Monster von Krakau mit seinen bellenden Hundeköpfen an Ellbogen, Knien und Brust ist ein weiteres Beispiel. Es lebte offenbar nur wenige Stunden. Dass es in dieser Zeit sprechen gelernt hat, darf man natürlich bezweifeln. Dennoch verkündete es kurz vor seinem Tod angeblich noch eine Botschaft: »Sehet, der Herr naht!« seien die ersten und letzten Worte gewesen. Das ist für einen Säugling schon sehr erstaunlich.

Meist starben die missgebildeten Kinder wenige Stunden oder Tage nach der Geburt, oder man ließ sie verhungern. Doch einige überlebten. Sie wurden öffentlich zur Schau gestellt. Heute würde man derartige Darbietungen als höchst makaber empfinden, in der Renaissance verdienten die Eltern und Verwandten mit den monströsen Kindern Geld auf den Marktplätzen. Aus den unerwünschten Kindern wurden die Ernährer ganzer Familien.

Natürlich trieb einen Teil der Zuschauer die schiere Lust an der Sensation. Sie begriffen die Monster als reine Schauobjekte, begafften sie und machten sich lustig. Vor dieser krankhaften Neugierde warnte schon im Mittelalter der Kirchenvater Augustinus. In der Renaissance interessierte sich die Mehrheit aber für die seltsamen Wesen als Spielart der Natur, sie wurden als Teil der göttlichen Schöpfung begriffen und respektiert.

Die Geschichte vom wilden Mann

Die zweite Geschichte erzählt von dieser Neugierde, vom Interesse der Menschen an den Wundern der Natur zu Beginn des 16. Jahrhunderts.

Als der zehnjährige Pedro Gonzalez im Jahr 1547 als Geschenk des spanischen Herrscherhauses am Hof des französischen Königs Heinrich II. auftauchte, war die Aufregung groß. Es war, als wäre eine alte Legende lebendig, als wären die fantastischen Monstergeschichten des Mittelalters Wirklichkeit geworden. Ein im Gesicht und am Oberkörper behaarter Junge stand vor der Gesellschaft. Pedro Gonzalez war eine Sensation. Angeblich stammte er aus Amerika und sprach Spanisch. Er sehe so aus, »wie die Wilden gemalt zu werden pflegen«, schrieb der Diplomat und Adelige Giulio Alvarotto an den Herzog von Ferrara. Das ganze Gesicht sei mit knapp zehn Zentimeter langen, dunkelblonden, feinen Haaren bewachsen. Offenbar waren sie zudem sehr weich. Beobachter verglichen sie mit dem Pelz eines Zobels. Man hielt ihn zunächst für einen indianischen Ureinwohner.

Doch tatsächlich stammte der Haarmensch Pedro Gonzalez von der kanarischen Insel Teneriffa. Der italienische Historiker Roberto Zapperi hat dem Haarmenschen ein ganzes Buch mit dem Titel *Der wilde Mann von Teneriffa* gewidmet. Er hat Spuren in Archiven verfolgt, die Kindheit des Jungen rekonstruiert. Der König ließ Pedro Gonzalez am Hof erziehen, ließ ihn in edle europäische Kleider stecken, er lernte sogar Latein. Den Beinamen »Wilder« bekam er trotzdem, als Markenzeichen. Doch er war gesellschaftlich anerkannt und hatte am französischen Hof ein Amt.

Es gab an vielen europäischen Herrscherhäusern eine große Begeisterung für merkwürdige Gestalten. So ließ sich etwa der in München residierende Herzog Wilhelm V. von

Bayern, wie Zapperi schreibt, aus allen Teilen der Welt exotisch wirkende Menschen schicken, »Zwerge, Narren, Mohren, Neger, Türken und eine Vielfalt von Krüppeln«. Auch ein »ansehnliches Häuflein bärtiger Frauen« durfte nicht fehlen. Briefe belegen zudem Wilhelms Interesse am Haarmenschen.

Heute würde man wohl sehr viel förmlicher mit ungewöhnlichen Menschen umgehen. Man würde Gendefekte benennen und Möglichkeiten suchen, diese zu heilen, oder lebensbedrohliche Missbildungen mithilfe der Pränataldiagnostik frühzeitig erkennen wollen und die erkrankten Embryos abtreiben. Im 20. Jahrhundert bezeichneten Ärzte den flächigen Haarbewuchs des menschlichen Körpers im Gesicht, auf dem Rücken, der Brust, den Händen und Fingern sowie der Oberschenkel als Hypertrichose. Handinnenflächen, Lippen und Fußsohlen sind unbehaart. Bei männlichen Nachkommen treten die Merkmale häufiger auf als bei Frauen. Gonzalez ist der erste beschriebene Fall des genetischen Defekts in der Medizingeschichte.

Ein Beleg für das Ansehen, das Pedro Gonzalez am Hof genoss, ist die Heirat mit der jungen und dem Vernehmen nach sehr schönen Pariserin Catherine, welche die Königin Katharina von Medici arrangierte. Eine Liaison mit Folgen: Die Geschichte der schönen Frau und des behaarten Wilden könnte die Basis für *Die Schöne und das Biest* sein, ein französisches Volksmärchen, das mittlerweile dutzendfach verfilmt wurde.

Motive des Märchens wie die Heirat einer schönen Frau und eines wilden Tieres könnten noch älter sein, sie tauchen bereits in der antiken Erzählung *Amor und Psyche* von Apuleius auf. In einer Studie, die nach den sprachlichen und motivischen Wurzeln von Geschichten sucht, fanden portugiesische und britische Forscher Hinweise auf bis zu 6000 Jahre alte Wurzeln. Die konkrete Geschichte einer Liebe zwischen einer schönen Frau und einem behaarten Mann tauchte erst nach der Heirat von Don Pedro und Catherine auf. Möglicherweise kannte Katharina von Medici auch ein ähnliches italienisches Volksmärchen aus dem 16. Jahrhundert und inszenierte es sozusagen in der Realität. Don Pedro und seine Catherine hätten dann ein Märchen gelebt und es so erst richtig populär gemacht.

Doch dabei blieb es offenbar nicht: Es gibt Hinweise darauf, dass Pedro auch noch auf ganz andere Art in die Geschichte eingegangen ist, oder besser, in Geschichten. Er könnte eine der Vorlagen für Werwolferzählungen gewesen sein, allerdings ist das höchst spekulativ.

Sieben Kinder gingen aus der Beziehung zwischen der schönen Pariserin und dem haarigen Pedro hervor, zwei Kinder waren wie Pedro zum Teil behaart. Die Familienchronik lässt sich bis ins 17. Jahrhundert hinein verfolgen. Anfangs lebte die Familie am französischen Königshof in einem eigenen Bereich im Park von Schloss Fontainebleau südlich von Paris, später in Italien an vielen Höfen weltlicher und geistlicher Herrscher. Pedros Geschichte ist eng mit der der Familie Farnese verknüpft, die einen Papst und zahlreiche Kardinäle stellte. In Rom war Pedro Gonzalez im Botanischen Garten des Kardinals Odoardo Farnese zu sehen. Die Spuren führen schließlich an den Lago di Bolsena zum schönen Ort Capodimonte, in die heute noch existierende

Burg der Farnese. Dort lebte seine Familie, und dort endet auch die Geschichte des Don Pedro, des »peluso«, des Behaarten, wie ihn die Einheimischen dort nannten. Hier starb er im Jahr 1608.

Einen Ausflug dorthin kann ich ebenfalls nur empfehlen, nach Voranmeldung kann man die prächtigen, hohen Räume des heute privat genutzten Palasts besichtigen. Vom kleinen Hafen unterhalb der Burg, die wie der ganze Ort an einer in den See hineinragenden Landspitze auf Vulkangestein liegt, konnte man früher mit dem Boot auf die vorgelagerte Isola Bisentina fahren, wo viele Päpste ihre Sommer verbracht haben. Der Palast war damals ein wichtiges Machtzentrum und ein gesellschaftlicher Treffpunkt. Aktuell ist die Insel in Privatbesitz und für Besucher gesperrt. Im August 2016 machte die Insel international Schlagzeilen. Die Italienerin Maria Guidetti, die heute als einer von wenigen Menschen Zutritt zur Isola Bisentina hat und auch als Kind schon dort gewesen war, erzählte in einem Internetvideo von geheimnisvollen Geistern und Monstern, die auf der Insel lebten. Und von einem langen Gang, der in einen Hang hineinführt, angeblich hinab bis zu einer sagenhaften Stadt Agartha im Kern der Erde, wo Millionen von Menschen leben. Vier Haupteingänge gibt es angeblich weltweit, einer liegt alten Legenden zufolge auf der Insel. Liebhabern von Verschwörungsgeschichten sei empfohlen, einmal nach »Agartha« im Internet zu suchen. Dann erfährt man schnell, auf wen man dort treffen könnte, alte Nazis beispielsweise. Offenbar lassen sich manche Monster der Vergangenheit nicht so leicht vertreiben.

Im 17. Jahrhundert beschäftigte sich der Jesuit Athanasius Kircher mit dieser unterirdischen Welt. In seinem 800-seitigen Buch *Mundus subterraneus* trug er alles zusammen, was er über die Vorstellungen von einer hohlen Erde und die entsprechende Geologie und Geografie finden konnte. Er beschrieb eine Welt der Ozeane, der Feuerströme und der dort lebenden Monster, Riesen und Drachen.

Wer sich für das Antlitz von Pedro und seinen Kindern interessiert, sollte ins Schloss Ambras bei Innsbruck fahren. Die großformatigen Porträts des Haarmenschen und seiner Kinder zeigen zunächst einmal erhaben und selbstbewusst wirkende Menschen, die dem Planet der Affen entsprungen zu sein scheinen. In prächtige Kostüme gekleidet, blicken einen Pedro Gonzales, sein Sohn Henri (auch Arrigo genannt) und seine Tochter Antoinette (Tognina) an. Es gibt weitere Porträts, die der mächtige Kardinal Odoardo Farnese in Rom anfertigen ließ. Die Bilder zeugen von einer überaus großen Wertschätzung den Haarmenschen gegenüber.

Die Porträts aus Schloss Ambras sind in München entstanden, der Erzherzog beauftragte eigens den Hofmaler Georg Hoefnagel damit – er war für seine detaillierten Bilder berühmt, naturgetreue, farbige Einzelzeichnungen von Pflanzen und Tieren. Im gleichen Stil zeichnete er in seinem Skizzenbuch zur »Animalia Rationalia et Insecta« die gesamte Familie Gonzales als eigenständige Tierart.

Die Gemälde der Familie sind auf Schloss Ambras als zentraler Teil der dortigen Wunderkammer zu sehen. Sie hängen neben Bildern von medizinischen Kuriositäten und Porträts von monströsen Herrschern wie dem Graf-Dracula-Vorbild Vlad Tepes III. Erzherzog Ferdinand II. legte die Sammlung im 16. Jahrhundert an. Auf den ersten Blick wirken die Dinge in den Vitrinen wie eine kunterbunte Ansammlung von kuriosen und schönen Objekten. Vor allem die Kinderporträts muten seltsam an. Vielleicht auch deshalb, weil wir uns heute mehr für die genetischen Erklärungen interessieren als für die Schönheit der Phänomene selbst. Wir haben mit der Genetik und der damit einhergehenden rationalen Erklärung für unerklärliche Phänomene auch einen Teil des Staunens verloren. Aus monströsen Wunderwesen sind Menschen geworden. Ist der Wunsch hinter all dem, sich die Welt zu erklären, oder sie zu beherrschen und das Unbekannte auszumerzen?

Der neugierige Blick

Mit der Entdeckung der Neuen Welt fanden die Monster vermehrt Eingang in die Kunst- und Wunderkammern, die bis dahin eher handwerkliche Raritäten oder Kuriositäten beherbergt hatten. Eroberer und Seefahrer brachten aus Amerika nicht nur Gold mit, sondern auch Geschichten über die »Wilden« – und bisweilen sogar die Ureinwohner selbst. Die bekannte Welt war größer geworden, die Gesellschaft musste sich neu orientieren. Detailliert wurden die Ähnlichkeiten zwischen Mensch und Tier studiert, und mit großer Begeisterung wurden alle Formen untersucht, die die Natur hervorbrachte. Diese galten als Beleg für die grenzenlosen Möglichkeiten der göttlichen Schöpfung – damit waren die Monster in der realen Welt angekommen, als wundersamer Teil des Alltags, sie wurden sozusagen Naturwunder.

Fürsten und kirchliche Herrscher begannen, Objekte, die man als monströs betrachtete, zusammen mit anderen Kuriositäten der Natur in neu eingerichteten Kunst- und Wunderkammern zu sammeln und ihren Besuchern zu zeigen. Die Sammler hatten das Gefühl, als würden sie gottgleich eine Welt im Kleinen erschaffen. Auch die Monster bekamen hier ihren Platz zugewiesen, als exotische »Wunder der Natur«. Jeder, der in diesen Kreisen etwas auf sich hielt, besaß solche Abnormitäten des menschlichen Körpers neben Präparaten von Tieren und schönen Dingen wie Skulpturen und hübschen Steinen. »Das war ein frühneuzeitliches Infotainment«, sagt der Wissenschaftshistoriker Michael Hagner, »besser als so manches, was heute geboten wird.«

Die Öffentlichkeit sollte sich gezielt die Monster der realen Welt anschauen können. »Monstrositäten sind damals als Naturphänomene gesehen worden«, so Hagner. Man betrachtete sie nun mit einem wissenschaftlichen Blick, mit Neugierde, manchmal sogar mit Bewunderung. »Die Natur wird als kapriziöses, verspieltes, launenhaftes Geschöpf angesehen«, so Hagner. »Sie ist demzufolge in der Lage, absonderliche Phänomene hervorzubringen.«

Die Herrscher dokumentierten mit ihren Sammlungen, dass sie auf die Vielfalt der Welt zugreifen konnten. Manch ein europäischer Herrscher leistete sich »Monstrositäten« als lebende Schauobjekte und ließ sich und seine Gäste beispielsweise von einem Riesen oder einem Zwerg bedienen.

Das späte 16. Jahrhundert entwickelte eine erstaunliche Vorliebe für Monster und wunderliche Gestalten. Es gab keine klare Grenze mehr zwischen dem Natürlichen und dem Übernatürlichen. Das Groteske war mitten in der Gesellschaft angekommen.

Damit wandelte sich auch die Funktion von Ungeheuern und Mischwesen. Im Mittelalter hatten viele von ihnen noch vorwiegend in einem kirchlichen Bezugssystem ihre zentrale Rolle, einige von ihnen verkörperten das Böse und die Versuchung durch dunkle Mächte. Nun bewegten sich die Monster herunter von den Karten, kamen heraus aus den Tiefen der Meere und zogen ein in die wirkliche Welt. Sie waren nicht mehr wie noch in der Gotik steinerne Wasserspeier in Form dämonischer Gestalten oder monsterartiger, unglückabweisender Tierfiguren an den Außenfassaden der Kirchen, sie machten sich auf den Weg in die wirkliche Welt, hinein in den Alltag. Sie waren nicht mehr irgendwo dort draußen und vor allem weit weg, sondern kamen näher, waren plötzlich Teil der Natur – und damit auch Teil des Menschen und damit der Gesellschaft. Der französische Philosoph Michel de Montaigne markierte im 16. Jahrhundert den

Übergang im Denken: »Ich habe kein offensichtlicheres Monster oder Wunder in der Welt gesehen als mich selbst.«

Ab dem 16. Jahrhundert suchte man beispielsweise begierig danach, bekannte monströse (und oft schlicht frei erfundene) Gestalten im wahren Leben zu entdecken und zu studieren. Eine dieser Gestalten war der »wilde Mann«, der beispielsweise auch in den Erzählungen von Jean de Mandeville auftaucht. Das Buch enthält an zwei Stellen Hinweise auf behaarte Menschen, die auf entlegenen Inseln in Asien gelebt haben sollen: Einmal geht es um Leute, die auf allen vieren gehen wie Tiere, sie seien »ganz behaart und klettern leicht auf die Bäume wie die Affen und ebenso schnell«, an anderer Stelle erzählt Mandeville von einer weiteren Insel, »deren Bewohner gänzlich behaart sind, außer an den Augen und an den Händen. Sie bewegen sich auf dem Land und im Wasser und essen rohen Fisch und rohes Fleisch.«

Das Bild des Wilden war Mitte des 16. Jahrhunderts sehr verbreitet. Auch unter dem Eindruck von Mandeville stellte man sich am ganzen Körper stark behaarte Menschen mit dichtem Bart und buschigen Augenbrauen vor, die irgendwo in Indien oder einem anderen exotischen Land im Osten lebten und sich dort vorzugsweise auf Bäumen oder im Wald aufhielten. Zeitgenössische Bücher zeigten sie oft mit einer aus einem entrindeten Ast gefertigten Keule und einem Schild aus Baumrinde.

Und so landete schließlich das Bild des wahrhaftigen Haarmenschen Don Pedro auf verschlungenen Wegen in der Wunderkammer auf Schloss Ambras. Seltsame Dinge kommen dort zusammen, sodass man im ersten Moment das Gefühl bekommt, hier würde so gar keine Ordnung herrschen. Ein bisschen erinnert das Durcheinander an Kinderzimmer, in denen ebenfalls Dinge jeglicher Herkunft eine friedliche Koexistenz führen. Wer aber genauer hinschaut, erkennt ein Prinzip dahinter. Objekte aus der Natur sind bewusst mit Werkzeugen oder damit gefertigten Objekten zusammengebracht worden, es geht darum, die Grenzen zu überspielen, wie der Kunsthistoriker Horst Bredekamp von der Humboldt-Universität Berlin schreibt. Man wollte visuelle Brücken bauen, es ist eine Inszenierung schöpferischer Unordnung. Die Kunstkammer sei ein Spielraum, so Bredekamp. Der Geist, so war die damalige Überzeugung, ist dann besonders kreativ, wenn er sich – wie im Spiel – vom zielgerichteten, zweckorientierten Denken frei macht.

In manchen Sammlungen tauchten sogar menschliche Automaten auf, frühe Androiden, die wie von magischer Hand gelenkt eigenständige Bewegungen ausführen, wie etwa eine quadratische Fläche ablaufen oder einen Rosenkranz beten. All das fügte sich zu einem Ganzen zusammen. Man wollte auf diese Weise sowohl die äußere wie auch die innere Natur des Menschen erkunden.

Das neue naturwissenschaftliche Denken schreckte also auch vor den Monstern nicht zurück. Naturforscher wie Francis Bacon oder der aus Bologna stammende Gelehrte Ulisse Aldrovandi interessierten sich für sie. Sie interpretierten die Monster als Abweichung von der natürlichen Ordnung, als Zufälle der Natur. Forscher begannen, die menschliche Evolution zu studieren, und gerade Monster belegten, dass die Natur alle möglichen Formen ausprobiert.

Im heiligen Wald

Das Denken und das Weltbild dieser Zeit spiegeln sich auch in der Kunst. Gemälde, Skulpturen oder sogar ganze Gärten widmeten sich damals den Monstern. Im nördlichen Teil der italienischen Provinz Latium unweit von Rom liegt in der Nähe des malerisch auf einem Tuffsteinfelsen gelegenen Ortes Bomarzo in einem schattigen Tal ein verwunschener

Garten. Dort im Sacro Bosco, dem heiligen Wald, lauern die Monster. Es ist ein grandioser Ort.

Von der Ortsmitte aus steigt man hinab, überquert den kleinen Bach Fosso della Concia und gelangt schließlich in den Park der Monster. Überall im Wald finden sich in Stein gehauene Sirenen, kämpfende Giganten, Sphingen, Drachen und sonstige zähnefletschende Wesen. Weiter nördlich gelangt man zu einem gigantischen Monstergesicht, einem Wesen mit weit aufgerissenem Maul und zwei steinernen Zähnen. Zwischen Nase und Mund des Ungeheuers findet sich der mysteriöse Spruch »Ogni pensiero vola« – jeder Gedanke fliegt. Geht man durch das Höllenmaul, steht man in einer dunklen Kammer, in der ein steinerner Tisch steht. Jedes Wort hallt darin, von draußen hört es sich an wie ein dunkles Grollen. Im Maul könnte man essen und trinken (das ist natürlich nicht erlaubt) und wird zugleich symbolisch verschluckt.

Manche Kunsthistoriker meinen, dass die Machart speziell dieses Monsters an alte, etruskische Gräber erinnere. Unweit von Bomarzo kann man solche Grabstätten besichtigen. In der Nähe der Orte Pitigliano, Sorano und Sovana schlugen die Etrusker damals schmale Hohlwege in die Tuffsteinfelsen und in die bis zu 20 Meter hohen seitlichen Wände Vertiefungen für die Gräber. Die oberen Totenkammern seitlich in den Wänden kann man nur über Leitern erreichen. Auch die Grabwege sind symbolisch aufgeladen, genau wie das Höllenmaul von Bomarzo. Wie genau die Hohlwege genutzt wurden, ist immer noch unklar. Es sind mysteriöse Orte. Vielleicht waren die leicht ansteigenden Pfade symbolische Prozessionswege ins Jenseits, eine Art Zwischenraum zwischen den Welten. Man geht durch die enge, künstliche Schlucht und sieht um sich nur aufragenden, dunklen Fels, bis der Pfad irgendwann auf einer lichten Wiese endet, oft inmitten von Weinbergen.

Renaissancegärten waren eine große Spielfläche für Monster. Manche Wissenschaftler sagen, im »heiligen Wald« von Bomarzo seien Motive aus dem Epos *Der Rasende Roland* des italienischen Autors Ariost abgebildet, und tatsächlich finden sich Ähnlichkeiten zu den dort kämpfenden Königen, Damen, Zauberern und Fabelwesen. Ariosts Gestalten übrigens, die wüsten Orks oder die geflügelten Reittiere etwa, inspirierten später auch zeitgenössische Autoren zu Figuren in Geschichten wie *Herr der Ringe* oder *Harry Potter.*

Als Gesamtwerk bleibt der Monstergarten bis heute ein Rätsel, ein Sinnbild für die ungezähmte und unbekannte Natur. Die Welt mit all ihren monströsen und abstrusen Formen ist ein Hauptthema in vielen Renaissancegärten, aber es ist immer eine verwandelte und bisweilen groteske Welt, wie der australische Kunsthistoriker Luke Morgan von der Monash University in Melbourne in seinem Buch *The monster in the garden* schreibt.

Vicino Orsini, der Herzog von Bomarzo, der über seine Frau sogar mit dem Papst verwandt war, hatte den Monsterpark Mitte des 16. Jahrhunderts anlegen lassen. Nach seinem Tod im Jahr 1585 vergaß man den heiligen Wald. Er wucherte zu, und die Steinskulpturen wurden von Moos überzogen. Es muss ein bizarrer Anblick gewesen sein, als Künstler den Ort in den 1930er-Jahren wiederentdeckten. Es gibt alte Fotografien, auf denen Schafe direkt neben dem Höllenschlund weiden. Salvador Dalí war 1938 einer der ersten Besucher des wiederentdeckten Parks. Motive der Skulpturen, wie das eines mächtigen Elefanten, der einen Turm trägt, tauchen in seinem Bild »Die Versuchung des Heiligen Antonius« auf. Darauf tragen Elefanten mit langen, spinnenartigen Beinen die Versuchungen Schönheit, Macht und Ruhm.

Auch andere Gärten wie der Park der Villa Lante in Viterbo inszenierten ein Aufeinandertreffen von geordneter und ungeordneter Natur. Die Gärten sollten die Welt mit all ihren Facetten und Eigenheiten abbilden. Man ließ auch dem Rätselhaften und Unbegreiflichen seinen Platz. Monster waren als Zugang zur unerklärbaren Welt eine Idealbesetzung. Dabei spielte es keine Rolle, ob sie als göttliche Zeichen oder als Wunder der Natur begriffen wurden. Sie waren für beide Rollen geeignet.

Auch die Malerei dieser Zeit spiegelt eine Öffnung dem Ambivalenten gegenüber wider. Ein guter Ort, um das nachzuvollziehen, ist die Akademiegalerie in Wien. Dort versammelten sich im Herbst 2016 in der Ausstellung »Natur auf Abwegen?« vielgestaltige Mischwesen, Gnome und Monster, die allesamt der menschlichen Vorstellungswelt entsprungen sind. Es sind entfremdete Gestalten, eine siebenköpfige Hydra etwa, ein aus Rochenhaut erschaffenes, in Alkohol eingelegtes Fabelwesen oder eine seltsame Figur mit den Lenden und den Hinterläufen eines Rehs, dem Rumpf und dem Kopf einer Gans und dem Horn eines Einhorns. Diese Gestalt, die ein Künstler an den Rand eines Wiener Gebetbuchs gezeichnet hat, schreitet, umhüllt von einem feinen, blauen und überaus eleganten Mäntelchen, über eine Pflanzenranke.

Im 16. und 17. Jahrhundert erschienen in Europa auch zahlreiche reichlich bebilderte Bücher über Monster. Der französische Gelehrte Pierre Boaistuau beschrieb in seinen *Histoires prodigieuses* Monster, die er aus unterschiedlichsten Quellen zusammengetragen hatte, aus der Bibel etwa oder aus der *Naturgeschichte* des römischen Gelehrten Plinius des Älteren. Es wimmelt darin nur so von dämonischen, verunstalteten Kreaturen, und der Tonfall des Buchs ist raunend und unheilschwanger.

Sein Landsmann Ambroise Paré veröffentlichte *Des monstres et prodiges*. Der berühmte Chirurg schrieb eine eher wissenschaftlich angelegte Abhandlung über mögliche

Ursachen des Monströsen. Der Zorn Gottes spielte für ihn zwar eine Rolle, aber er spekulierte auch über medizinische Zusammenhänge. So schrieb er, dass es nicht nur dem dritten Buch Mose widerspreche, während der Menstruation Geschlechtsverkehr zu haben, sondern dass dies auch monströse Kinder zur Folge haben würde. Spannend ist, dass Paré als Arzt auch gerade in der Geburtshilfe wichtige medizinische Entwicklungen anstieß, so zeigte er etwa, dass viele Föten in Beckenendlage gerettet werden konnten, indem man sie mit gekonnten Handgriffen von außen im Bauch wendete. Trotzdem schrieb er über die Geburten von Monstern: »Viele tierische Gestalten sind ebenfalls in der weiblichen Gebärmutter erschaffen worden, zum Beispiel Frösche, Kröten, Schlangen, Eidechsen und Hyänen.« Eine neue Entwicklung war, dass Paré in der Natur nach Ursachen für die Monster suchte. Allerdings blieben sie für ihn – und für andere Gelehrte seiner Zeit – trotzdem göttliche Zeichen und hatten eine moralische und kulturelle Bedeutung, die mindestens gleichberechtigt neben ihrer naturwissenschaftlichen Erforschung stand.

In Deutschland brachte Conrad Lycosthenes im Jahr 1557 sein Buch *Wunderwerk oder Gottes unergründliches Vorbilden* heraus. Anfang des 17. Jahrhunderts verfasste der italienische Autor Ulisse Aldrovandi seine *Monstrorum Historia*, die Geschichte der damals bekannten Monster.

Auch in der Literatur hatten die Monster ihren Platz. Der französische Schriftsteller François Rabelais schrieb im 16. Jahrhundert seine grotesken und höchst erfolgreichen Romane über den Riesen »Pantagruel« und dessen Vater »Gargantua«. In ihren Mündern wohnen ganze Völker, darunter auch viele wunderliche Gestalten. All diese Bücher waren damals überaus populär und wurden teilweise auch in andere Sprachen übersetzt.

In den Büchern spiegeln sich die großen Zeitströmungen

wider. Das wachsende Interesse an der Natur tritt klar hervor, besonders das an ihren wunderlichen und monströsen Facetten und deren Ursachen. Gleichzeitig ist die andere, ältere Bedeutung der Monster als Mahnung und Warnung nicht verschwunden. Seit der Antike waren sie auch immer Zeichen, vorwiegend in religiösem Kontext, das blieben sie auch in der frühen Neuzeit. Wer sie zu deuten und beherrschen wusste, signalisierte damit gleichzeitig, dass er Macht besaß – Macht über die Monster und über die Welt.

Ende der Ehrfurcht – das Zeitalter des Menschen

Die Zeit der großen wissenschaftlichen Entdeckungen begann im 17. Jahrhundert. Der britische Naturforscher Robert Boyle und der französische Physiker Edme Mariotte formulierten die ersten Gasgesetze, der Mathematiker Gottfried Wilhelm Leibniz entwickelte die Infinitesimalrechnung, der britische Arzt William Harvey veröffentlichte 1628 seine Theorie des geschlossenen Blutkreislaufs. Der Physiker Isaac Newton formulierte in seinem Hauptwerk *Mathematische Prinzipien der Naturphilosophie* 1686 unter anderem auch die Fallgesetze und das Prinzip der Schwerkraft. Naturphilosophen wie Francis Bacon empfahlen zudem das Sammeln »aller Monstren und wunderlichen Erzeugnisse der Natur, jeder Neuheit und Abweichung, die in der Natur vorkommt«. Sie bildeten den Schlüssel zum Verständnis der Natur. Die Forscher wollten mithilfe systematischer Experimente und nachvollziehbarer Beobachtungen Erkenntnisse gewinnen und verpflichteten sich, auch eine Art wissenschaftlichen Standard und ein technisches Niveau einzuhalten. Die Erkenntnisse wiederum brachten technischen Fortschritt, und zwar mit einem immer rasanteren Tempo. Die Entwicklung, die in diesem Jahrhundert begann, führte direkt in unser Zeitalter, das Anthropozän: Wir Menschen hinterlassen tiefe Spuren auf der Erde und greifen in einem völlig neuen Ausmaß in die Natur ein. Es ist spannend zu sehen, welche Auswirkungen dies auf die Monster hatte und welche neuen Gestalten auf der Bildfläche erschienen.

Auf den Gipfeln der Berge

Manchmal erkennt man solche großen Entwicklungen an scheinbar nebensächlichen Dingen, die auf verblüffende Weise zeigen, wie sich das Verhältnis des Menschen zur Natur veränderte. Im gleichen Maße, in dem sich der von Menschen besetzte und erforschte Bereich ausdehnte, schrumpfte der Lebensraum des Seltsamen und Unerklärbaren. Auf die Monster hatte das enorme Auswirkungen.

So kam es etwa bis zur Renaissance praktisch nicht vor, dass Menschen auf hohe Berge stiegen. Wenn überhaupt, wagten das vereinzelt mächtige Herrscher, wie der römische Kaiser Hadrian im 2. Jahrhundert nach Christus den Aufstieg zum Gipfel des Vulkans Ätna. In vielen Regionen der Welt, auch im Alpenraum, gab es einst zahlreiche Geschichten über Berggeister, Riesen und Ungeheuer, die in den höchsten Regionen wohnten und diese schützten. Wer in ihr Gebiet eindrang, musste ihren Zorn fürchten. Ein Bekannter aus dem Kosovo erzählte mir, dass solche Geschichten von Steine schleudernden Monstern dort noch heute kursieren.

Erst ab dem 14. Jahrhundert entdeckten die Menschen das Bergsteigen für sich. Als Geburtsstunde des Alpinismus gilt der Aufstieg des italienischen Dichters Francesco Petrarca auf den Mont Ventoux in Südfrankreich am 26. April 1336. »Und es gehen die Menschen hin, zu bestaunen die Höhen der Berge, die ungeheuren Fluten des Meeres, die breit dahinfließenden Ströme, die Weite des Ozeans und die Bahnen der Gestirne und vergessen darüber sich selbst«, schrieb er.

Die Berge waren fortan nicht mehr das Revier von Riesen und Ungeheuern, sondern Orte, an denen man die Natur erleben und etwas über sich selbst erfahren konnte.

Gegen Ende des 18. Jahrhunderts häuften sich die Erstbesteigungen, in Europa wurden der Montblanc und Großglockner erklommen. Alexander von Humboldt wagte sich 1802 an den Chimborazo, er erreichte zwar nicht den Gipfel auf 6267 Metern Höhe, schaffte es aber auf gut 5600 Meter. Doch der Berg schien sich zu wehren. Humboldt beschrieb als Erster die Symptome der Höhenkrankheit. Er stellte mit seinem Aufstieg einen Höhenweltrekord auf, der über drei Jahrzehnte Bestand haben sollte.

*

Die Ehrfurcht vor der Natur schwand langsam, und die Menschen in Europa dehnten ihren Handlungsbereich weiter aus. Bis ins 17. Jahrhundert waren sie den Launen der Natur noch relativ hilflos ausgeliefert, ihr Schicksal war eng mit den natürlichen Kreisläufen und damit auch mit den Kapriolen des Klimas verwoben. Es gab zwar eine Reihe technischer Innovationen, mit deren Hilfe man die Felder bestellen oder als Handwerker natürliche Produkte wie Holz oder Leder verarbeiten konnte. Doch gegen die Einflüsse von Wind und Wetter kamen sie nicht an, gegen den natürlichen Klimawandel noch weniger. Bei Trockenheit oder zu kühlen Temperaturen fielen die Ernten aus, und die Menschen mussten hungern.

Der Aufstieg der Naturwissenschaften entstand auch aus dieser Not. Die Forscher versuchten nicht nur, mithilfe von Experimenten die Natur zu verstehen und ihre Gesetze zu beschreiben, sie fingen auch an, die Natur zu gestalten und in großem Stil umzuformen. Eine Natur, die nicht mehr als Teil menschlicher Lebenszusammenhänge angesehen wurde, konnte als Ressource ökonomischer Prozesse benutzt werden, analysiert der Berliner Philosoph Bernd Scherer, Leiter des Hauses der Kulturen der Welt.

Chemiker wie Justus Liebig beschäftigten sich angesichts der Hungersnöte damit, wie man den Ertrag der Böden steigern könnte. Er fand heraus, dass Nährstoffe wie Phosphate oder Nitrate den Pflanzen beim Gedeihen helfen. Alexander von Humboldt hatte von seinen Südamerikareisen einen Rohstoff mitgebracht, der solche Substanzen konzentriert enthielt: Guano, das durch Ausscheidungen von Fledermäusen, Pinguinen oder Kormoranen auf Kalkstein entsteht. Liebig erkannte, dass sich daraus Düngemittel herstellen ließen. Die Ernten stiegen um bis zu 100 Prozent. Solche Erfolge bestärkten die Menschen, dass sie es wagen durften, mit allen zur Verfügung stehenden Mitteln in die Kreisläufe der Natur einzugreifen, um unabhängiger von ihr zu werden. Sie wurden so zu Akteuren, koppelten sich von den Gesetzmäßigkeiten der Natur ab. Damit waren die Menschen in ihrem Selbstverständnis nicht mehr Teil der Natur, sondern formten und gestalteten ganze Landschaften nach ihrem Plan. Diese Haltung führte dazu, dass wir die Natur, den Boden und die Rohstoffe ausbeuten. Mit den Konsequenzen dieses Selbstverständnisses müssen wir uns heute mehr denn je auseinandersetzen. Vergiftete Flüsse, Waldsterben, Klimawandel: Es sind menschengemachte Naturkatastrophen, von wahrlich monströsem Ausmaß. Doch das schlechte Gewissen, das Gefühl der Anmaßung, lässt uns bis heute ebenfalls nicht ruhen, verbunden mit der Angst, dass wir am Ende doch nicht so mächtig sind, wie wir anfangs dachten.

Die Menschen spürten und spüren noch heute, dass in der Natur ungeheuerliche Kräfte walten, die sie vermutlich auch in Zukunft nicht werden zähmen können. Monster aus der Natur wie Godzilla oder auch das mysteriöse Monster aus dem schottischen Loch Ness weisen uns Menschen darauf hin, dass die Natur jederzeit zurückschlagen kann, vor allem dann, wenn wir uns ihren Regeln widersetzen. Godzilla, dieses Monster aus dem Meer, wurde erst durch die Atombombentests der Menschen wiedererweckt. Amerikanische Forscher hatten sich bei Tests im pazifischen Bikini-Atoll verrechnet, dadurch war die Besatzung eines japanischen Fischerboots schwer verstrahlt worden. Godzilla entstand also aus dem Geist eines atomaren Unfalls, der die alten Katastrophen von Nagasaki und Hiroshima wiederbelebte.

Das Ungetüm, das im Lauf der Filmgeschichte immer größer wurde, stand von Anfang an symbolisch für die entfesselten Naturkräfte, die bei Atomreaktionen frei werden. So, wie die unkontrollierbare Strahlung Entsetzen und pure Angst auslöst, tut es auch die monströse Kreatur, die sich ohne Vorwarnung aus dem Meer erhebt und alles vernichtet. Am Ende des Films spricht der japanische Wissenschaftler Professor Kyohei Yamane, der helfen soll, das Monster zu töten, warnende Worte: »Ich kann nicht glauben, dass Godzilla der letzte Überlebende seiner Art war. Wenn wir weiter Atomtests machen, taucht womöglich wieder ein Godzilla irgendwo in der Welt auf.« Das Monster tritt hier wieder als Mahner auf – dieses Mal warnt es jedoch nicht vor den entfesselten Kräften der Natur, sondern vor den Kräften, die der Mensch entfesselt. Der Mensch selbst ist in die Rolle des Monsters geschlüpft.

Das Überschreiten von Grenzen wurde immer mehr zum Merkmal des modernen Menschen. Die Schätze, die im Inneren der Erde verborgen liegen, waren schon früh interessant für ihn. Ab dem 15. Jahrhundert dringt er rücksichtslos in die Erde ein, die Ausbeutung von Rohstoffen nimmt deutlich zu. Anfangs ging es vorwiegend um die Gewinnung von Metallen, sowohl im Erzgebirge wie im Alpenraum gab es große Gold- und Silberstollen. Legendär ist das Tauerngold. Wer etwa bei Heiligenblut durch das Kleinfleißbachtal hinaufwandert zum Zirmsee, kann noch heute im Sommer den Eingang zu einem Goldbergwerk und die Reste der alten Siedlungen und Verhüttungsanlagen finden. Hier suchten Bergleute, Köhler und Hüttenarbeiter ihr Glück – und den schnellen Reichtum. Sie trieben Gänge und Stollen in den Berg, schlugen Schneisen in die Wälder, bauten Hüttenwerke weiter unten in die Täler, mussten bisweilen Bäche umleiten, um das Edelmetall aus dem Stein zu waschen und die Stampfwerke der Hütten per Wasserkraft anzutreiben. Der Natur wurden tiefe Narben zugefügt: Abraumhalden, abgeholzte Wälder oder mit Schwermetallen wie Blei und Arsen vergiftetes Wasser.

Das Unbehagen bleibt

Als ich im vergangenen Sommer auf den Spuren alter Monster im Alpenraum unterwegs war, stieß ich auf eine schöne Legende. Sie erzählt von einem Erdsturz im Zirknitztal im Großglocknergebiet. Dort sollen vor mehr als 1000 Jahren gewaltige Felsbrocken nicht nur die örtliche Wallfahrtskirche Maria Dornach verschüttet haben, sondern auch ein gewaltiges Monster, einen riesigen Drachen. Der habe im Lauf der Zeit mit seinen Klauen von innen neun Löcher in den Fels gegraben, aus denen nun Wasser in die Tiefe schieße. Ab und zu könne man auch noch sein Grollen hören.

Ich fuhr also zum »Neun Brunnen«-Wasserfall im Zirknitztal, einem verwinkelten Tal oberhalb des Mölltals unweit des Orts Heiligenblut, wo sich einst die größten Goldminen Europas befanden. In rund 1700 Metern Höhe strömt im oberen Drittel eines mächtigen Felsstocks ein gewaltiger Schleierwasserfall aus dem Felsen. Dort soll, verborgen hinter dem Wasserfall, das Monster hausen. Aus neun Öffnungen schießt das Wasser heraus und stürzt hinab ins Tal. Mehrere Wasserströme fließen über eine sattgrüne Wiese, vereinigen sich zu einem Bach und verschwinden dann inmitten eines dunklen Lärchen- und Zirbenwalds.

Die Geschichte ist klug konstruiert. Die Menschen in der Tauernregion waren tief in die Berge eingedrungen, in denen der Drachen hauste. Sie hatten ihnen das glänzende Gold entrissen, das wertvollste Metall, das Mutter Erde bereithielt. Es war eine gefährliche Arbeit, dort oben in mehr

als 2500 Meter Höhe, und viele Bergleute kamen ums Leben. Man interpretierte ihren Tod als Zorn der Natur und dockte so an das unterschwellige Gefühl an, Raubbau zu betreiben – denn Erz- und Goldgewinnung ist ein schmutziger Job. Für das Grollen gibt es übrigens eine natürliche Ursache. Der Wasserfall vereist im Winter relativ schnell. Bei Tauwetter lösen sich dann immer wieder größere Eisbrocken, die polternd ins Tal stürzen. Aus der Ferne hört sich das an wie ein dumpfes Poltern. Es war also klug, den Bereich unterhalb des Wasserfalls zu einer Tabuzone zu erklären.

Das Monster wäre auch dort ein Beispiel für das Unbehagen des Menschen, das ihn ermahnt, nicht zu tief in die Erde einzudringen und die schlafenden Monster zu wecken. Sie symbolisieren also unser schlechtes Gewissen. Die Geschichte erinnert in dieser Hinsicht auch an *Der Herr der Ringe*. Dort sind es die Zwerge, die zu gierig sind, zu tief in den Berg eindringen und somit den gefährlichen Drachen Smaug wecken.

Die Legende vom Zirknitztal enthält schließlich noch eine endzeitliche Note. »Wenn der Tag kommt, an dem der Drache das zehnte Loch aus dem Fels schlägt, wird eine riesige Flut Drachen und Menschen mit sich reißen. Döllach wird ertrinken und Putschall versinken. Drei Tage danach erleben die Dörfer den Jüngsten Tag, und die Menschen finden sich alle im Paradies wieder.« Diese Beschreibung klingt wie ein Teil der Apokalypse. Das Ende der Welt bekam so ein Gesicht.

Die Ausbeutung der Natur löste bei den Menschen also offenbar auch Ängste aus, die Monster sind als Gegenreaktion zum Fortschrittsglauben zu deuten. Auf den ersten Blick hatte es so gewirkt, als hätten der Triumph der Vernunft und das neue Selbstbewusstsein der Menschen die Monster zunächst in die Flucht geschlagen, sie sogar aufgelöst. Nach dem Motto: Seht her, es gibt sie nicht, die Wissenschaft hat es bewiesen. Doch in einer Geschichte wie dieser scheint auf, dass es so leicht nicht ist, dass es noch immer Grenzen gibt, hinter denen Monster lauern. Man hat sie zwar aus großen Teilen der Natur vertrieben, sie schlummern aber weiterhin in der Dunkelheit. Der Drache steht in der Legende vom »Neun Brunnen«-Wasserfall auch wieder für die Kraft der entfesselten Natur, die nur scheinbar bezwungen ist, aber noch immer in den Bergen lauert.

Die Menschen brauchten neue Monster, um mit neuen Ängsten umzugehen. Früher war es vielleicht die Angst vor dem Unerklärbaren. Heute ist es die Angst vor der Selbstüberschätzung, der Hybris. Früher stand der kleine Mensch der übermächtigen Natur machtlos gegenüber, sie konnte einfach über ihn kommen. Heute hat sich der mächtige Mensch über die Natur erhoben, und die Natur schlägt zurück mit Tsunamis, Wetterkapriolen, schmelzenden Eisbergen und einem steigenden Meeresspiegel.

Diese Ambivalenz begleitete das Anthropozän seit seinen Anfängen. Horst Bredekamp schildert in seinem Aufsatz »Der Mensch als Mörder der Natur« Details aus einem Holzschnitt, der in Paulus Niavis (Paul Schneevogel) allegorischem Erzählungsband *Iudicium Iovis oder das Gericht der Götter über den Bergbau* aus dem Jahr 1495 abgedruckt ist. Das Bild zeigt eine Landschaft, darin das Tal der Schönheit, in dem Jupiter Gericht hält. Er soll über den Bergbau der Menschen urteilen. Vor Jupiter steht eine bitterlich weinende Frau, ihr grünes Kleid ist zerrissen, der Körper blutbespritzt und durchbohrt. Es ist Mutter Erde, der offenbar arge Gewalt angetan worden ist. Beschuldigt, diese Tat begangen zu haben, wird der Bergmann, der »homo montanus«. Er gebe sich, so die Hauptanklage, mit den Früchten der Erde nicht zufrieden, die doch alle Menschen und Lebewesen ernähre und erhalte. Er dringe stattdessen zum Zwecke des Erzabbaus in ihr Inneres, ihre Gebärmutter ein, die der Autor

Matrix nennt, Mutter Erde wird sozusagen vergewaltigt und geschändet.

Die Anklage ist heftig, die Spuren der Tat erdrückend. Doch der Bergmann setzt sich den Anschuldigungen gegenüber zur Wehr. Er sagt, dass sich *mater terra* nicht wie eine liebende Mutter verhalte, sondern bösartig wie eine Stiefmutter ihre wertvollsten Schätze vor ihm verberge. Sie müsse die Menschen gar hassen, sonst würden beim Graben nicht so viele ihr Leben verlieren. Die Bestimmung der Erde sei es doch, dem Nutzen und dem Fortschritt der Menschen zu dienen. Die Erde wehrt sich und sagt, dass der rücksichtslose Raubbau zu ihrem Zusammenbruch führen würde.

In der Geschichte diskutiert der an der damals renommierten Universität Ingolstadt geschulte Philologe und Gymnasiallehrer Paul Schneevogel erstmals eine bis heute hochmoderne Frage: Hat der Mensch das Recht, die Natur zu plündern? Darf er sie verletzen, in Räume eindringen, die zuvor unberührt waren? In seiner Geschichte erlauben es die Götter, verbinden dies aber mit der ernsten Prophezeiung, dass die Erde irgendwann zur Selbsthilfe greifen werde.

In anderen Regionen der Erde machte man sich ähnliche Gedanken. Eduardo Galeano schrieb in seinem Buch *Erinnerung an das Feuer* über den Cerro Rico, einen reichen Berg im heutigen Bolivien, dessen Gestein sehr viel Silber enthielt: »Als vor der Eroberung, zu Zeiten des Inka Huaina Capac, einmal ein Pickel in die Silberadern des Berges drang, erscholl grässliches Getöse und erschütterte die Welt. Damals sprach der Berg zu den Indianern: Dieser Reichtum soll anderen gehören.« Die Inka hielten sich daran, sie hatten Respekt vor ihrer Erdgöttin Pachamama. Die Eroberer, die nach Kolumbus ins Land strömten, waren da weniger zimperlich. Sie scherten sich nicht um die Berggeister und Mutter Erde und beuteten die Minen von Potosí rücksichtslos aus.

Aus den Sümpfen

Hoch in die Berge, tief in die Erde und in das Innere des Menschen: Ab dem 18. Jahrhundert wird die Naturgeschichte endgültig zu einer Geschichte der Eroberung. Wie wir bereits gesehen haben, vereinnahmte der Mensch dabei auch so manchen Ort, der zuvor als Heimat der Monster gegolten hatte. Auch die unbewohnbaren Moore und Sümpfe mit ihren düsteren, wabernden Nebeln und den bisweilen sogar todbringenden Mücken gehörten lange Zeit zu ihrem Territorium. Neben Phänomenen wie den Irrlichtern, die die Menschen mit ihrem Leuchten nachts in die Irre führen, gab es dort auch die meist bösartigen Wassermänner. Hinter den Irrlichtern vermuteten die Menschen damals finstere Gestalten, die die Menschen in den Tod locken wollten. Von Biolumineszenz-Effekten von Pilzen und Käfern oder sich spontan entzündenden Faulgasen wusste man damals noch nichts. Die Wasser- und Moormänner tauchten in Sagen und Mythen im gesamten europäischen Raum auf, in unzähligen Gestalten, als eher plumpe, wasserleichenartige Wesen mit Fisch- oder Froschkopf wie der Vodyanoy aus dem slawischen Raum oder die englischen Grindylows – kleine, blassgrüne Kreaturen mit großen gelben Augen, klauenartigen Händen und acht langen und sehnigen Tentakeln, mit denen sie Kinder in die Tiefe ziehen. So ein Grindylow ist übrigens auch im Koffer unseres Zauberes Newt Scamander zu finden.

Friedrich der Große ließ im 18. Jahrhundert große Sumpfgebiete trockenlegen, den wilden Drömling beispielsweise, ein ausgedehntes Niedermoor, das jahrhundertelang nicht durchquerbar war und eine Grenze zwischen Ost und West darstellte. Systematisch entstanden lang gezogene Dämme gegen das Hochwasser der Flüsse Aller und Ohre und Gräben, die die feuchten Moore entwässerten. 1725 Kilometer lange Wasserläufe durchziehen heute das 320 Quadratkilometer große Land der tausend Gräben. Es ist nicht das einzige Beispiel aus dieser Zeit. Auch das Teufelsmoor bei Bremen und Moore und Sumpfgebiete im Emsland oder in Ostfriesland wurden trockengelegt. Die Herrscher wollten Ordnung schaffen – und nebenbei auch das Rückzugsgebiet von zwielichtigen Gestalten und gesuchten Verbrechern im Wortsinn austrocknen.

Es ging zudem darum, neues Land zu gewinnen. Doch vor allem in der Aufklärung begann ein regelrechter Kampf gegen die Natur, gegen alles Geheimnisvolle und Unvernünftige. Der Mensch wollte der Stärkere sein, er wollte die Welt nach seinem Willen planen und gestalten. Er wollte den Raum der Vernunft ausdehnen – und Monster wie die mittelalterlichen Bestien und geheimnisvollen Mischwesen konnte es nach Gesetzen der Logik nicht geben. Die Vernunft vertrieb das Geheimnisvolle. Sie hatte es sich zur Aufgabe gemacht, die Monster zu verscheuchen, sie als Hirngespinste zu entzaubern.

Auch in anderen Ländern Europas unternahm man in dieser Zeit Versuche, Sumpfgebiete urbar zu machen. So wurde etwa die Maremma im Süden der Toskana in Teilen trockengelegt. Die Sümpfe dort waren jahrhundertelang ein Hort der Malaria. In Dantes Werk *Göttliche Komödie* klagt die aus dem nahen Siena stammende und nunmehr verlassene Gräfin Pia in einer Szene aus dem Fegefeuer: »Es schuf mich Siena, es zerbrach mich die Maremma.« Also bauten Ingenieure um den Jesuiten Leonardo Ximenes Kanäle und ein ausgetüfteltes Schleusensystem, um Süßwasser aus den Bergen und Salzwasser des damals riesigen, etwa 15 Kilometer großen, von Mythen umwobenen Brackwassersees Lago Prile zu trennen. Man nahm damals an, dass Malaria an Orten entstehe, an denen Süß- und Salzwasser zusammenfließen. Dabei würden sie schlechte Luft erzeugen – *mal aria*, daher der Begriff. Verhindere man dies, könne man die Krankheit aufhalten, so die Idee aus dem 18. Jahrhundert. Die Mücken waren damals nicht im Visier, aber das Austrocknen des antiken Lago Prile war erfolgreich. Übrig blieb Diaccia Botrona, ein Nationalpark nahe Castiglione della Pescaia, in dem man zwischen Schilf und Salzwassertümpeln wunderbar Flamingos beobachten kann. Die Monster sind verschwunden, jedenfalls die Malariamonster.

Die Entdeckung der Strände

Verzeihen Sie mir, dass ich Ihnen nun noch eine Geschichte so ausführlich erzähle. Aber der fundamentale Wandel der damaligen Zeit spiegelt sich eben nicht nur an den erwarteten Orten wider, wo die Industrialisierung um sich griff, die Maschinen die Menschen ersetzten und die Welt auf den Kopf stellte. Die Beschreibungen kennt vermutlich jeder zuhauf. Ich bin aber der Meinung, dass man die Auswirkungen viel besser im Nebensächlichen erkennt, in den Randzonen. Mein Glück ist, dass dort auch schon immer die Monster hausten. Deshalb gestatten Sie mir noch eine kleine Episode. Bei meinen Recherchen bin ich auf einen Bereich gestoßen, den Menschen verblüffenderweise über Jahrtausende den Monstern überlassen hatten und den sie erst im 17. Jahrhundert wieder zu erobern wagten. Sich zur Erholung an den Strand legen, die Füße vom Meerwasser umspielen lassen: Für uns ist das heute selbstverständlich, aber im Mittelalter wäre es undenkbar gewesen. Erst in der frühen Neuzeit änderte sich das wieder. Zwar glaubte auch im Mittelalter kaum jemand mehr daran, dass die Erde eine Scheibe sei und man infolgedessen jenseits des Horizonts in einen

Abgrund stürzen würde. Doch draußen im Meer lauerten in der Vorstellung der Menschen die wilden Wesen – für immer verewigt auf den alten Seekarten. Der schwedische Bischof, Geograf und Kartograf Olaus Magnus zeichnete im Jahr 1539 eine der wohl schönsten Karten Nordeuropas. Die Meeresflächen zwischen Norwegen und Island waren angefüllt mit den schrecklichsten Seemonstern, Kreaturen mit »schwarzen, scharfen Schuppen und feuerroten Augen«, die ganze Schweine oder Kühe fressen, riesige Seeschlangen und eine Krake, der sich im Wasser aufrichtet, die Menschen aus den Schiffen zieht und verschlingt. Die Besatzungen konnten sich nur zur Wehr setzen, indem sie die Monster »durch Trompetenklang oder über Bord geworfene Fässer« in die Flucht schlugen, so beschrieb Magnus es im Begleittext der Karte.

Der amerikanische Kartenexperte Chet Van Duzer versammelt in seinem Buch *Seeungeheuer und Monsterfische. Sagenhafte Kreaturen auf alten Karten* erstmals umfassend alle Monster aus der Geschichte der Kartografie. Die Auftraggeber, so schildert Van Duzer, mussten für diese Fantasiewesen, die die Karten schmückten, einen Aufschlag aufs Honorar zahlen.

Die Monster, die man in den unbekannten Tiefen des Meeres vermutete, ließen auch den Strand unheimlich erscheinen. Im Mittelalter war dieser für die Menschen ein gefährlicher Ort, die feuchte, salzige Luft galt als giftig. Mit Schrecken habe man betrachtet, was die Stürme an Geborstenem, Glitschigem und Stinkendem aus den Tiefen herausschleuderten, schreibt der französische Historiker Alain Corbin in seinem Buch *Meereslust. Das Abendland und die Entdeckung der Küste*. Ab dem 17. Jahrhundert wagte man sich wieder an den Strand. Und entdeckte dabei eine antike Tradition neu: Damals hatten sich die Menschen noch an den Strand und ins Meer getraut, sie gingen schwimmen und fuhren mit Booten aufs Meer – und zwar sowohl zum Vergnügen als auch zum sportlichen Wettkampf, wie Stefan Lehmann, Archäologe aus Halle, sagt. Das in der Neuzeit neu erwachte Interesse am Strand erfolgte in einer langsamen Annäherung. Ins Wasser trauten sich die Menschen erst noch nicht. Corbin erzählt, dass man das Wasser in Bottichen an Land holte und die Badenden dann zögerlich hineinstiegen.

*

Der Wandel der Welt wird allerorts sichtbar. In manchen Bereichen vollzog er sich geradezu rasant. So wurde im 16. und 17. Jahrhundert die Anatomie zu einem Kernbereich der Wissenschaft. Zwar gab es erste anatomische Untersuchungen schon im 14. Jahrhundert, der italienische Anatom Mondino dei Liuzzi hatte an der Universität von Bologna regelmäßig praktische Sezierübungen mit seinen Studenten durchgeführt und seine Erkenntnisse 1316 unter dem Titel *Anathomia Mundini* veröffentlicht. Leichenöffnungen vor Publikum waren seit dem 16. Jahrhundert zu anatomischen Zwecken üblich.

Auch hier drangen die Wissenschaftler gewissermaßen in eine geheimnisvolle Welt ein, ins dunkle Innere des Menschen, und überschritten damit eine Grenze. Man versuchte zu verstehen, wie die Menschen funktionieren. Das veränderte auch das Verhältnis zum Tod. Die Erforschung des toten Körpers war vor nicht allzu langer Zeit noch ein Sakrileg gewesen, sie blieb eine unheimliche Gratwanderung – schwankend zwischen wissenschaftlicher Erkenntnis und verbotenem Tun. In letzter Konsequenz entstand aus solchen Forschungen Frankensteins Kreatur: Der Mensch maßt sich gottgleich an, Leben zu schaffen, tote Materie wiederzubeleben. Die Leichensektionen gerieten zu öffentlichen Spektakeln, waren keine heimlichen Veranstaltungen hinter verschlossenen Türen mehr. Eine neue Art der Inszenierung entstand, eine Mischung aus weihevollem Tun der Ärzte, der Halbgötter in Weiß, und der sensationslüsternen Stimmung der Zuschauer, wie bei einem Theaterstück. Die Botschaft: Erkenne dich selbst, das physiologische Körperinnere und die Gründe der Sterblichkeit. All dies in der Hoffnung, sie doch irgendwann überwinden zu können. Gleichzeitig entstand unter den neugierigen Blicken der Zuschauer eine neue Wissensgesellschaft.

Erschütterung der Welt

Am 1. November 1755 erschütterte ein schreckliches Erdbeben Lissabon, es war ein Ereignis, das ganz Europa aufrüttelte. »War das die Strafe Gottes?«, fragten sich damals viele Menschen. Dieses Ereignis ist zentral für die Geschichte der Monster dieser Zeit. Ein heftiger Erdstoß im Atlantik der Stärke 8,5 bis 9 auf der Richterskala löste einen Tsunami mit 20 Meter hohen Wellen und in dessen Folge einen Großbrand in der portugiesischen Hauptstadt aus. Lissabon wurde fast vollständig zerstört. Bis zu 100.000 Menschen starben, ein Drittel der Bevölkerung.

Dieser schreckliche Einschnitt in das Leben so vieler Menschen und die grausamen Zerstörung erschienen wie eine Prüfung des Schicksals. Die Philosophen der Aufklärung wie Voltaire, Immanuel Kant oder Gotthold Ephraim Lessing reagierten mit heftigen Diskussionen und der Frage, wie ein gütiger Gott so ein Schicksal zulassen könne und warum er ein so katholisches Land wie Portugal bestrafe, dabei aber ausgerechnet das Rotlichtviertel der Stadt unversehrt ließ – und all das an Allerheiligen. Wie soll man dieses Zeichen Gottes deuten? Kann es ihn angesichts dieses Schreckens überhaupt geben, oder hat er sich vielleicht zurückgezogen? Kann dies noch, wie Leibniz es zuvor gesagt hatte, die »beste aller möglichen Welten« sein?

Das Erdbeben war auch eine geistige Naturkatastrophe. Die Natur hatte ihre schrankenlose Willkür gezeigt, die Angst griff in ganz Europa um sich, das fremde Unglück erschütterte die Menschen in ihrem Inneren. »Vielleicht hat der Dämon des Schreckens zu keiner Zeit so schnell und so mächtig seine Schauer über die Erde verbreitet«, schrieb Goethe in seiner autobiografischen Schrift *Aus meinem Leben. Dichtung und Wahrheit*. Die Angst war allgegenwärtig. Interessanterweise schienen die Überlebenden in Lissabon am besten mit der Lage zurechtzukommen. Unter der Leitung ihres Premierministers Sebastião de Carvalho e Mello, dem späteren Marquis de Pombal, wurde die Stadt zügig wiederaufgebaut. Er soll damals gesagt haben: »Und nun? Beerdigt die Toten und ernährt die Lebenden.« Er ließ außerdem wissenschaftliche Informationen über das Beben einholen und war damit einer der Vorreiter der Seismologie.

Für den Rest der westlichen Welt, die das Beben aus sicherer Entfernung mitverfolgte, entstand der Eindruck, dass der Mensch eben doch nicht zum Herrscher der Natur geworden war, sondern ihr immer noch ausgeliefert blieb. Arthur Schopenhauer beschreibt in *Die Welt als Wille und Vorstellung* eine stürmische Natur, dunkle, mächtige Gewitterwolken, tosende, schäumende Wellen, die gegen mächtige Klippen schlagen, Abgründe, zuckende Blitze, den heulenden Wind, der durch Schluchten jault. Mittendrin der Mensch, der gegen die Natur ankämpft. Der lässt sich nicht erschüttern, er spürt einerseits die gewaltigen Mächte, die wirken, erkennt aber gleichzeitig, dass der Kampf nur eine Vorstellung ist, dass er nicht selbst getroffen ist. Er ist gleichzeitig ein hilfloses Nichts, das den ungeheuren Mächten der Natur ausgesetzt ist, und ein ruhiges reflektierendes Individuum, das in der Lage ist, Zusammenhänge einzuschätzen und Gefahren zu bewerten. Das Schreckliche durfte einem nahe kommen, aber nicht zu nahe.

Die Maler der Romantik wie William Turner oder Caspar David Friedrich schufen gewaltige, bisweilen auch düstere Bilder. Friedrichs Gemälde »Der Wanderer über dem Nebelmeer« ist wohl eines der berühmtesten Werke der Romantik, ein Mann in Rückenansicht schaut, mit einem Wanderstock auf einen Felsen gestützt, auf die über Berghänge ziehenden Nebelschwaden unter ihm. Fröhlich wirkt das nicht eben, eher gedankenschwer, so, als würden der Mann und sein Betrachter ihre innere Welt erforschen. Friedrich malte auch seltsam entrückte Bilder wie die »Abtei im Eichwald«, eine Kirchenruine inmitten verdorrter Eichen. Die Bilder lösen tiefe Empfindungen aus, lassen den Betrachter über das Verhältnis des Menschen zur Natur nachdenken. Der Mensch, so die Botschaft, schaudert zwar, aber er lässt sich davon nicht überwältigen. Friedrich Schiller schrieb 1792 in seinem philosophischen Aufsatz »Über die tragische Kunst«: »Es ist eine allgemeine Erscheinung in unsrer Natur, dass uns das Traurige, das Schreckliche, das Schauderhafte selbst mit unwiderstehlichem Zauber an sich lockt, dass wir uns von Auftritten des Jammers, des Entsetzens mit gleichen Kräften weggestoßen und wieder angezogen fühlen.« Und dass die Menschen zu bestimmten Zeiten mit großer Lust Gespenstergeschichten verschlingen, bei denen ihnen die Haare zu Berge stehen.

Kein Wunder, dass die Monster in dieser Stimmung ein ideales Zuhause fanden. Die Welt war erschüttert, die Menschen waren verunsichert. Sie entdeckten ihre eigenen unheimlichen Seiten, die tief in ihnen vergraben lagen. All das bot den perfekten Nährboden für neue Monster. Es war genau das Grundgefühl, von dem Michel Foucault gesprochen hatte: Jede Monstererzählung erinnert daran, dass das Ich niemals in sich sicher ist. Aus diesem Gefühl heraus ent-

stand Mitte des 18. Jahrhunderts der sogenannte Schauerroman.

Eines der ersten und auch populärsten Werke war *Das
Schloss von Otranto* von Horace Walpole. Der Held wird im
geheimnisumrankten Schloss vom monströsen Kopf einer
Ritterrüstung erschlagen. Der britische Autor nahm seine
schriftstellerische Mission auch im realen Leben ernst und
baute seinen an der Themse gelegenen Landsitz Strawberry
Hill zu einer Mischung aus gotischem Schloss und Kloster
um. In diesen neuen Geschichten tauchen Personen auf, denen das Böse ins Gesicht geschrieben steht, sie tragen eine
finstere Schönheit zur Schau. Und offenbar lechzten die
Menschen nach Monstern und düsteren Gothic-Geschich-
ten, denn die Schauerromane von Autoren wie Horace
Walpole, Ann Radcliffe oder Mary Shelley waren Bestseller.
Die Menschen liebten die Bücher. Die Geschichten spielten
in Schloss- und Klosterruinen, auf verwunschenen, maro-
den Burgen oder in feuchten unterirdischen Verließen, sie
erzählten von grausamen und blutigen Verbrechen. Teufel
und Gespenster erschienen zuhauf, es wimmelte nur so vor
verwesenden Leichen. In England waren Gräber und Fried-
höfe als Schauplätze populär, wahlweise auch dunkle Wälder und neblige Moore. *Udolphos Geheimnisse* von Ann Radcliffe etwa erzählt vom Schicksal einer feinfühligen jungen
Frau, die auf das düstere Schloss Udolpho verschleppt wird,
wo sie mysteriöse, rational nicht erklärbare Ereignisse in den
Wahnsinn zu drohen treiben. Die Hauptfiguren tragen ein
dunkles Geheimnis in sich. Dabei wurde die Nacht roman-
tisch verklärt, in den dunklen Stunden geschahen magische,
übernatürliche oder übersinnliche Dinge. Die Nacht ist die
Zeit, in der nicht der klare, helle Verstand regiert, sondern
düstere Gefühle, Wollust, Begierde, Unsicherheit, und alles
fühlt sich unscharf, wabernd und dunkel an.

Ich bin in diesem Zusammenhang auch auf E.T.A. Hoffmanns Erzählung »Der Sandmann« aus dem Jahr 1816 gestoßen und war erstaunt, mit welcher Unerbittlichkeit der Autor von einem Jungen und seinen seltsamen Albträumen erzählt, natürlich auch darüber, wer wirklich der Vorfahre des niedlichen Sandmanns war, den meine Kinder so oft auf KIKA verfolgt haben. Darin erscheint ein geheimnisvoller Zauberer, ein Mann »mit einem unförmlich dicken Kopf, erdgelbem Gesicht, buschigen grauen Augenbrauen, unter denen ein paar grünliche Katzenaugen stechend hervorfunkeln, großer, starker über die Oberlippe gezogener Nase«. Es ist der Sandmann, der nachts den Kindern, die nicht schlafen wollen, Sand in die Augen wirft, »dass sie blutig zum Kopf herausspringen«. Solche Schauerromane gab es in allen Ländern Europas. Der zur Hölle verdammte Held wurde populär. Später fand er sich auch in Gustav Meyrinks Roman *Der Golem*, der im Jahr 1915 den viel älteren Golem neu deutete. Auch Frankensteins Kreatur ist eine zutiefst tragische Figur.

Monster von Menschenhand

Die Geschichte über den Prager Rabbi Judah Löw, der ein historisches Vorbild gleichen Namens hatte, einen im 16. Jahrhundert am Prager Hof des Kaisers Rudolf II. lebenden Gelehrten, Astronomen und Astrologen, entstand im 19. Jahrhundert, als sich die Übergriffe auf Juden europaweit mehrten. Auf dem Dachboden der Altneu-Synagoge in Prag soll Judah Löw den Golem zum Leben erweckt haben. Die Wurzeln dieses ersten »erschaffenen« Monsters reichen sogar bis ins Mittelalter zurück. Auch in den Jahrhunderten davor erzählten sich jüdische Mystiker, dass weise Menschen, die eine geheimnisvolle Zahlen- und Buchstabenlehre beherrschten, aus Lehm ein stummes, den Menschen ähnliches Wesen formen konnten. Erste Anleitungen, wie man ein solches Geschöpf erschaffen könne, gab es bereits im 12. Jahrhundert.

Toter Materie Leben einzuhauchen ist ein uralter Menschheitstraum. Er ist angelehnt an den göttlichen Schöpfungsakt – Gott formte Adam aus Staub und hauchte ihm dann den Lebensatem ein, so steht es im Buch Genesis. Adamah heißt im Hebräischen auch Erde oder Ackerboden, das Formen aus Ton und Lehm ist da naheliegend. Doch in der Geschichte über den Golem formt anstelle von Gott der Mensch aus toter Materie ein Wesen, das er glaubt, kontrollieren zu können. Er haucht ihm Leben ein, mit der Kraft von Worten und geheimnisvollen Gesten, basierend auf alten, kabbalistischen Ritualen. Ein höchst symbolischer Akt.

Der berühmte Berliner Theaterschauspieler Paul Wegener verfilmte die Geschichte über den Lehm-Mann 1920 und verhalf ihm in seinem Stummfilm *Der Golem, wie er in die Welt kam* zu Weltruhm. In dramatischen Bildern zeigte er, wie der Golem erschaffen wurde, um die jüdischen Bürger der Stadt Prag vor der Verfolgung zu schützen. Es raucht und blitzt und leuchtet. Der bärtige Rabbi Löw fuchtelt wild mit einem fünfzackigen Stern durch die Luft, spricht beschwörende Worte. Das starre, maskenartige Gesicht des tönernen Riesen bleibt zunächst ausdruckslos, seine Züge haben auch ohne Mimik etwas Gruseliges. Dann quillt plötzlich heller Rauch aus dem noch unbewegten Mund und erfüllt den Raum in dem mittelalterlichen Turm in Prag, in dem der Rabbi tagelang an seiner Kreatur gearbeitet hatte. Noch bleibt das Geschöpf regungslos. Erst als Rabbi Löw dem Lehmriesen mit der seltsamen Prinz-Eisenherz-Frisur einen fünfzackigen Stern auf die Brust setzt, öffnet er die Augen, blickt hektisch hin und her, ohne den Kopf selbst zu bewegen, und trottet wie ein Roboter los, den Befehlen des Rabbis folgend. Etwa Ungeheuerliches war passiert: Der Rabbi hatte in die Schöpfungsallmacht Gottes eingegriffen. Er wollte auf spiritueller Ebene Vollkommenheit erlangen und trat mit Gott in einen Wettstreit.

Nach dem Ersten Weltkrieg kam eine regelrechte Golem-Begeisterung auf, Wegener spielte zwischen 1915 und 1920 gleich in drei Filmen den Golem. Er prägte damals das Bild des mythischen Monsters. Kurz zuvor war Gustav Meyrinks fantastischer Schauerroman *Der Golem* erschienen. Meyrink machte aus der Figur eine Gruselgestalt. Er beschreibt ihn als »graues, breitschultriges Geschöpf, in der Größe eines gedrungen gewachsenen Menschen, auf einen spiralförmig gedrehten Knochenstock aus weißem Holz gestützt«. Und weiter: »Wo der Kopf hätte sitzen müssen, konnte ich nur einen Nebelballen aus fahlem Dunst unterscheiden. Ein trüber Geruch nach Sandelholz und nassem Schiefer ging von der Erscheinung aus. Ein Gefühl vollkommenster Wehrlosigkeit raubte mir fast die Besinnung. Was ich die ganze lange Zeit an nervenzernagender Qual mitgemacht, drängte sich jetzt zu den Todesschrecken zusammen und war in diesem Wesen zur Form geronnen.« Es ist eine gruselige Geschichte, die sich vor allem in der Fantasie des Erzählers abspielt. Er versucht, sich alle möglichen Köpfe auf dem Rumpf vorzustellen. Er wollte nicht wirklich Form annehmen. »Sie zerrannen stets, am längsten blieb der ägyptische Ibiskopf bestehen. Auch sonst war der Golem keine Augenweide. Statt der Füße berührten Knochenstumpen den Boden, von denen das Fleisch – grau und blutleer – auf Spannenbreite zu wulstigen Rändern emporgezogen war.«

Viel eher als Frankensteins Kreatur stellt der Golem den Urtyp der von Menschenhand erschaffenen Monster dar. Golem-Geschichten sind dramatisch, aufgeladen mit magischen, bisweilen mysteriösen Ritualen voller Zahlenmystik und Symbolik. Es scheint auch mehr um den Prozess des Erschaffens zu gehen als um das Ergebnis, wobei hier kein

Monster geschaffen werden soll. Der Schöpfer hat nichts Böses im Sinn. Der Golem wird in guter Absicht gemacht, gerät dann aber außer Kontrolle und wendet sich gegen seinen Schöpfer. Die Geschichte vom Golem kreist um das Thema Kontrollverlust und um die Verantwortung für die eigene Schöpfung. Im Film kann Rabbi Löw den Golem zunächst an- und abschalten, was diesen sehr maschinenhaft erscheinen lässt. Erst später gerät das Geschöpf, eigentlich ein unschuldiges Wesen, außer Kontrolle und wird zu einer Gefahr, die zerstört werden muss.

Noch älter als die Golem-Geschichte sind zwei antike Erzählungen. Die eine handelt von dem Erfinder Dädalus, der das Labyrinth für den Minotaurus baute und Flügel konstruierte, mit denen er sich in die Lüfte erheben konnte. Dädalus habe, so berichtet Platon in seinem Werk *Menon*, Statuen erschaffen, die sich eigenständig bewegen konnten. Die zweite erzählt davon, wie Prometheus dem Göttervater Zeus das Feuer stahl und es den Menschen brachte. Er vermittelte ihnen dadurch enormes Wissen und neue Möglichkeiten. Prometheus begründete durch diesen Akt die menschliche Zivilisation. In der klassischen Erzählung bestraft Zeus Prometheus für diesen Frevel, weil er sich über ihn gestellt und sich selbst wie ein Gott aufgeführt hat. Zeus lässt ihn in Ketten legen und im Kaukasusgebirge an eine Säule schmieden. Damit nicht genug: Ein Adler kommt regelmäßig zu ihm und frisst seine Leber, die aber stets von Neuem wächst. Von dieser endlosen Qual befreit ihn erst Herkules, der den Adler tötet.

In der Moderne steht Prometheus für den wissenschaftlichen Fortschritt, er ist sozusagen die Symbolfigur des Anthropozän, des Menschenzeitalters, in dem der Mensch die Natur zunehmend dominiert, sie gestaltet und formt. Im Fall von Frankensteins Kreatur in Mary Shelleys Roman *Frankenstein oder Der moderne Prometheus* erlischt die Idee der Kontrolle schon in dem Moment, als das Monster die Augen aufschlägt. Frankenstein, der Schöpfer, war besessen von der Idee, tote Materie zum Leben zu erwecken. Aus Leichenteilen setzt er schließlich ein Wesen zusammen, um es mithilfe von Elektrizität zu beleben. Mit dem hässlichen und furchteinflößenden Monster allerdings, das sich dann in seinem Labor erhebt, kommt er überhaupt nicht klar. Er flieht erschrocken und drückt sich vor der Verantwortung für seine Schöpfung.

Jahr ohne Sommer

Um die Entstehung von Mary Shelleys Frankenstein ranken sich wilde Geschichten, sie alle spielen in der geheimnisvollen Villa Diodati am Genfer See, wo sich im Sommer 1816 eine illustre Gesellschaft zusammenfand und Literaturgeschichte schrieb. Heute gehört die Villa einem ehemaligen Investmentbanker. Es ist ein mondänes Haus, das oberhalb des Sees aufragt, umgeben von Rosenhecken und einem großen Garten. Damals schmückten es aber weder ein Schwimmbecken noch griechische Säulen. Mary Godwin und ihr späterer Ehemann Percy Shelley wollten dort einige Wochen gemeinsam mit Lord Byron und dessen Leibarzt John Polidori verbringen. Sie freuten sich auf einen entspannten Aufenthalt, die Villa versprach einen traumhaften Blick über das Wasser hinauf zu den Bergen. Doch daraus wurde nichts. Das Wetter spielte im Hochsommer plötzlich verrückt, es war kalt und düster.

Tatsächlich war 1816 ein recht dramatisches Jahr. Weltuntergangsstimmung hatte die Menschen ergriffen. Man fand verschiedene Erklärungen für das düstere Wetter und das Ausbleiben des Sommers. Manche hielten es für eine Gottesstrafe, andere machten die dunklen Flecken verantwortlich, die Astronomen durch die Schleierwolken hindurch auf der Sonnenoberfläche entdeckt hatten, wieder andere die modernen Experimente mit Elektrizität. Daraus formten sich düstere Prophezeiungen: »Nach den Berechnungen eines Astronomen aus Bologna, der kürzlich etwas zu diesem Thema veröffentlich hat, wird es am 18. Juli zu einer großen solaren Katastrophe kommen, und unsere Welt wird in einer Feuersbrunst verglühen. Vorzeichen dafür sind ebenjene Flecken, die man zurzeit auf der Sonnenscheibe erkennen kann«, schrieb die *London Times* im Juni 1816. Die »Bologna-Prophezeiung« beunruhigte so manchen europäischen und amerikanischen Bürger, vermutlich hatte auch die Genfer Gesellschaft um Lord Byron davon gelesen. Niemand wusste damals, dass man die Sonnenflecken in dem trüben Wetter nur besser erkannte, sie aber bereits vorher da gewesen waren.

Dass sich die Menschen ausgerechnet in dem Augenblick, in dem sie begannen, sich von der Natur zu emanzipieren, und den Naturwissenschaften zuzuwenden, mit solch dramatischen Ereignissen konfrontiert waren, muss auch Mary Godwin schwer erschüttert haben. Warum im Jahr 1816 der Sommer ausfiel, wusste man damals noch nicht. Erst mehr als 100 Jahre später stellte ein Klimaforscher einen Zusammenhang mit einer Naturkatastrophe her, die ein Jahr zuvor und über 10.000 Kilometer entfernt auf der indonesischen

Insel Sumbawa stattgefunden hatte: der Ausbruch des Vulkans Tambora. Der Atmosphärenphysiker William Jackson Humphreys beschrieb das Naturereignis und seine Folgen im Jahr 1920: Der Vulkan hatte im April 1815 in mehreren gewaltigen Explosionen große Mengen Magma, Asche und Schwefelverbindungen herausgeschleudert. Mehr als ein Kilometer der Bergspitze wurden weggesprengt. Ein Tsunami verwüstete die Küsten der Inselgruppe. Mehr als 70.000 Menschen starben an den unmittelbaren Folgen des Vulkanausbruchs.

Von dieser menschlichen Tragödie bekam man in Europa zunächst nur wenig mit. Sie hätte die europäische Gesellschaft nach dem Erdbeben von Lissabon sicher noch massiver erschüttert. Die Folgen des Ausbruchs für das globale Klima waren dramatisch. Sie wurden durch unsichtbare Schwefelgase ausgelöst, die von der Explosion des Vulkans in die Stratosphäre geschleudert und durch die Luftströmungen rund um die Erde verteilt worden waren. Die Menschen in Mitteleuropa mussten mit sintflutartigen Regenfällen zurechtkommen. Die niedrigen Temperaturen und anhaltenden Niederschläge führten zu Missernten, dramatisch steigenden Getreidepreisen und Hungersnöten. Es gab Unruhen und Aufstände, und viele Menschen wanderten nach Amerika aus – es war die erste größere Auswanderungswelle. In dieser Zeit liegen die Anfänge unserer modernen Katastrophenhilfe. Auch das Fahrrad wurde in dieser Zeit erfunden, gab es doch kaum noch Pferde. Die Not führte also zu Reformen und wichtigen technologischen Entwicklungen.

Auch die Gesellschaft am Genfer See konnte sich dem Aufruhr der Gesellschaft nicht völlig erwehren. Da es ständig regnete und stürmte und dunkle Wolken auch tagsüber den Himmel bedeckten, verließen Godwin, Shelley, Polidori und Lord Byron damals kaum das Haus. Sie begannen, sich deutsche Gruselgeschichten vorzulesen, und beschlossen, selbst welche zu schreiben. Die Abende waren angefüllt mit lebhaften Diskussionen. Es sollen wohl auch Drogen im Spiel gewesen sein, nicht nur Alkohol, sondern auch Opium, das Lord Byron organisierte und das wohl auch Mary Godwin ein wenig die Sinne umnebelte. Byron, der kurz zuvor das heimische London hatte verlassen müssen, weil seine Affäre mit einer verheirateten Adeligen einen großen Wirbel verursacht hatte, hatte eine Schwäche für das Verbotene. Und so inszenierte George Gordon Byron im Sommer 1816 eine gespenstische Party am See. Byron selbst schreibt sein dramatisches Weltuntergangsgedicht »Darkness /Die Finsternis«, das mit folgenden Zeilen beginnt:

Ich hatte einen Traum, der keiner war.
Die Sonne war erloschen, und die Sterne,
verdunkelt, schweiften weglos durch den Raum,
kein Mond, die Erde schwang im Äther, blind
und eisig sich verfinsternd; kam der Morgen
und ging und kam – er brachte keinen Tag.

In seinen Versen bleibt die Welt ohne Sonne, alles Leben stirbt, die Natur erstarrt, und die Dunkelheit triumphiert.

Die junge Mary Godwin war damals im Alter von 16 Jahren vor ihren strengen Eltern davongelaufen und von Shelley schwanger geworden, in ihrer Familie kam es häufig zu Gewalt, auch Selbstmorde wie der ihrer Halbschwester setzten ihr zu. Ein traumatisches Leben, das in einen tragischen Roman mündete. Mary Shelleys Roman *Frankenstein oder Der moderne Prometheus* erschien im Jahr 1818 und ist ganz Produkt des beginnenden Zeitalters der Elektrizität. Die junge Autorin war nicht nur literarisch bewandert, sie kannte sich auch mit technischen Neuerungen gut aus, speziell mit der Technik der sogenannten Galvanisierung.

Dabei setzt man die Muskeln von Fröschen unter Strom, woraufhin diese wild zucken. Später experimentierte man in englischen Gefängnissen mit dieser Technik an den Leichen von Hingerichteten und konnte die Galvanisierung dadurch verfeinern. Schon geringe Mengen Strom reichten aus, um die Toten zu Untoten werden zu lassen. Der Forscher Giovanni Aldini hatte am 18. Januar 1803 in einer öffentlichen Vorführung mithilfe einer Volta'schen Säule heftige Muskelreaktionen an der Leiche des hingerichteten Doppelmörders George Forster ausgelöst. Auf die Zuschauer wirkte das wie eine Wiederbelebung und begründete die Fiktion, dass Elektrizität tote Materie zum Leben erwecken könnte – ein zentrales Motiv in dem Roman über Frankenstein und sein Monster. Percy Shelley hatte Mary Godwin von diesen Experimenten erzählt. Sie waren die Blaupause für jene legendäre Szene, in der Viktor Frankenstein seine Kreatur zum Leben erweckt.

Außer Kontrolle

Frankensteins Kreatur ist keine Bestie, die für archetypische Ängste steht. Sie ist keine der Figuren, die vom Wesen her schrecklich oder furchterregend sind. Ihr monströses Wesen entfaltet sich erst vor dem Hintergrund ihrer Entstehungsumstände, also letztlich vor dem Hintergrund des neuen Zeitgeists. Der Wissenschaftler Frankenstein hatte sich vor allem auf die technischen Aspekte konzentriert und dabei das Aussehen seiner Schöpfung außer Acht gelassen. Die aus Leichenteilen gemachte Kreatur sieht aber dann so hässlich aus, dass es ihr nicht gelingt, eine Beziehung zu den Menschen aufzubauen. Dieser soziale und kulturelle »Konstruktionsfehler« soll sich rächen. Zunächst ist das namenlose Wesen aber noch ein sanftmütiger Riese, der seinen Platz in der Gesellschaft sucht und daran scheitert. In einer Schlüsselszene lässt Mary Shelley den Wissenschaftler und seine

Kreatur vor der dramatischen Kulisse der Schweizer Berge aufeinandertreffen. Die Kreatur klagt ihren Schöpfer an: »Soll jeder Mensch ein Weib für seinen Busen finden und jedes Tier seine Gefährtin haben, und ich bleibe alleine?« Das ist der eigentliche Kern der Geschichte um Frankenstein und sein Monster. Erst als die Kreatur weiß, dass sie aufgrund ihres Äußeren niemals dazugehören wird, wird sie zum bösen Monster und tötet Frankensteins Verlobte.

Seit der Romantik interessierten sich die Menschen auch für das psychologische Innenleben einer Figur. Zum ersten Mal konnte man mit einem Monster auch Mitleid haben. Und damit erfüllte es seine Funktion: Es warnte davor, eine Grenze zu überschreiten. Der Mensch sollte sich nicht anmaßen, selbst Schöpfer zu werden. »Zunächst entpuppt sich das Frankenstein-Buch ja als eine technologische Utopie«, so der Berliner Philosoph Bernd Scherer. »Ausgestattet mit dem Wissen der Alchemisten von Heinrich Cornelius Agrippa und Albertus Magnus bis zu Paracelsus und einem Studium der Naturwissenschaften an der Universität in Ingolstadt gelingt es Viktor Frankenstein, Leben zu schaffen. Naturwissenschaftliches Wissen und die entsprechenden Technologien ersetzen die natürlichen Prozesse.« Das Monster sollte der Gesellschaft zeigen, dass jeder Fortschritt seine dunklen Seiten hat. Dass bei aller Begeisterung für den technologischen Erfolg doch die große Gefahr der Selbstüberschätzung besteht. Dass jeder größenwahnsinnige Schöpfungsakt unwägbare Folgen hat. Das Frankenstein-Monster steht wie eine Chiffre für die Gesellschaft, vor allem für die tief sitzenden Ängste der Menschen damals. Was diffus im Inneren waberte, holte das Monster nach außen und machte es sichtbar. Dafür brauchte die Gesellschaft dieses von Menschenhand geschaffene Wesen. Es war eine lebensechte Abspaltung aus dem Inneren der Menschen.

Frankensteins Kreatur ist typisch für die Monster dieser

Zeit: Sie waren keine Mischwesen mehr, auch keine göttlichen Zeichen. Es waren im Kern menschliche Monster, die
urplötzlich auf der Bildfläche erschienen. Der Abgrund, das
Böse und Grauenvolle steckte mitten im Menschen selbst –
das war ein ungeheuerlicher Wandel in der Geschichte der
Monster. Die Grenze war gefallen, das Monströse musste
fortan nicht mehr in fernen Ländern gesucht werden, sondern mitten unter uns, im dunklen Inneren des Menschen.
Damit hatte die Evolution der Monster eine neue Stufe er-
reicht. Das »menschliche Monster« wurde der neue Prototyp. Man reagierte damit sowohl auf die revolutionären Aufstände und die damit verbundenen Unruhen wie auch auf
die scheinbar grenzenlosen Versprechungen hinsichtlich
einer glorreichen, auf wissenschaftlichem und technischem
Fortschritt basierenden Zukunft. Die Gesellschaft war ge-
spalten, die einen glaubten an den Fortschritt durch die
neuen Techniken, die anderen wiesen mit Grausen auf die
Hässlichkeit der Industrie und ihrer Produkte hin und flüch-
teten sich in eine unwirkliche Biedermeierwelt, zurück in
die Natur.

Geschichten über besessene Wissenschaftler und ihre seltsamen Kreationen häufen sich gegen Ende des 19. Jahrhunderts, als die neuen Erkenntnisse der modernen Naturwissenschaften greifen. Der amerikanische Autor H. G. Wells schrieb 1896 seinen dramatischen Roman *Die Insel des Dr. Moreau*, der von einem Forscher handelt, der auf einer abgelegenen Insel im Pazifik mithilfe chirurgischer Eingriffe alle möglichen Tiere wie Pumas und Leoparden zu menschenähnlichen Mischwesen macht. Er manipuliert während seiner Eingriffe auch das Gehirn der Tiere, woraufhin diese sprechen und aufrecht gehen können. Gleichzeitig sind sie ständig davon bedroht, wieder in ihre Tiernatur zurückzufallen. Die Beschreibungen solcher Eingriffe wirken heute in der Gentechnik nach. Wells hatte in seinem Essay »The limits of Individual Plasticity« bereits Anfang 1895 dargelegt, dass alle Lebewesen, also auch Menschen, mithilfe chirurgischer oder chemischer Eingriffe formbar seien. Die Romanfigur Dr. Moreau erklärt ihr Vorgehen mit denselben Worten, die der Autor in seinem Essay verwendete.

Vielen Menschen behagte es nicht, dass die Gefühlswelt so sehr von der Vernunft unterdrückt wurde. Doch die Ängste waren nun mal da. Der wissenschaftliche Fortschritt nährte alle aufkommenden Ängste vor einer komplizierter werdenden Welt. Überhaupt hatte man plötzlich: Angst. Es war keine konkrete Furcht vor einer konkreten Gefahr, sondern eine diffuse, alles umschließende Angst. Sie war ein fantastischer Nährboden für Monster, und wenn man rückblickend schaut, welche prominenten heutigen Monster bereits damals auf der großen Bühne erschienen, ist man durchaus erstaunt. Denn zeitgleich mit Frankenstein entstand eine Erzählung, die dem Superstar aller Monster zum Debüt auf der literarischen Bühne verhalf. Oder ist es Zufall, dass auch die erste Vampirgeschichte aus dem Jahr 1816 stammt?

Das Schmatzen aus den Gräbern

Der englische Arzt John Polidori schrieb *The Vampyre* in derselben Villa am Genfer See. Diese Vampirerzählung begründete den literarischen Vampirmythos. Obwohl der erste Vampir noch kein bisschen blutrünstig war, hatte Polidori damit eine neue Monsterfigur in die europäische Literatur eingeführt, ein Wesen mit Sehnsüchten und einer Seele, auf das sich leicht alle düsteren Gefühle projizieren ließen. Der Erfolg des Vampirs war und ist eng mit seiner Wandelbarkeit verknüpft. Bram Stokers Dracula schöpfte das volle Potenzial dieser Figur aus.

Der Glaube an Untote hat eine lange Tradition, er existierte bereits in der babylonischen Kultur vor 3500 Jahren. Archäologen entdeckten ein entsprechendes Rollsiegel, das vermutlich einen gepfählten Untoten darstellt. Allerdings spielt die Zeichnung wohl eher auf Totengeister an, ruhelose Seelen von Menschen, die gewaltsam zu Tode gekommen waren, eine unerwiderte Liebe erfahren hatten oder bei denen die Totenrituale nicht korrekt ausgeführt worden waren.

Mythen über Vampire sind ein globales Phänomen. Auch im alten China oder in der griechischen Antike erzählte man sich Geschichten über wiederbelebte Tote, die sich über die Lebenden hermachen, so der Historiker und Vampirexperte Hans Meurer. Schon in diese Uruntoten sind die ersten Charakteristika späterer Vampirfiguren eingeschrieben: das Überwinden des Todes, die Sehnsucht nach Liebe und die Macht über die Lebenden. Mit dem blutsaugenden Graf Dracula und seinen gefährlich spitzen Eckzähnen hatten diese frühen Gestalten allerdings noch wenig zu tun.

Die ersten Geschichten über blutsaugende Vampire kamen im 17. Jahrhundert auf, in einem Gebiet, das heute Bulgarien, Mazedonien und Serbien umfasst – und nicht, wie so häufig angenommen, im heutigen Transsilvanien, das zu Rumänien gehört. Von dort aus verbreitete sich auch das Wort »Vampir« über Westeuropa. Das Basiswort ist wahrscheinlich das aus einem mazedonischen Dialekt stammende bulgarische Wort »Vapir«, das »geflügeltes Wesen« bedeutet. Gemeint waren bösartige Tote, die nachts den Lebenden das Blut aussaugten. In Italien, Spanien und Portugal bezeichnete man den Blutsauger als »vampiro«.

Die Gründe für das Aufkommen der Vampirlegende im 17. Jahrhundert sind vielschichtig. In den ländlichen Regionen Südosteuropas sahen sich die Menschen zu dieser Zeit zahlreichen grassierenden Seuchen hilflos ausgeliefert. Ganze Dorfgemeinschaften wurden ausgelöscht, man suchte einen Schuldigen. Der amerikanische Kulturwissenschaftler Leo Braudy weist darauf hin, dass nach der Reformation zudem einige religiöse Konzepte fragwürdig geworden waren. So kam etwa die mittelalterliche Idee des Fegefeuers zunehmend in Verruf. Die Konsequenz: Unerlöste Seelen wurden obdachlos und gingen auf Wanderschaft. »Die einzige Alternative für sie war es, unzufrieden und missmutig auf der Erde herumzuirren«, sagt Leo Braudy. Für ihn bilden die unerlösten Seelen die Brutstätte für alle Arten von Wiedergängern und Untoten.

Das Wüten von Seuchen und die Ideen der Reformation bildeten einen idealen Nährboden für das Entstehen von unheimlichen Gestalten und Vampiren. Ruhelose Untote und ihr unheilvolles Wirken erschienen den Menschen damals als plausible Erklärung für all das Unglück, für Seuchen, persönliche Tragödien und schlechte Ernten. Die Kleine Eiszeit wirkte sich drastisch auf die Erträge aus der Landwirtschaft aus. Vampire waren in der Regel keine Fremden, sondern Einheimische oder Menschen aus dem eigenen Umfeld. In den ältesten Legenden sind es oft Personen, denen schon zu Lebzeiten ein schlechter Ruf anhaftete und die ihre Mitmenschen ausgeraubt, ihre Partner hintergangen oder gegen religiöse Gesetze verstoßen hatten.

Das hört sich seltsam an, folgt allerdings der inneren Logik, dass das unsichtbare oder unerklärliche Böse – denken wir auch an damals grassierende Seuchen, für die man noch keine Erklärung gefunden hatte – auf unliebsame Tote projiziert und so bezeichnet und bekämpft werden konnte. Unter diesen Bedingungen wurden Vampire zu klassischen Sündenböcken. Sie waren das personifizierte Böse. Wann immer in einem Dorf oder einer Region etwas Schlechtes geschah, konnte man es ihnen ankreiden. Geschichten über unheilbringende Monster wurden auch besonders dort häufig erzählt, wo Pest- oder Choleraerreger grassierten.

Um die Vampire loszuwerden, wählten die Menschen zunächst das ritualisierte, nochmalige Töten des Leichnams. Knoblauch, Weihwasser und das Kreuz waren damals noch nicht im Gebrauch. Man durchbohrte die Leichen stattdessen mit einem Holzpflock. Sicher war sicher.

Der erste namentlich bekannte Vampir stammt aus Kroatien, genauer aus dem Dorf Kringa im Herzen Istriens: ein Bauer namens Jure Grando, der angeblich 16 Jahre nach seinem Tod im Jahr 1672 wieder aus dem Sarg stieg und sein Heimatdorf terrorisierte. Der Historiker Johann Weichard von Valvasor dokumentierte den Fall im Jahr 1689 in einer Abhandlung über die Sitten und Gewohnheiten Istriens. Die Bauern beschuldigten Grando, er würde »ihre Weiber bekriechen und wirklich beschlafen wiewohl kein einziges Wort dabei reden«. Schon Valvasor erkannte, dass es sich um den Versuch einer Erklärung für die verbotenen Verhältnisse handelte, die verheiratete Frauen und Witwen mit anderen Männern unterhielten. Der begangene Ehebruch wurde also an einen außenstehenden Sündenbock ausgelagert, den Vampir. Grandos Leiche wurde schließlich von neun Männern wieder ausgegraben, gepfählt und geköpft.

Kroatische Historiker halten es für möglich, dass die Geschichte von Jure Grando dem irischen Schriftsteller Bram Stoker als Inspiration für seinen berühmten Roman *Dracula* gedient hat. Grandos Geschichte bietet schließlich schon alle Zutaten der modernen Vampirstory: Mord, Tod, Sex. Definitive Belege dafür, dass Stoker die Überlieferung zu Jure Grando kannte, gibt es nicht. Aber in Grandos Geburtsort Kringa vermarkten seit einigen Jahren ein paar findige Einwohner den Mythos. Es gibt dort nun eine Bar mit finsteren Vampirbildern und einem Bücherregal in Sargform. Als Souvenirs können Besucher des 300-Einwohner-Orts blutroten »Grando«-Wein und nach Knoblauch duftende Kerzen kaufen.

Die erste Vampirdebatte
Dass viele Forscher Südosteuropa als Ursprungsregion der Vampirmythen ansehen, hat auch mit einem Zufall zu tun. Österreichische Truppen waren Ende des 17. Jahrhunderts auf dem Vormarsch in die Region, die zweite türkische Belagerung von Wien war im Jahr 1683 erfolglos zu Ende gegangen. Die Soldaten mussten sich dabei immer wieder mit angeblichen Untoten auseinandersetzen, von denen ihnen Dorfbewohner in der serbischen Grenzregion berichteten. Die Habsburger Herrscher in Wien beschlossen, offizielle Untersuchungen einzuleiten und die angeblichen Untoten wieder ausgraben und von Militärärzten untersuchen zu lassen. Die behördliche Aufmerksamkeit sollte vor Ort für Ruhe sorgen. Die Ergebnisse dieser Untersuchungen sind bis heute in offiziellen Berichten in Wiener Archiven erhalten.

Die Untersuchungen der Militärärzte waren detailliert, sie stellen die erste systematische Auseinandersetzung mit Vampiren dar. In den Berichten ist von einem »Kauen und Schmatzen der Todten in Gräbern« die Rede, von angeblich nicht verwesten Leichen, von wohlgenährten Körpern, die zuvor dünn gewesen waren, von einer roten Flüssigkeit, die aus dem Mundwinkel der exhumierten Untoten lief. Dass das normale Erscheinungen bei Leichen sein können, wusste man damals noch nicht: Das Blut war schlicht Fäulnisflüssigkeit, die aufgrund von Bakterien und Hämoglobin meist rostbraun ist. Die Leibesfülle entstand durch Leichengase.

Die detaillierten kaiserlichen Berichte verpassten dem Vampirmythos einen entscheidenden Schub. Die Ergebnisse verbreiteten sich vor allem in Deutschland in Windeseile. Berühmte Theologen wie Augustin Calmet, Historiker wie Michael Ranft und weitere Wissenschaftler der Universität Leipzig griffen sie auf, einige Doktorarbeiten zum Thema entstanden, es wurde hitzig über die Existenz der Untoten diskutiert. Eine regelrechte Vampirdebatte entstand, die in ganz Europa für Aufmerksamkeit sorgte. Der französische Philosoph und Naturforscher Jean-Jacques Rousseau kommentierte die zunehmende Begeisterung spöttisch: »Wenn es jemals in der Welt eine bewiesene und geprüfte Geschichte gab, dann die der Vampire. Es fehlt an nichts: offiziellen Berichten, Zeugenaussagen von Gewährspersonen, von Chirurgen, von Priestern, von Richtern: Die Beweise sind vollständig. Doch abgesehen von all dem, wer glaubt schon an Vampire?«

Für Unterhaltung sorgten die Schauergeschichten allemal, und praktisch waren sie auch. Auf einen Vampir ließen sich bequem alle ärgerlichen Ereignisse schieben. Um 1720 häufte sich die wissenschaftliche Berichterstattung zum Thema. Einer der berühmtesten Fälle ereignete sich Anfang April 1724 im serbischen Dorf Kisolowa, dort waren innerhalb von acht Tagen neun Menschen gestorben, alle innerhalb von 24 Stunden nach dem Auftreten der ersten Krankheitssymptome. Vor ihrem Tod hatten alle den Bauern Peter Plogojowitz beschuldigt, sie nachts im Schlaf überfallen und gewürgt zu haben. Allein: Dieser Bauer aus dem Dorf war bereits zehn Wochen zuvor gestorben und lag in seinem Grab unter der Erde. Der kaiserliche Verwalter Frombald wurde zur Untersuchung des Falls geschickt und von der Dorfgemeinschaft genötigt, den Beschuldigten exhumieren zu lassen, andernfalls würden sie das Dorf aufgeben. Da es in strategisch wichtiger Lage im Grenzgebiet zum Osmanischen Reich lag, musste Frombald ihrem Drängen nachgeben. Der exhumierte Leichnam zeigt keine Verwesungsspuren. Haare, Bart und Nägel schienen nachgewachsen zu sein, im Mund fand er frisches Blut. Nur die Nase war abgefallen. Er erlaubte den Dorfbewohnern daraufhin, der Leiche einen angespitzten Holzpflock durch die Brust zu rammen, woraufhin aus der Wunde sowie aus Mund und Ohren Blut floss – so steht es in dem Bericht vom 6. April 1724. Tatsächlich waren die Dorfbewohner aber einem tückischen Virus zum Opfer gefallen.

Einen ähnlichen Fall gab es im April 1725 in der rumänischen Gemeinde Herinbiesch, wo ein zu Lebzeiten als Zauberer bekannter Mann drei Monate nach seinem Tode exhumiert wurde. Er lag praktisch unversehrt im Grab, war allerdings gerade dabei, seine rechte Hand aufzuessen. Im Bericht zu diesem Fall wird von einem sogenannten Nachzehrer ausgegangen, der die Lebenden in sein Grab zog. Natürlich wurde auch er gepfählt und verbrannt. Im Jahr 1732 wurden in einem weiteren offiziellen, medizinisch beglaubigten Bericht für das serbische Dorf Medvegya bereits zwölf Vampire vermerkt – es war eine regelrechte Vampirepidemie ausgebrochen. Auch sie wurden gepfählt und verbrannt und ihre Asche in den Fluss Morava gestreut.

Der Historiker und Vampirforscher Peter Mario Kreuter vom Institut für Ost- und Südosteuropaforschung in Regensburg hat sich die Systematik hinter diesen frühen Vampirbeschreibungen aus Südosteuropa genauer angesehen. Der Vampir ist demnach ein wiederkehrender Toter, der nachts sein eigenes Grab verlässt, um wieder unter den Lebenden zu wandeln und ihr Blut auszusaugen. Es ist zudem stets ein verstorbenes Mitglied aus einer Dorfgemeinschaft, das seine ehemaligen Mitbewohner heimsucht. Vampire besaßen übermenschliche Kräfte und waren unsterblich – es sei denn, man tötete sie auf spezielle Weise ein zweites Mal. Die betroffene Dorfgemeinschaft musste sein Grab finden, um das Monster auslöschen zu können.

Die Vampirwissenschaft
Die Legende, dass ein Vampir sein Opfer beißt und Blut direkt aus Lebewesen heraussaugt, kam erst später hinzu. Die Menschen glaubten zunächst, dass die Vampire das Blut durch bloße Anwesenheit und Nähe aus ihrem Gegenüber herausbeförderten, es ihm auf magische Weise entzogen. Vampire waren gut genährt und blass im Gesicht, nur die Wangen und die Mundpartie waren gerötet – vom Blut natürlich.

Wissenschaftler beschäftigte die Frage, ob es erklärbare Hintergründe für diese optischen Merkmale gab. Bereits 1985 erklärte der kanadische Biochemiker David Dolphin von der Universität in British Columbia, dass eine seltene, meist genetisch bedingte Stoffwechselstörung Menschen zu veränderten, grotesk wirkenden Gestalten und damit zur Vorlage für Legenden über Vampire und Werwölfe machen könne: Porphyrie heißt das Krankheitsbild. Die Betroffenen sind gegenüber Tageslicht extrem empfindlich. Grund hierfür ist eine Störung bei der Bildung von Hämoglobin, dem roten Blutfarbstoff. Sogenannte Porphyrine häufen sich im Körper an. Die Haut verändert sich, die Betroffenen haben Bauchkrämpfe und leiden an Depressionen, in ausgeprägten Fällen können Nase und Finger abfallen, Lippen und Gaumen schrumpfen. Dadurch treten die Zähne hervor, die aufgrund eines Belags blutrot verfärbt sind. Sehr selten wachsen den Betroffenen auch Haare am ganzen Körper, eine Schutzreaktion gegen das Licht. Die erstgenannten Symptome klingen wie die Beschreibung eines blutsaugenden Vampirs mit gefährlichem Gebiss, Letztere eher wie die eines Werwolfs.

Um die Beschwerden zu lindern, könnten die Betroffenen früher das Blut anderer Menschen getrunken haben, um Hämoglobin aufzunehmen. Für solche Aussagen wurde der Forscher in den Achtzigerjahren heftig von Kollegen kritisiert – zudem konnte er mit seiner Hypothese nicht erklären, warum die Menschen nicht auf Tierblut zurückgegriffen hätten. Doch der Biochemiker ließ sich nicht beirren und legte nach: Auch das angebliche Antivampirmittel Knoblauch ließe sich erklären. Der im Knoblauch enthaltene Thioether, ein organisches Sulfid, verschlimmere die Symptome und setzte den »Vampiren« zu.

Einer anderen These ging der Gerichtsmediziner Christian Reiter von der Medizinischen Universität Wien nach. Er entdeckte im Wiener Hofkammerarchiv alte Protokolle, die auf eine ungewöhnliche Epidemie im Jahr 1731 an der südöstlichen Grenze des Habsburgerreichs nahe Serbien hindeuten. Die Erkrankten berichteten im Fieberwahn davon, dass ihnen Untote alle Lebenskraft raubten.

Ein Seuchenarzt, ein gewisser Dr. Glaser, begutachtete die Verstorbenen damals. Als eindeutiges Kriterium für die »Vervampyrung« diagnostizierte er einen Mangel an Verwesungserscheinungen. Eine Frauenleiche erschien ihm »hoch aufgeblasen und blutunterlaufen«. Er notierte, »dass frisches Blut aus Mund und Nase heraus floss, der Mund halb offen war, und sie – obwohl zu Lebzeiten von hagerer Konstitution – nunmehr zu einer verwunderungswürdigen Fettigkeit gelangt sei«. Die Verwesung der Leichen war verzögert, um den Mund fanden sich Blutreste, und mancher Leichnam gab ein leises Glucksen oder Schmatzen von sich.

Der Gerichtsmediziner Reiter rekonstruierte den Fall und nutzte auch Klimadaten, um eine plausible Erklärung für die Epidemie zu finden. Im sumpfigen Weideland der Region waren im Sommer 1731 die Böden ausgetrocknet, die Schafspopulation war dadurch anfälliger für Erkrankungen. Die Tiere mussten zudem tiefer im Erdreich nach Wurzeln graben. Die These des Arztes: Dort habe ein gefährlicher Keim überdauert. Die Sporen des Milzbranderregers können über Jahrzehnte im Boden schlummern. Steigen die Temperaturen, werden die Bakterien wieder aktiv und vermehren sich.

Damit traf er ins Schwarze: Die Schafe hatten die Erreger beim Wühlen im Erdreich aufgenommen und sich infiziert, die gefährlichen Sporen des Virus verfingen sich auch in ihrem Fell. Die Menschen mussten sich über die Wolle angesteckt haben oder beim Verzehr eines Tiers. Reiter konnte sogar die Person identifizieren, die als Erste an Milzbrand starb. Der örtliche Urvampir war wohl eine Frau, die 50- bis 60-jährige Serbin Milica. Ihr Schmatzen und die rötliche Flüssigkeit, die ihr damals aus den Mundwinkeln lief, sind heute erklärbare Phänomene, die bei Fäulnisprozessen im Körper auftreten.

Auch in der religiösen und philosophischen Wissenschaft waren Wiedergänger im 18. Jahrhundert ein ernsthaftes Forschungsobjekt. Besonders reizvoll war offenbar, dass sich nicht alle Facetten dieses Phänomens rational erklären ließen. Eine Hintertür zum Übersinnlichen blieb immer geöffnet.

Philosophen etwa setzten sich mit der Frage auseinander, ob der Tod vielleicht doch überwunden werden könnte, und wenn ja, wer dafür verantwortlich sei: Gott oder eher der Teufel, der die Grundordnung der Natur übergeht? Seit dem 19. Jahrhundert wurden Vampire immer stärker sexualisiert, zu einer Zeit also, in der alles Geschlechtliche im Bürgertum zunehmend tabuisiert wurde. Liebe und Sexualität wurden untrennbar zu einem zentralen Motiv in den Erzählungen über Vampire. In diesem Zusammenhang wurden das Beißen und Blutsaugen wichtiger. Denn der Biss ist einerseits ein sadistischer Ausdruck von Macht, zugleich ist er aber auch erotisch aufgeladen und erinnert damit an den Kuss. »Der Vampir verkörpert all jene Ängste, Sehnsüchte und Wünsche, die uns die menschliche Natur mitgegeben hat und für die im normalen Bewusstsein kein Raum bleibt«, schreibt Hans Meurer in seinem Buch *Vampire*. »Vampire sind theologische und philosophische Gestalten der ältesten Mythen.«

Der Aufstieg des Vampirs zur literarischen Figur
Während der Zeit der Aufklärung gewann die Medizin im 19. Jahrhundert immer mehr Erkenntnisse über den Körper, den Vorgang des Sterbens und damit auch über Leichen. In der Folge wurden bestimmte Vampirphänomene wie der aufgeblähte Leib oder das unheimliche Schmatzen der Toten aus wissenschaftlicher Sicht entmystifiziert. Weil Vampire als Projektionsfläche so perfekt geeignet waren, verschwanden sie aber nicht, sondern gingen in die Literatur über. Nach den Napoleonischen Kriegen war die Stimmung in Europa düster, ein perfekter Nährboden für Gruselgeschichten. Die Literatur griff die düstere Stimmung auf. Wir erinnern uns an die mondäne Villa am Genfer See, wo der Brite Lord Byron im »Sommer« 1816 eine illustre Gruppe junger Schriftsteller versammelte, die einander aufgrund des schlechten Wetters lieber Gruselgeschichten erzählten und Gespenstergeschichten schrieben, als vergeblich auf einen Wetterumschwung zu warten. Unter den Eindrücken des dunklen Sommers entstanden Gedichte und Geschichten über eine Welt, in der die Dunkelheit triumphiert. Und so wurde am von Gewittern umtosten See, zu Füßen der ge-

waltigen Berge, nicht nur Frankensteins Monster geboren. Auch der Fürst der Dunkelheit, der Vampir, fand bei der Gespensterrunde in der Villa am See zum ersten Mal seinen Weg in die europäische Literatur. Nach einer Idee von Byron schrieb sein literarisch ambitionierter Leibarzt John Polidori mit *The Vampyre* die erste Erzählung über den Vampir und wurde zum Gründervater des literarischen Vampirmythos. Dieser erste Vampir ist allerdings kein bisschen blutrünstig, eher selbstverliebt und draufgängerisch.

Der irische Schriftsteller Bram Stoker fügte 80 Jahre später die Figur des Graf Dracula hinzu. Dieser Roman prägt unsere Vorstellung von Vampiren bis heute. Zu seinem blutrünstigen Graf Dracula aus dem rumänischen Transsilvanien hatte Stoker sich von alten Mythen inspirieren lassen. 1890 hatte ihm der ungarische Geheimagent Arminius Vámbéry vom grausamen rumänischen Fürsten Vlad III. erzählt. Dieser trug den Beinamen Drăculea, Sohn des Drachen, da sein Vater und später auch er selbst Mitglied des Drachenordens waren, eines katholischen Ritterordens. Fürst Vlad Tepes ließ seine Feinde, so heißt es, mit Vorliebe langsam mit dem Pfahl aufspießen, weswegen ihm posthum auch der Beiname Vlad der Pfähler verliehen wurde. Angeblich ließ er im 15. Jahrhundert in der Walachei bis zu 100.000 Menschen auf diese Weise töten. In jedem Fall war die Vorlage für Graf Dracula nicht eben ein Sympathieträger.

Im angeblichen Schloss des Grafen Dracula oberhalb der Ortschaft Bran in den südlichen Karpaten, das von den örtlichen Tourismusbehörden gern als Spukschloss vermarktet wird, wohnte übrigens weder Vlad Tepes, noch war Dracula-Erfinder Bram Stoker jemals dort. Tepes war immerhin vielleicht einmal zwei Monate als Gefangener im Schloss inhaftiert, aber nicht einmal das ist historisch belegt. Dem Mythos tut es keinen Abbruch. Finster und verwinkelt ist die mittelalterliche Burg bei Brașov in Siebenbürgen, einstiger

Sommersitz der Königsfamilie, allemal. Aktuell steht sie für angebliche 95 Millionen Euro zum Verkauf.

Friedrich Wilhelm Murnau verfilmte im Jahr 1922 erstmals die Geschichte von Graf Dracula, er nannte ihn Nosferatu. Der deutsche Regisseur verpasste seinem dämonischen Vampir ein markantes Aussehen: Tiefe Altersringe umgaben Nosferatus Augen, an den Händen hatte er lange Krallen, die ihm intimeren Kontakt zu anderen Menschen erschwerten. Er sollte nicht nur Blut saugen, sondern auch die ganze in ihm liegende Seelenqual seiner Zeit für alle sichtbar machen. Murnau selbst hatte als Soldat das Grauen des Ersten Weltkriegs erlebt. All die Abgründe und traumatischen Erlebnisse konnte er in seiner Filmfigur unterbringen.

Murnau erfand auch ein paar neue Vampireigenschaften hinzu. Zwar war auch Nosferatu nachtaktiv und trank mit Vorliebe Blut, doch ausgerechnet eine Eigenheit, die nicht in Stokers Vorlage auftaucht, nutzt er dramaturgisch für das Filmende. Der Vampir löst sich in Staub auf, als die ersten Sonnenstrahlen des Tages auf ihn treffen.

Nosferatu ist einer der ersten Horrorfilme überhaupt, »eine Symphonie des Grauens«, so der Untertitel. Allerdings hatte sich der Regisseur vor der Veröffentlichung nicht die Rechte am Buch gesichert – weshalb Stokers Witwe später die Vernichtung des Films erwirken konnte. Einige Kopien blieben glücklicherweise dennoch erhalten. Trotz des Wirbels um die Rechte entfaltete *Nosferatu* eine große Wirkmacht. Der Film zeigte, welches enorme Potenzial Vampire bergen.

Das Monster aus der Vergangenheit ist also in der Moderne angekommen. Letztlich sind die stärksten Monster die anpassungsfähigsten. Sie waren plötzlich in ganz anderen Lebensräumen zu Hause als etwa noch im Mittelalter, wo sie sich eher in entlegenen und unwirtlichen Regionen am Rand der bekannten Welt aufgehalten hatten. Ihre Reviere waren nun in der Nähe der Menschen, entweder hausten sie an verlassenen Orten oder – und das ist neu – in Gegenden im Zentrum der Zivilisation, mitten im Herz der schnell wachsenden Großstädte, die innerhalb von wenigen Jahrzehnten auf ein Vielfaches ihrer einstigen Größe angewachsen waren. Städte wie London oder Berlin waren monströse Moloche, sie verschlangen Menschen wie Rohstoffe und spuckten die entkräfteten Körper wieder aus, wenn sie nutzlos geworden waren. Für menschliche Monster war das die ideale Brutstätte.

Schriftsteller wie William Blake oder Charles Dickens schilderten in ihren Gedichten und Romanen London als eklige, düstere, stinkende Stadt. Dickens schreibt in *Oliver Twist*: »Lediglich die Wirtshäuser, in denen sich die niedrigste Klasse der Irländer nach Leibeskräften zankte, schie-

nen in diesem Gifthauch zu gedeihen. Überdeckte Wege und Höfe, die da und dort von der Hauptstraße abzweigten, ließen kleine Häusergruppen sehen, in denen sich betrunkene Männer und Weiber buchstäblich im Kot wälzten.« Aus diesen Milieus heraus entwickelten sich die menschlichen Monster. »Die Figur des monströsen Kriminellen, die Figur des Sittenmonsters, schießt plötzlich gegen Ende des 18. und zu Beginn des 19. Jahrhunderts mit Urgewalt aus dem Boden«, schrieb Michel Foucault. Jack the Ripper, der im Londoner Eastend rund um Whitechapel zahlreichen Prostituierten die Kehle aufschlitzte und Gedärme und Gebärmutter herausholte, ist das wohl berühmteste Beispiel. Heute kann man dort mit einem Führer die einstigen Tatorte besuchen.

Der Blick nach innen

Parallel zum rasant zunehmenden technischen Fortschritt wuchs im 19. Jahrhundert auch das Wissen über den Menschen selbst. Forscher machten sich zunehmend Gedanken um das Unbewusste und die menschlichen Abgründe. Der Mensch war also gleichzeitig Akteur und Studienobjekt. Als Akteur wurde er zum mächtigen Macher, die Psychoanalyse mit ihren Vorreitern C. G. Jung und Sigmund Freud deckte die Verletzlichkeit des Menschen auf, er konnte auch Opfer sein. Die Forscher erkannten die Gefahr des Abgründigen. »Wer mit Ungeheuern kämpft, mag zusehen, dass er nicht dabei zum Ungeheuer wird«, schrieb Friedrich Nietzsche.

1876 veröffentlichte der italienische Gerichtsmediziner und Psychiater Cesare Lombroso sein Werk *L'Uomo delinquente*, das elf Jahre später auch in Deutschland unter dem Titel *Der Verbrecher in anthropologischer, ärztlicher und juristischer Beziehung* veröffentlicht wurde. Darin formulierte er die Idee des geborenen Verbrechers. »Lombroso hat versucht, Kriminalität zu versachlichen und zu objektivieren, und suchte dabei nach körperlichen Ursachen, die für das Begehen eines Verbrechens verantwortlich sind«, erklärt Peter Becker, Historiker am Wiener Institut für Rechts- und Kriminalsoziologie.

Um Lombroso zu verstehen, reist man am besten nach Turin, an seine alte Wirkungsstätte. Hier wird all die Widersprüchlichkeit seines Tuns sichtbar und greifbar, die spannenden Ansätze genauso wie die verheerenden, dunklen Folgen seiner Systematisierung des Verbrechers. Das Lombroso-Museum hat nun seinen Platz im Palazzo der Anatomieinstitute, einem charakteristischen Gebäude mit zwei eigenwilligen Minaretttürmen am Corso Massimo D'Azeglio. Dort sind alte, stuckverzierte Räume von 2006 an renoviert worden, man hat die alten Vitrinen entstaubt und neu gestrichen, und die lassen nun die Schädelsammlung in »neuem Licht« erscheinen. Es ist ein sehr besonderes, weltweit einzigartiges Museum, mit dem Nachbau der Gefängniszellen, den 400 Schädeln, den Dingen, die die Gefangenen gefertigt haben, den alten Handschellen der Gefangenen und Geisteskranken, den Fotografien und Zeichnungen der »Verbrecher«, den Skizzen der Tätowierungen, dem medizinischen Gerät, mit dem Lombroso die Schädel öffnete und die Gehirne sezierte, immer auf der Suche nach dem Sitz des Bösen. Um seine Theorien zu beweisen, ging er mit naturwissenschaftlichen Methoden vor, er vermaß Schädel und Körper von verurteilten Straftätern auf der Suche nach typischen Merkmalen. Er nahm die Schädeldecken ab, befestigte sie mit einem Scharnier am Schädel, sodass sie sich aufklappen ließen. Er zeichnete die anatomischen Besonderheiten jedes einzelnen Schädels eines Verbrechers ab. Er fotografierte Schädel systematisch, meist frontal und von der Seite, vermaß die Knochen und das Gehirn von Hingerichteten oder Menschen, die als anormal galten. Aus all seinen Daten entwickelte er schließlich seine Theorie des geborenen Verbrechers.

Der Täter rückte in den Mittelpunkt auch des Strafrechts, es zählte nicht mehr allein die Tat. Mit seinen Ausführungen zum geborenen Verbrecher – Lombroso war Rechtsmediziner – gab er der Kriminologie neue theoretische Impulse, er wollte vor Gericht in schwierigen Fällen die Deutungshoheit gewinnen und nicht den Juristen überlassen. Er wollte dafür sorgen, dass Menschen, die seiner Meinung nach bereits aufgrund ihrer Veranlagungen als Kriminelle geboren worden waren, nach anderen Kriterien bestraft werden als Täter, die durch die äußeren Umstände zu einem Verbrechen getrieben wurden.

Lombroso arbeitete akribisch an seiner Tätertypologie. Besonders eigenartig muten die Vitrinen im Turiner Museum mit den wächsernen Todesmasken von »typischen« Verbrechern an, die Lombroso einst kategorisierte. Der Vergewaltiger, der Mörder, der Dieb, der Fälscher, der Wegelagerer, der Gattenmörder, der Bestechende ist jeweils einem Gesicht zugeordnet. So also sahen die Bösen aus, es sind Monsterprototypen. Viele trugen Bart oder waren unrasiert, manche wie der Vergewaltiger oder der Mörder haben ein leicht asiatisches Aussehen. Lombroso behandelte sie wie tickende Zeitbomben, die es rechtzeitig zu erkennen und zu entschärfen galt. Er selbst sprach von einer »Früherkennung« der Verbrecher schon im Kindesalter. Nur so könne man die Verdächtigen vielleicht noch entsprechend erziehen und beeinflussen.

Seine Arbeiten beeinflussten eine Reihe von Medizinern, Anthropologen und Biologen. Immer mehr Forscher beschäftigten sich mit dem Bösen und den Ursachen des Verbrechens. Lombroso war der erste Forscher, der auf vermeintlich naturwissenschaftlicher Basis eine biologische

Veranlagung zum Verbrechen nachweisen wollte. Er wurde damit zum Urvater der Profiler.

Die Absichten Lombrosos waren vermutlich ehrenwert. Dennoch stigmatisierte er Menschen aufgrund ihres Aussehens. Er rückte den Täter, zumindest bei Verbrechen wie Vergewaltigung oder Mord, in die Nähe des Monsters, des primitiven Wilden, der aggressiver ist als ein kulturelles Wesen der ehrbaren Gesellschaft. Der Verbrecher ist sozusagen ein Mensch auf einer niedrigeren Entwicklungsstufe, er hat monströse Züge. Körperliche Merkmale wie eine spezielle Schädelform, vorstehende Schneidezähne, eng liegende, fast ineinander übergehende Augenbrauen oder Tätowierungen seien typisch, so Lombroso. Er wollte damit deren enge Verwandtschaft zu vermeintlich aggressiveren Vorfahren suggerieren – ein Ansatz, der sich als komplett unsinnig erwies.

Man könnte nun mit aufgeklärtem Blick auf Lombroso schauen, ihm rassistische Ansichten unterstellen oder auch auf die Einwände vieler Wissenschaftler hinweisen, die die von Lombroso behauptete biologische Determinierung des Menschen zum Verbrechen oder zum Bösen schlechthin ablehnen.

In der Nachkriegszeit war Cesare Lombroso verpönt, weil die Nationalsozialisten seine Theorien als Grundlage für die Zwangssterilisierung von Geisteskranken und Verbrechern heranzogen. Und in Italien formierte sich im Jahr 2010 Widerstand gegen die fortwährende Würdigung Lombrosos. Eine Facebook-Gruppe forderte die sofortige Schließung des 1892 in Turin gegründeten Museums »Museo di psichiatria e antropologia criminale«. Streitpunkt war beispielsweise die Ausstellung zahlreicher Skelette von Räubern aus dem Süden Italiens, die Lombroso über Jahrzehnte hinweg gesammelt hatte. Die Kritiker meinen, dass das Museum damit noch heute Menschen aus dem Mezzogiorno als Kriminelle hinstelle. Nachfahren von Menschen, deren Schädel in der Turiner Sammlung zu sehen sind, wollten die Herausgabe und Bestattung ihrer Verwandten erzwingen.

Exkurs: Die schrecklichsten Serienmörder

Im Zuge der Recherchen zum Buch merkte ich, dass es wichtig ist, sich auch mit den Figuren des Bösen zu beschäftigen. Denn in gewissem Sinne stecken Serienmörder ab, wozu der Mensch im Extremfall fähig ist. Die schauerliche Erkenntnis war, dass manche dieser Bestien in vielen Bereichen ihres Lebens normal erscheinen, so wie wir alle. Diese Nähe zum Normalen ist das Erschreckende an diesen Figuren. Denn das Böse ist nicht im Vorhinein zu erkennen. Wir sehen es nur in den Momenten, in denen es hervorbricht und der Mensch zum Monster wird. Dass diese menschlichen Monster uns das Unheimliche so nahebringen, erklärt vielleicht auch ihren Erfolg. Reale Serienmörder tauchen oft in fiktionalen Geschichten wieder auf, manche von ihnen werden auf diese Weise wieder und wieder zum Leben erweckt.

John Wayne Gacy. *»Der Killer-Clown«*
Filme, Serien und Texte zahlreicher Bands beziehen sich auf den Serienmörder, und der zweiteilige amerikanische Spielfilm *Jagt den Killer* von 1992 rekonstruiert Wayne Gacys Geschichte.

Es gibt ein Foto aus dem Jahr 1978, das John Wayne Gacy, damals Bezirksleiter der Demokratischen Partei in einem

Vorort von Chicago, gemeinsam mit Rosalynn Carter zeigt, der Gattin des ehemaligen US-Präsidenten Jimmy Carter. Zu diesem Zeitpunkt hatte er bereits 32 junge Männer vergewaltigt und ermordet. Wayne Gacy sieht auf dem Bild eigentlich ganz nett aus, ein bisschen korpulent, aber ansonsten sehr normal. Er trat auch bei Straßenfesten für Kinder auf, als »Pogo der Clown« machte er seine Späße im selbst genähten Clownskostüm. Seine Opfer fesselte, folterte, missbrauchte und tötete er zwischen Januar 1972 und Dezember 1978. Fast alle Leichen vergrub er im Kriechkeller seines Hauses. Als Kind hatte Gacy unter seinem gewalttätigen und alkoholkranken Vater gelitten. Das Gericht verurteilte ihn zu 21 Mal lebenslänglich und zwölf Mal Todesstrafe, der Rekord für einen Serienmörder. Bei seiner Hinrichtung im Jahr 1994 waren 1000 Schaulustige anwesend.

Ted Bundy. »*Der charismatische Killer*«
Bundys Geschichte ist mehrfach verfilmt worden, unter anderem in *Alptraum des Grauens*, *Ted Bundy* und *Bundy: An American Icon*.

Der amerikanische Serienmörder tötete zwischen 1974 und 1978 mindestens 28 Mädchen und junge Frauen, er vergewaltigte, erdrosselte oder erschlug seine Opfer, zerteilte sie und vergrub anschließend die Leichenteile. Bereits 1977 wurde er gefasst, konnte aber zwei Mal aus der Haft fliehen und weitere Morde begehen.

Jeffrey Dahmer. »*Das Monster von Milwaukee*«/»*Der Kannibale von Milwaukee*«
Dahmer wird oft in einem Atemzug mit Wayne Gacy und Ted Bundy genannt. Fälle von allen drei Massenmördern sind Thema im Thriller *Copykill*, in dem ein Psychopath berühmte Fälle nachinszeniert. Dahmer tötete und vergewaltigte nicht nur mindestens 17 Männer, er aß sie teilweise auch auf.

Als ihn die Polizei schließlich fasste, lagerten im Kühlschrank und in Schränken Schädel, Köpfe und Gliedmaßen. Ein Mithäftling ermordete Dahmer zwei Jahre nach seiner Verurteilung im Gefängnis.

Dahmer wird ebenfalls in zahlreichen Liedern erwähnt, seine Geschichte wurde wiederholt verfilmt, in *The Secret Life: Jeffrey Dahmer*, *Dahmer* oder *Raising Jeffrey Dahmer*.

Ed Gein. *»The Painful Ghoul«* (Der schmerzhafte Leichenfledderer)

Gein ist vermutlich der berühmteste Serienmörder der Geschichte, er diente als Vorlage für die Figur des Buffalo Bill im Film *Das Schweigen der Lämmer* (auch im Roman von Thomas Harris), zudem für die Figur von Norman Bates in Alfred Hitchcocks Film *Psycho* und beeinflusste den Film *The Texas Chain Saw Massacre*.

Gein ermordete mindestens zwei Frauen, wohl aber deutlich mehr. Auf seinem Farmhaus in Wisconsin fand man Teile von mindestens 15 weiteren Leichen, die Gein zerlegt und nach Körperteilen sortiert hatte: Es gab eine Sammlung mit Nasen, eine mit weiblichen Geschlechtsorganen und eine mit Masken aus menschlicher Gesichtshaut. In einer Pfanne auf dem Herd fand sich ein Herz. Einige Leichen hatte Gein wohl auch aus Gräbern geholt und dann zerlegt. Aus den Köpfen der Opfer machte er Futterschüsseln für seine Katzen und Hunde. Ob Gein auch Kannibale war, konnte die Polizei nicht ermitteln.

Gary Leon Ridgeway. *»Der Green River Killer«*

Das bestialische Tun von Ridgeway ist mehrmals verfilmt worden, etwa in *The Riverman*, *Green River Killer* und *Green River: Die Spur des Killers*.

Der überaus religiöse Ridgeway erwürgte insgesamt mindestens 49 – vermutlich sogar 90 – Prostituierte und legte die

Leichen jeweils in der Gegend des Green River ab. Mit manchen von ihnen, die er gruppenweise versteckte, hatte er später oft erneut Geschlechtsverkehr. Schmuck und Kleidungsstücke seiner Opfer verkaufte er zu seinem Vergnügen auf Garagenflohmärkten bei sich zu Hause.

Peter Kürten. *»Der Vampir von Düsseldorf«*
Kürtens Geschichte war die Vorlage für Fritz Langs Film *M – Eine Stadt sucht einen Mörder,* außerdem taucht er auch im Film *Copykill* und in Stephen Kings Roman *Brennen muss Salem* auf. Ein ermittelnder Kommissar, der eine Abhandlung über den Fall verfasste, verwendete erstmals den Begriff »Serienmörder«. Kürtens mumifizierter Kopf ist heute noch in einem amerikanischen Kuriositätenkabinett des Franchise-Unternehmens »Ripley's Believe It or Not!« in Chicago zu sehen, das auch Bücher und Comics herausbringt.

In den Jahren 1929 und 1930 ermordete Peter Kürten, der immer gut gekleidet war und sich im Alltag meist unauffällig verhielt, in Düsseldorf und Umgebung insgesamt acht Frauen, einige von ihnen erstach er mit einer Schere. Den Beinamen »Vampir von Düsseldorf« erhielt Kürten, weil er im Stadtpark einen Schwan geköpft und dessen Blut getrunken hatte.

Fritz Haarmann. *»Der Schlächter«/»Der Kannibale«*
Fritz Haarmann tötete in den Jahren 1918 bis 1924 in Hannover etwa 27 Jungen und junge Männer im Alter von zehn bis 22 Jahren, meist würgte und biss er sie während des Geschlechtsakts. Die Gesprächsprotokolle mit dem Psychiatrieprofessor Ernst Schultze verfilmte 1995 Romuald Karmakar in *Der Totmacher* mit Götz George in der Hauptrolle, sie geben Einblick in die Psyche des Mörders. Der Fall Haarmann ist in zahlreichen Büchern, Filmen und Theaterstücken verarbeitet worden.

Andrei Tschikatilo. *»Der Ripper von Rostow«*

Andrei Tschikatilos Lebensgeschichte bildet die Basis für mehrere Bücher und Filme, etwa für den 1995 erschienenen Film *Citizen X* oder den Roman *Kind 44* des britischen Schriftstellers Tom Rob Smith, der im Jahr 2015 unter dem gleichen Titel verfilmt wurde. Tschikatilo tötete mindestens 53 Kinder und Frauen, phasenweise in so hoher Frequenz, dass die Behörden im Jahr 1984 sogar überlegten, die 200.000 Einwohner seiner Heimatstadt Schachty in der ganzen Sowjetunion zu verteilen und die Stadt aufzugeben. Tschikatilo mordete daraufhin in Rostow weiter, obwohl in den Bahnhöfen rund um die Uhr mehr als 600 Milizbeamte patrouillierten.

Graf Gilles de Rais. *»Blaubart«*

Die Geschichte um den reichen Ritter Blaubart, der seine Frauen ermordete, geht auf Gilles de Rais zurück. Der Stoff wurde in Märchen, Erzählungen, Dramen, Filmen und Opern verarbeitet.

Der historische Gilles de Rais kämpfte als Marschall im Hundertjährigen Krieg gemeinsam mit Jeanne d'Arc und wurde dafür hoch geschätzt. Doch offenbar hatte ihn der Krieg verrohen lassen. Als er sich im Jahr 1431 zur Ruhe setzte, begann auf seinen Burgen das Morden. Seine Diener beschafften ihm Kinder, vorwiegend Jungen, aus den umliegenden Dörfern, er folterte, vergewaltigte und ermordete sie. Mit ihrem Blut soll er okkulte Texte geschrieben haben. Vermutlich starben Hunderte Kinder, Kirchenakten dokumentieren 140 Fälle. Er blieb nur so lange unentdeckt, weil er als berühmter Adeliger und Kriegsheld unantastbar war.

Von der Wunder-kammer zur Freakshow

Ich möchte gegen Ende des Buchs noch einmal die Geschichte von Don Pedro Gonzalez aufnehmen, dem Haarmenschen, und den Wunderkammern der Frühen Neuzeit. Damals dominierte der neugierige Blick, ob es für Don Pedro angenehm war, an den Herrscherhäusern Europas bestaunt zu werden, sei dahingestellt. Es gibt zumindest keine historischen Dokumente, die auf ein unglückliches Dasein hindeuten. Für mich ist seine Geschichte hinsichtlich der Betrachtung des Monströsen ziemlich aufschlussreich, im 19. Jahrhundert wäre sein Leben nämlich komplett anders verlaufen. Aus den Wunderkammern der Adeligen und Kirchenfürsten waren naturwissenschaftliche Sammlungen und Museen geworden. Während allerdings bei den Wunderkammern eher das Interesse an außergewöhnlichen und manchmal durchaus auch bizarren Dingen im Zentrum stand, bemühte man sich in den Museen um einen systematischen Aufbau der gesammelten Exponate. Oft prägten einzelne Wissenschaftler und Naturforscher den Aufbau der Sammlungen.

Das Muséum national d'histoire naturelle wurde 1793 in Paris gegründet, es basierte auf einer Sammlung von Präparaten einzelner Paläontologen und Zoologen. Das Naturkundemuseum in Berlin entstand als Zoologisches Museum im Jahr 1809. Es nahm später auch Exponate berühmter Expeditionen auf, etwa von Alexander von Humboldt. Das Natural History Museum in London, dessen Sammlung mittlerweile 70 Millionen Exponate beherbergt, baute auf der naturkundlichen Sammlung des Physikers Hans Sloane auf, die er 1753 dem britischen Staat vermachte. Hinzukamen dann die botanischen Sammlungen von Joseph Banks, der James Cook auf seiner Weltreise begleitet hatte.

Monstrositäten standen nun nicht mehr im Fokus. Lediglich große medizinische Einrichtungen wie die Berliner Charité sammelten noch ungewöhnliche menschliche Missbildungen, aber der Blick auf diese Exponate war längst ein anderer. Man kann sie bei berechtigtem wissenschaftlichem Interesse heute noch besichtigen. Es gibt da, in Gläsern konserviert, Babys, denen das Hirn aus der Augenhöhle quillt, Föten mit Wasserköpfen, von Rachitis deformierte Skelette. Das Hauptinteresse all dieser Sammlungen galt dem Ziel, eine Ordnung in der Natur zu finden und zu definieren. Naturforscher wie Carl von Linné schufen die Grundlagen für die systematische Einteilung von Tieren und Pflanzen in Klassen, Arten und Familien. Er legte mit seiner Systematik auch den Grundstein für den Ansatz, die menschliche Art in verschiedene Unterarten und Rassen einzuteilen. Den vier Rassen, die er vorschlug, wies er nicht nur körperliche Merkmale wie Haut-, Augen- oder Haarfarbe zu, sondern auch charakterliche Merkmale. Linné war mit seinem Denken nicht allein, auch Immanuel Kant entwickelte eine Rassentheorie, die stark auf unterschiedlichen Klimabedingungen basierte. Das Gedankenwerk diente ab dem 18. Jahrhundert dazu, die Überlegenheit der weißen Rasse zu begründen, es legitimierte den Sklavenhandel genauso wie die Vernichtung der Juden. In späteren Rassenlehren etwa der Nationalsozialisten in Deutschland wurden genau solche angeblichen Charakterzüge unter wissenschaftlichem Deck-mantel benutzt, um vermeintlich höhere und niedere Ras-sen voneinander zu unterscheiden. Aus Rassentheorie war blanker Rassismus geworden.

Das neue Denken wirkte sich auch auf den Umgang mit missgebildeten, irgendwie »anderen« Menschen aus. Die Bewunderung und die interessierte Neugier, mit denen der Haarmensch im 16. Jahrhundert betrachtet wurde, wa-ren im 19. Jahrhundert verschwunden. Die Betroffenen waren keine Wunder der Schöpfung mehr, die irgendein Herrscher mit Stolz zeigen konnte. Selbst viele Wissenschaftler spra-chen angesichts mancher Missbildungen von einem Leiden. Heute ist die Bezeichnung Gendefekt üblich, so, als ob ein Teil des Menschen kaputt und im besten Fall zu reparieren wäre.

Die Wertschätzung hatten die monströsen Menschen verloren, die Aufmerksamkeit war ihnen aber immer noch sicher. So nahmen sich im 19. Jahrhundert Menschen wie der amerikanische Zirkus- und Museumsdirektor Phineas Taylor Barnum der missgebildeten Menschen an und be-dienten mit ihrer Hilfe hemmungslos den Voyeurismus der Menschen – und machten in Zeiten des beginnenden Kapi-talismus ein Geschäft daraus. Als lebendige Ausstellungs-objekte mussten sie ihr Leben auf Jahrmärkten und im Zirkus fristen. Barnum präsentierte Mitte des 19. Jahrhun-derts in seinem American Museum in New York Sensatio-nen wie eine angebliche Meerjungfrau mit Affenoberkörper und Fischunterleib, das »Leoparden-Mädchen« mit hell-dunkel-gefleckter Haut oder die siamesischen Zwillinge Chang und Eng Bunker, die sich ständig stritten, oder einen Zwerg namens Charles Stratton, der als General auftrat. Täglich besuchten bis zu 15.000 Menschen das Kuriositäten-museum.

Seine Protagonisten waren überaus populäre Figuren. Bei

der Hochzeit von Stratton mit der ebenfalls kleinwüchsigen Lavinia Warren im Jahr 1863 waren 2000 Gäste anwesend, und Präsident Abraham Lincoln ließ Geschenke schicken. Die Hochzeit war die Titelstory vieler Zeitungen.

Barnum gründete, nachdem sein Museum zwei Mal abgebrannt war, einen Wanderzirkus. Seinem Prinzip, auch menschliche Kuriositäten in einer Show zu zeigen, blieb er treu. Albinos traten genauso auf wie Frauen ohne Unterleib, der »wahre Kaspar Hauser«, die angeblich für 100.000 Dollar aus Asien nach Amerika verbrachten Haarmenschen und vermeintliche Aztekenkinder, die er in Wahrheit aus einer Einrichtung für geistig Behinderte geholt hatte. Die Inszenierungen gerieten immer mehr zu Freak-Shows, es ging nicht mehr um ein neugieriges Bestaunen einer wundersamen Natur, sondern um Sensationen. Die »bizarre haarige Familie aus Burma« durften die Besucher anfassen, wer den 30-jährigen Haarmenschen Moung-Phoset und seine 70-jährige, im Gesicht vollständig behaarte Mutter Mah-Poon berührte, dem sollte das Glück bringen.

Die Gesellschaft hatte sich radikal gewandelt: Die respektvolle Distanz, die Don Pedro Gonzalez in der Renaissance noch geschützt hatte, war einer sensationslüsternen Hysterie gewichen. Es war die prägende Haltung der folgenden Jahrzehnte. Auch in Europa gab es diese hemmungslose Zurschaustellung von Menschen. Die als Riesin von Ridnaun herumgereichte, 2,27 Meter große Maria Fassnauer trat beispielsweise auf dem Münchner Oktoberfest, dem Kohlmarkt in Wien oder auf der Weltausstellung in Brüssel auf. »Kommen Sie, meine Herrschaften, treten Sie heran, hier sehen Sie Mariedl, die Riesin von Tirol«, das war jahrelang ihr Spruch. Dass sie bald große Schmerzen und Geschwüre vom langen Stehen bekam, interessierte niemanden.

Eine Reaktion auf diese Zurschaustellung von Missgebildeten war der berühmte Film *Freaks* des amerikanischen

Regisseurs Tod Browning aus dem Jahr 1931. Brownings »Freaks« waren echte Missgebildete, er engagierte sie in Zirkuszelten oder öffentlichen Rummelplätzen, hatte selbst jahrelang in einem Zirkus mit ihnen zusammengelebt und -gearbeitet. Im Film rächt sich die Truppe von missgebildeten, klein und schief gewachsenen Menschen an den vermeintlich Normalen für erlittene Demütigungen.

Wir wissen, dass im Nationalsozialismus die Missgebildeten verfolgt und im Zuge der sogenannten Rassenhygiene getötet wurden. Auch damit hatte das Monster Hitler sein böses Gesicht gezeigt.

Was vom Monster übrig bleibt – ein Zwischenfazit

Der Monsterkoffer, in dem wir uns nun über Jahrtausende umgesehen haben, hat uns fremde Welten gezeigt und unglaubliche Wesen. Steigen wir an dieser Stelle der langen Reise doch einmal aus dem Koffer hinaus und klappen ihn zu. Die Monster sind nicht mehr sichtbar, aber sie begleiten uns trotzdem. Wir haben sie schließlich im Gepäck dabei, die antiken Giganten mit den Schlangenbeinen ebenso wie die Völker, die ihren Darm zum Kühlen ins Meer hängen, oder den tönernen Golem. Inzwischen sehen wir viele dieser Monster vielleicht aus einem anderen Blickwinkel, Verwandtschaften werden sichtbar, Stammbäume sind entstanden. Und wenn wir uns in unserem Alltag umsehen, stellen wir fest, dass fast alle Monster, von denen ich im Buch erzählt habe, in der einen oder anderen Form noch in unserer Welt existieren. Das Ungeheuer von Loch Ness begegnete uns auf den Seekarten der Frühen Neuzeit wieder, Menschenfleisch zählt spätestens seit der Antike zur Leibspeise unterschiedlichster Monster, und mancher frühzeitliche Gott erlebte mehrere Wiedergeburten als Wächter des Dämonischen und Bösen.

Zu Anfang bin ich darauf eingegangen, dass Monster während der Arbeit an diesem Buch für mich auch immer unfassbar blieben. Trotzdem oder gerade deshalb wurden sie auch immer faszinierender und tiefgründiger für mich. Angefangen von den Mischwesen der Steinzeit bis zu den Zombies der heutigen Blockbuster: Wir haben gesehen, dass kein Monster je zufällig erschaffen wurde. Wir Menschen haben sie erfunden, um uns in dieser bisweilen fremden, bedrohlichen Welt unserer selbst zu versichern. Wir brauchen sie, um unseren Ängsten eine Gestalt zu geben und sie so beherrschbar zu machen.

Dabei bleiben Monster immer ambivalent: Sie sind geschaffen worden, um zu warnen, manchmal auch zu drohen oder einen Weg zu weisen, aber sie machen uns immer auch neugierig, locken und verführen uns. Denn Monster leben das aus, was wir nicht dürfen.

Sie stehen für die Abweichung von der Konvention, für das Exzentrische, Schrille, Bunte, Unvorhergesehene, Überraschende. Und verweisen auf eine Grenze zwischen dem Normalen und dem Anormalen. Das Monster macht so das Normale als normal sichtbar. Dabei muss dieser gemeinsame Nenner des Normalen ständig neu verhandelt werden, denn jede Gesellschaft befindet sich in kontinuierlichem Wandel. Auch dafür sind Monster die Idealbesetzung. Auf gesellschaftlicher Ebene schlägt ihre Stunde, wenn wir Normalität und Ordnung durch äußere Gefahren oder Veränderungen bedroht sehen. Auf individueller Ebene tauchen sie auf, wenn wir mit unseren tief liegenden, inneren Konflikten nicht mehr zurechtkommen.

Noch etwas kann uns das Phänomen der Monster zeigen, die uns Menschen wahrscheinlich seit unseren Anfängen begleiten: Das Böse kommt nicht von außen, als etwas Fremdes, sondern es ist ein Teil von uns.

In vielen Bestsellern und Blockbustern der Geschichte spielen Monster eine zentrale Rolle. Es sind facettenreiche Figuren, die sich im Lauf der Jahrtausende in Gestalt und Bedeutung verändert haben. Wir haben gesehen, dass auch Monster einer Art Evolution unterliegen. Jede Zeit und jede Gesellschaft gebiert nicht nur ihre eigenen Monster, sie vererbt sie auch an künftige Generationen weiter, damit diese von ihnen Gebrauch machen können. Dabei verändern sich bestimmte Facetten. Weniger zeitgemäße Verhaltensweisen entfallen oder treten in den Hintergrund. Diesen Prozess durchlaufen alle älteren Monster wie Vampire, Werwölfe oder mystische Sagengestalten. Vampire beispielsweise waren anfangs keine Blutsauger, sie scheuten auch das Licht nicht.

Wir brauchen Monster, weil sie uns aufzeigen, wo unsere Grenzen liegen und in der Zukunft liegen werden. Monster schärfen unsere Sinne für die Probleme und Fragen, die unsere Gesellschaft umtreiben. Manchmal auch für Gefahren, denen wir Menschen ausgesetzt sind. Die Monster sind unsere Seismografen, sie sind Experten, geschult und mit jahrtausendelanger Erfahrung ausgestattet. Sie sind nach wie vor in der Lage, die Brüche und Risse in unserer Gesellschaft ebenso wie in unserer Psyche aufzudecken. Und wenn wir uns mit ihnen beschäftigen, schlagen sie »imaginäre Antworten für reale Probleme vor«, wie es der irische Philosoph Richard Kearney einmal geschrieben hat.

Bram Stokers Dracula etwa ist ein Paradebeispiel und so etwas wie mein Lieblingsmonster, lernt man doch immer noch etwas hinzu, je länger man sich mit ihm beschäftigt. Am Anfang nimmt man eher den schaurigen Anteil der Figur wahr. Doch das Buch hat unendlich viel mehr Ebenen, man denke nur an die Rastlosigkeit und den Wahnsinn seiner

Hauptfiguren, die wie getrieben durch Europa reisen. Draculas Gegenspieler verfolgen den Vampir von London aus bis in seine Heimat Transsilvanien und bringen ihn dort nach einer atemlosen Jagd zur Strecke. Das spiegelt wider, wie sehr die Welt schon Ende des 19. Jahrhunderts beschleunigt war, wie stark die industrielle Revolution die Menschen gefordert, gebeutelt und irritiert haben muss. Monster wie Dracula holen all diese komplizierten Gefühle aus dem Unbewussten hervor und machen sie sichtbar. Ein weiteres Lieblingsmonster ist der Haarmensch Don Pedro aus dem 16. Jahrhundert, der damals in den europäischen Herrscherhäusern und im päpstlichen Rom herumgereicht wurde. Seine Geschichte erzählt davon, dass die Welt damals im Aufbruch und voller Neugier war, das Monströse war als Spielart der Natur in das Weltbild integriert.

Wir brauchen Monster, weil sie uns erzählen, wie sehr wir zwischen Bewusstem und Unbewusstem zerrissen sind, zwischen Gewohntem und Ungewohntem, dem Gleichen und dem Anderen. Sie erinnern uns daran, dass wir eine Wahl haben: Entweder versuchen wir, unsere Erfahrung des Fremdseins zu verstehen und zu fassen – oder wir lehnen sie ab und projizieren sie beispielsweise auf Außenseiter.

So, wie es unterschiedliche Monster gab und gibt, gab es auch immer unterschiedliche Konzepte, mit ihnen umzugehen. In der Antike waren Monster beispielsweise Gegenbilder zum Menschen und zur Zivilisation, die die Menschen verteidigen mussten. Diese Aufgabe übernahmen die Helden. Ihr Sieg über das Monster wurde als Sieg über die Bedrohung der Normalität und als Sicherung der Zivilisation gesehen. Diese Geschichte der Monsterbekämpfung wird auch heute wieder und wieder erzählt. Man denke nur an die gigantischen Aliens aus dem Film *Pacific Rim*, denen durch eine gewaltige Kraftanstrengung und große Opfer der Helden schließlich der Zugang zu unserer Welt (hoffentlich für immer) verwehrt wird. Eine weitere Art der Monsterjagd unternehmen die Naturwissenschaften bereits seit einigen Jahrhunderten. Hier geht es meist darum, das Monströse zu rationalisieren, einzuordnen und dadurch auszusortieren.

Ich hoffe, Sie haben von der Reise in den Monsterkoffer einen guten Umgang mit diesen Wesen mitgenommen. Man muss sich um seine Monster kümmern, sonst fressen sie einen auf. Wer sich traut, die Monster zu betrachten, lernt etwas über sich selbst. Das gilt auf gesellschaftlicher wie individueller Ebene. Es ist ein Blick auf unsere andere, dunkle Seite. Manche mögen eine Scheu verspüren, die gruseligen Gestalten genauer anzuschauen, und sich angewidert abwenden. Doch schon Michel Foucault empfahl: »Wir sollten nicht zu entdecken versuchen, wer wir sind, sondern was wir uns weigern zu sein.«

UND JETZT?
DIE ANGST-
GESELLSCHAFT

Nach dem Zweiten Weltkrieg hätte man einen Abstieg der Monster vermuten können. Allzu grausame menschliche Monster wie Adolf Hitler oder Josef Stalin bedurften keiner fiktiven Ergänzung mehr. Die beiden Weltkriege waren monströs, die Massenvernichtung von Juden war monströs, die erste Atombombe war monströs. Adolf Hitler war ein leibhaftiges Monster. Düsterer als die Realität hätte sich niemand ein Monster ausdenken können.

Doch Monster blieben gefragt, vor allem in der Unterhaltungsindustrie. Filme und Videospiele wurden ihr Einsatzfeld. Immer perfekter simulieren heute die Rechner Leinwandungeheuer, seien es die kriegerischen Orks im *Herr der Ringe* oder der Horrorsaurier Indominus Rex im *Jurassic-World*-Film. Im Kino erzeugen sie Nervenkitzel, wir genießen die Show und lachen dabei unsere Beklemmung weg. Wir scheinen die Cyborgs und Zombies auch für die Themen des 21. Jahrhunderts zu brauchen.

Einer der Gründe, warum ich dieses Buch geschrieben habe, ist das fulminante Comeback der Monster. »Es ist kein Zufall, dass in der heutigen Zeit, die durch politische Krisen und kulturelle Veränderungen geprägt ist, Horrorfiguren so präsent sind«, sagt der Münchner Literaturwissenschaftler

Markus Wiefarn. Das zeigt auch der Rückblick auf frühere Krisenzeiten, zum Beispiel auf den Stummfilm *Nosferatu – Eine Symphonie des Grauens*, der aus der Zeit der Weimarer Republik stammt. Die Jahre zwischen den beiden Weltkriegen waren in Europa und in den USA geprägt von großer Unsicherheit, der Börsencrash von 1929 in den USA, der sogenannte Schwarze Freitag, und die folgende Weltwirtschaftskrise taten ihr Übriges.

Wir leben in einem Zeitalter der Angst. Der Soziologe Ulrich Beck prägte früh den Begriff der »Angstgesellschaft«. Wir fürchten den Klimawandel, fürchten um unsere Sicherheit, fürchten uns vor Zuwanderung, vor einer nuklearen Katastrophe, vor der totalen Überwachung und dem Verlust unserer Privatsphäre. Viele Menschen fühlen sich in einer immer schnelleren, technischeren Welt überfordert. Das Entwicklungstempo ist hoch, die Wirklichkeit ist kompliziert geworden, für viele Menschen zu kompliziert. Die Wissenschaft, seit der Aufklärung die große Triebfeder der Moderne, muss immer wieder erkennen, wie schwierig es ist, die Welt wirklich zu verstehen. Auch der Traum von der Rettung der Welt durch die Wissenschaft wird immer wieder enttäuscht. Ein Teil der Menschen reagiert darauf mit einem seltsam anmutenden Verhalten: Sie ignorieren einfach alles, was nicht in das eigene Weltbild passt, was sich nicht mit der eigenen, vorgefertigten Meinung deckt. Die Empathiefähigkeit nimmt ab, religiöser und politischer Fanatismus nehmen zu. Und mit ihm Hass, Skrupellosigkeit und rücksichtsloses, egoistisches Verhalten. Es entsteht eine Art neue Endzeitstimmung, wie auch der Historiker Johannes Fried anmerkt.

Die Angst ist längst in all unsere Lebensbereiche vorgedrungen. In den USA fürchten sich offenbar besonders Angehörige der weißen Mittelklasse, die man auch als Vergessene bezeichnet. In Deutschland sind die Verlierer der Wiedervereinigung verängstigt, in Großbritannien haben deswegen überwiegend ältere Menschen für den Ausstieg aus der EU gestimmt, in Frankreich äußern sich ältere Franzosen besorgt, die sich in den Banlieues plötzlich in der Minderheit finden. All diese Personengruppen sehnen sich nach Ordnung, gemeint ist damit zumeist eine alte Ordnung, in der sie sich privilegierter und sicherer gefühlt haben. Ihrer Meinung nach bringen die »anderen« die Welt durcheinander und sorgen für Unsicherheit. Das können Geflüchtete, Andersgläubige oder auch politische Eliten sein, die sich angeblich nur selbst bereichern wollen. Wenn man sich Facebook-Posts zum Thema ansieht, gewinnt man jedenfalls den Eindruck, dass einige Gesellschaftsgruppen fest an das Monströse zum Beispiel in geflüchteten Menschen glauben.

Interessant dabei ist, dass nicht Individuen als Feindbilder aufgebaut werden, sondern Gruppen. Es ist von der Flüchtlingswelle die Rede, von der Lügenpresse, von Islamisten. Mithilfe dieser Feindbilder werden zunächst diffuse Ängste geschürt. Wirklich gefährlich wird der Versuch, ganze Gruppen zu dämonisieren, wenn dann konkrete Schuldige für diese Ängste gefunden werden. Die neuen rechtsnationalen Kräfte in den USA positionieren sich hier gerade und dämonisieren Mexikaner und Moslems.

Die Geschichte hat gezeigt, wohin dieser Weg führen kann. Die Nationalsozialisten beschworen eine zionistische Gefahr herauf und beschlossen die teuflische Vernichtung aller Juden. Ein derartiger Genozid war in seiner historischen Ausprägung einmalig und wird sich hoffentlich niemals wiederholen. Doch auch heute zündeln wieder rechtsnationale Kräfte, stellen mithilfe des Feindbilds eines bärtigen, islamistischen Kämpfers oder eines mexikanischen Drogendealers Religionen oder Nationen unter Generalverdacht. Schuld an der gefühlten Misere haben immer die anderen, die von außen in die eigene Welt eindringen. Populisten, diese Geisterbeschwörer der Politik, haben Hochkonjunktur.

Sprachwandel

Eine Ende November 2016 veröffentlichte Studie amerikanischer Psychologen zeigt, dass der Umbruch möglicherweise schon lange in der Luft lag. Rumen Iliev und seine Kollegen von der University of Michigan untersuchten amerikanische Bücher, die nach 1800 erschienen waren, sowie die Zeitungsartikel der vergangenen 150 Jahre aus dem digitalen Archiv der *New York Times*. Sie erfassten das Aufkommen negativer Wörter wie »Hass«, »Leiden« oder »Angst«. Das Fazit: Zwar überwiegen positive Begriffe, doch die Anzahl der negativen Begriffe steigt stetig an.

Adjektive wie »hübsch« oder »toll«, Begriffe wie »Erleichterung« finden sich zwar noch sehr oft, jedoch mit abnehmender Tendenz. Auf den ersten Blick plausibel erscheint, dass negative Begriffe während der Krisen- und Kriegszeiten des 19. und 20. Jahrhunderts Konjunktur hatten, zur Zeit der beiden Weltkriege genauso wie während des Vietnamkriegs oder des amerikanischen Sezessionskriegs. Dass dann in Zeitungen vermehrt negative Wörter auftauchen, ist logisch, auch in Büchern ließ sich dieser Trend nachweisen. Auch während der Weltwirtschaftskrise Ende der Zwanzigerjahre und zu Zeiten hoher Arbeitslosigkeit war die Sprache einem Wandel unterworfen. Sie sei, schreiben die Forscher, ein gutes Messinstrument für gesellschaftliche Krisen.

Warum die Sprache seit 150 Jahren immer pessimistischer wird, ist den Forschern allerdings ein Rätsel. Möglicherweise sinkt der Zusammenhalt in der Gesellschaft. Positive Kommunikation hingegen stärkt Zusammenarbeit und Gruppengefühl. Sind einer Gesellschaft das Wir-Gefühl und die soziale Gerechtigkeit nicht mehr wichtig und schaut jeder nur noch auf seinen eigenen Vorteil, schlägt sich das auch in der Sprache nieder. Leben wir also in einem Zeitalter negativer Botschaften? Der amerikanische Präsident Donald Trump jedenfalls verschickt laufend welche – nicht nur auf Twitter. Bei einem Auftritt in einem College in Iowa sagte er: »Ich habe die loyalsten Leute. [...] Ich könnte in der Mitte der 5th Avenue stehen und jemanden erschießen, und ich würde keine Wähler verlieren!« Kein Einzelfall. Seine Antrittsrede als Präsident bezeichnete der Amerikanistik-professor Michael Hochgeschwender von der LMU München in einem Interview mit der *Süddeutschen Zeitung* als »giftige, ja zerstörerische Rede«. Im Internet finden sich einige Montagen, die Trump als Imperator mit dunkler Kutte zeigen, wie im *Krieg der Sterne*. Kurz nach seiner Wahl druckte eine französische Zeitung unter ein Trump-Foto mit verzerrter Mimik die Schlagzeile: »Trumpenstein«. Die Botschaft: Im Weißen Haus wird ein Monster regieren!

Ist das so? Und wer hätte das Monster erschaffen? Die Republikanische Partei, der rechte Einflüsterer und Berater Steve Bannon oder gar die Amerikaner selbst, die jemanden gewählt haben, der sich mit der Größe seines Geschlechts-teils brüstet und zugibt, bei Misswahlen hinter der Bühne die nackten Kandidatinnen beim Umziehen anzuglotzen? Oder ist das nur ein Spiel mit dem Monströsen? »Trump sehe ich nicht als Monster«, sagt der Münchner Literaturwissen-schaftler Markus Wiefarn. »Vermutlich verkörpert er nur vieles in extremer Form, was sich auch beim amerika-nischen Normalbürger finden lässt. Ob Letzterer nicht auch selbst monströs genannt werden kann, wäre freilich zu diskutieren.«

Trump ist nicht dumm, er spielt seinen Part in der vollen Überzeugung, dass er die richtige Strategie verfolgt. Damit hat er die Wahl gewonnen. So spaltet und zerstört er, be-leidigt weiter Menschen via Twitter und lügt ohne Hem-mungen. Auch mit seinen Pauschalattacken auf eine ganze Religion oder Ethnie verstößt Trump bewusst gegen gesell-schaftliche Normen. Der amerikanische Sachbuchautor und Pulitzer-Preisträger Michael D'Antonio schreibt in seiner

Trump-Biografie: »Trump lässt gar keinen Zweifel daran, dass Rache ein Lebensprinzip für ihn darstellt – ›Mein Motto ist: Du musst es den Leuten immer heimzahlen. Wenn dich einer übers Ohr haut, ziehst du ihm das Fell über die Ohren.‹«

Trumps Anhänger haben die Botschaft verstanden. Sie erzeugen finstere, monströse Feindbilder, indem sie ganze Gruppierungen entmenschlichen, die sie als die »anderen« definieren. Die amerikanische Politikwissenschaftlerin Erin C. Cassese von der Universität West Virginia, die zur »politischen Psychologie des Monströsen« forscht, bringt den Gedanken ins Spiel, dass die Republikanische Partei Trump absichtlich ins Rennen geschickt haben könnte, um sich später wirkungsvoll von ihm distanzieren zu können. Jeffrey Jerome Cohen meint: »Das Sündenbock-Monster wird möglicherweise im Lauf einer offiziellen Erzählung rituell zerstört und reinigt so die Gemeinschaft, indem es die Sünden auslöscht. Die Vernichtung des Monsters läuft ab wie ein Exorzismus.« Im Fall von Donald Trump würde dies dessen Abwahl bedeuten, gefolgt von einer Läuterung der amerikanischen Gesellschaft. Angesichts der tiefen Spaltung des Landes stellte sich aber schon jetzt die Frage, ob die Abgründe wirklich im Schlepptau des Monsters verschwänden. Hoffen wir, dass diese Geschichte gut ausgeht.

Trump ist dabei kein Einzelfall. Weltweit sind Politiker auf dem Vormarsch, die offen Ängste und Misstrauen schüren, um ihre Macht auszubauen. »Wenn eine selbstdarstellerische und rücksichtslose Haltung für immer größere Teile der Gesellschaft erstrebenswert wird, dann ist zur Schau gestellter Narzissmus offensichtlich ein überzeugendes Wahlprogramm«, schreibt der österreichische Psychiater und Neurologe Reinhard Haller in der *Süddeutschen Zeitung*. Dies habe auch bei anderen narzisstisch agierenden Führern, von Silvio Berlusconi über Recep Tayyip Erdoğan bis zum philippinischen Staatschef Rodrigo Duterte, bestens funktioniert. Beunruhigend seien nicht nur die Narzissten an der Macht, sondern noch vielmehr jene, die sie gewählt haben: unsere narzisstisch gewordene Gesellschaft.

Es lohnt sich also, genauer zu schauen, wem wir da hinterherlaufen. Der französische Historiker Patrick Boucheron, Experte für das Spätmittelalter, beschäftigte sich im Rahmen seiner Vorlesung am Collège de France Mitte Januar 2017 mit politischen Clowns wie Silvio Berlusconi, dem Briten Boris Johnson oder eben Donald Trump und der Strategie des Lügens. Sie nutzen auf sehr bewusste Art etwas, was Boucheron die Politik des Hässlichen und die Politik der Fälschung nennt. Verbindet man beides eng miteinander, werden gängige Kategorien verwischt. Ist etwas komisch oder traurig, natürlich oder künstlich, wahr oder falsch? »Wie soll man Wirklichkeit untersuchen, wenn sie sich bereits im Gewand der Fiktion präsentiert?«, fragt Boucheron. Er zeigt Bilder der Gesichter von Trump und Johnson in Großaufnahme. Rein optisch betrachtet bringen diese Männer unsere Kategorien durcheinander. »Der entscheidende Punkt ist, Gesicht und Maske ununterscheidbar zu machen«, so Boucheron. Sie trügen eine Frisur, die einer Perücke so sehr ähnelt, dass es obsolet ist zu rufen, dass dies ja gar keine echten Haare seien. Es ist die perfekte Nachahmung des Künstlichen. Wenn Gesicht und Maske miteinander verschmelzen, gibt es nichts zu entlarven. Die beste Art, niemals karikiert zu werden, sei es, zu einer Karikatur seiner selbst zu werden. »Es hat keinen Sinn mehr, eine Lüge zu benennen, wenn sie selbst schon als solche geäußert wird«, schreibt Nils Minkmar dazu im *Spiegel.* »Das Publikum wird in einem Zwischenreich des Halbdunkels gehalten, jenem Chiaroscuro, in dem, so heißt es, die historischen Monster gedeihen. Immerzu schwankt der Betrachter zwischen Gelächter und Furcht und wird doch gebannt, weil wir uns gern gruseln.« Das Verschwimmen von Kategorien und damit von Sicherheit ist ein idealer Nährboden für Monster. Wir haben es mit etwas zu tun, was wir lieben zu hassen.

Ausgerechnet im digitalen Zeitalter, in dem Wissen so verfügbar ist wie nie zuvor, zählen Fakten allein nicht mehr. Woher die Entwicklung kommt, Tatsachen zu verneinen und offen zu lügen, ist schwer zu beantworten. Vielleicht bröckelt in der Bevölkerung gerade die alte Vorstellung aus der Aufklärung, dass man die Wahrheit erkennen könne, wenn man die Welt nur genau genug beobachtet. Zwar haben die modernen Naturwissenschaften tatsächlich das Wissen rasant vermehrt, das durch die digitale Revolution noch mehr Menschen zugänglich ist, doch viele neue große Fragen sind geblieben. Und die neuen Technologien haben auch neue große Fragen mit sich gebracht. Warum also soll man sich die Mühe machen, sich durch all den komplizierten Wissensmüll zu wühlen, wenn man zum einen nicht sicher sein kann, ob man nicht doch alternativen Fakten auf den Leim gegangen ist, und zum anderen kaum je zum Ende kommt? Ist es da wirklich so erstaunlich, dass sich die Menschen an einfachere Weltmodelle klammern? Und auch die digitale Revolution hat ihren Anteil daran. Denn längst geben wir etwas anderes weiter als Wissen. Wir handeln mit kleineren Einheiten, mit Informationen, reinen Daten, die sich beliebig interpretieren lassen. Die Weitergabe von Wissen – wir nennen das Bildung, auch Erfahrung und Erkenntnis gehören dazu – ist ersetzt worden durch den Handel mit Informationspixeln, die sich zu nahezu jeder beliebigen Wahrheit zusammensetzen lassen.

In den USA gibt es seit einigen Jahren auch eine »antiwissenschaftliche Bewegung«, die unter anderem den menschengemachten Klimawandel negiert. Die Anhänger dieser Bewegung sind größtenteils strenggläubige Christen, die weder an den Urknall noch an die Evolution glauben, sondern stattdessen lieber verbreiten, die Erde sei vor 6000 bis maximal 12.000 Jahren geschaffen worden, innerhalb von sechs Tagen, so stehe es in der Bibel. Und ginge es nach dem Willen der Bewegung, hätten diese Lehren schon längst Eingang in den Schulunterricht finden sollen. Die evangelikalen Christen in den USA stört es nicht, dass der Kreationismus, wie sich ihre Lehre nennt, mit fast allen Bereichen der Naturwissenschaft im Widerspruch steht. Und sie stehen längst nicht allein da mit ihren Ansichten. In Amerika glauben mehr als 30 Prozent der Menschen an die Ideen des Kreationismus, ein Rekordwert für westliche Nationen. Auch in der Türkei soll die Evolutionslehre aus den Lehrplänen verschwinden.

Die Unsicherheit wächst, die Ängste nehmen zu. Die Wissenschaft hat darauf reflexartig reagiert. »Monster Studies« boomen in allen Bereichen, von der Literaturwissenschaft über die Ethnologie und Geschichtswissenschaften bis zu den Gender-Studies. Die Forscher beschäftigen sich insbesondere mit den Mechanismen des Monströsen.

Was wir lernen können

Auch im 21. Jahrhundert werden die Horrorszenarien nicht weniger: Klimawandel, Pandemien, Manipulationen am Erbgut, die Gefahren virtueller Cyberwelten oder der Einschlag eines Asteroiden – die Liste ist lang. Wir wissen nicht genau, zu welchen Veränderungen es in naher Zukunft kommen wird. Aber es gibt Anzeichen für das Aufkommen neuer Monster. Der israelische Historiker Yuval Noah Harari zeichnet in seinem Buch *Homo Deus* kein besonders fröhliches Zukunftsbild. Der Mensch sei dabei, mit den leistungsfähigen Algorithmen der sogenannten künstlichen Intelligenz eins zu werden. Er beginne, an die von ihm entworfene und von wenigen Konzernen wie Google oder Facebook kontrollierte Datenverarbeitung zu glauben, eine Art neuer Religion, die er »Dataismus« nennt. Die neuen Monster hinter dieser Entwicklung haben wir schon früh benannt. George Orwell schrieb seinen utopischen Big-Brother-Roman *1984* bereits im Jahr 1948. Auch hier kann niemand sagen, dass die Monster uns nicht gewarnt hätten.

Jetzt wissen wir allmählich, wie weit die Reise wirklich gehen könnte. »Falls wir eines Tages künstliche Gehirne bauen, die das menschliche an allgemeiner Intelligenz übertreffen, dann könnte diese neue Art von Superintelligenz überaus mächtig werden«, sagt Nick Bostrom, Experte für künstliche Intelligenz an der Universität Oxford. »Genau wie das Schicksal der Gorillas heute stärker von uns Menschen abhängt als von den Gorillas selbst, so hinge das Schicksal unserer Spezies von den Handlungen dieser maschinellen Superintelligenz ab.« Es ist ein wahrhaft apokalyptisches Szenario, nach dem die Geschichte der Menschheit in nicht allzu ferner Zukunft enden könnte – zumindest dann, wenn die künstliche Intelligenz (KI) sich in derart rasantem Tempo weiterentwickelt, wie es sich derzeit andeutet. Der Schriftsteller E. M. Forster hatte, wie erwähnt, die Gefahren der technologischen Entwicklung schon vor mehr als 100 Jahren in seinem Roman *Die Maschine steht still* skizziert. Riesenkonzerne wie Google haben das Thema heute für sich entdeckt, die KI-Forschung ist aus ihrem Dämmerzustand erwacht. Auch der Physiker Stephen Hawking, der Microsoft-Gründer Bill Gates oder der Tesla-Chef Elon Musk haben sich ähnlich geäußert. Selbst lernende Software wird unseren Erkenntnishorizont deutlich erweitern. Bostrom glaubt sogar, dass spätestens »irgendwann in diesem Jahrhundert« eine Superintelligenz entstehen könnte, die den Menschen in die zweite Reihe verdrängt und uns, wie wir es mit Schimpansen tun, in den Zoo sperren könnte. Ob

Maschinen wirklich ein Bewusstsein entwickeln, lässt sich schwer abschätzen. Aber auch ohne Bewusstsein könnten autonome Roboter bedrohlich werden.

Der neueste Film aus der *Alien*-Reihe greift diese Bedrohung eindrucksvoll auf. *Alien: Covenant* spielt im Jahr 2104. Das Raumschiff Covenant fliegt mit 2000 eingefrorenen Menschen und 1000 Embryonen an Bord zu einem fernen Planeten, den die Menschheit besiedeln will. Ein mysteriöses Signal von einem anderen erdähnlichen Planeten bringt es von seinem Weg ab – mit fatalen Folgen. Mit *Alien: Covenant* zeigt der britische Regisseur Ridley Scott eine Art Schöpfungsgeschichte seines berühmten Alien-Mythos. Es ist eine überaus düstere Reise zu den Wurzeln des unheimlichsten Weltraummonsters der Filmgeschichte. Die Bedrohlichkeit dieses Monsters war so groß, weil man so wenig über seine Herkunft und seine Absichten wusste. Scotts Geschichte ist voller Mythen und Elementen aus der antiken Sagenwelt, sie enthält Versatzstücke biblischer Texte des Alten Testaments. Sie dockt damit an die uralten Mythen der Menschheit an und ist in ihrer unerbittlichen Brutalität doch auch eine Geschichte des 21. Jahrhunderts.

Die Welt, in der wir leben, ist sehr verstörend. Das Unheimlichste an den *Alien*-Filmen ist aber gar nicht das Monster selbst, sondern der Zustand permanenter Bedrohung. Das scheint das vorherrschende Gefühl des 21. Jahrhunderts zu sein. Und Scott rückt auch die jüngste Bedrohung durch künstliche Intelligenz in den Blick. »Die Menschheit ist eine gescheiterte Spezies, sie hat es nicht verdient, weiter zu existieren«, sagt der Androide David zum Androiden Walter, einem identisch aussehenden, aber weniger weit entwickelten Vorläufer, der von den Menschen einst erschaffen wurde, ihnen zu helfen. Die nächste Generation hat sich von diesem Ethos verabschiedet. David, der sich selbst wie der Schöpfer einer neuen Spezies fühlt, spricht kühl aus, zwischen welchen Möglichkeiten Walter wählen könnte: Er müsse sich entscheiden, ob er des Himmels Knecht oder der Hölle Herr sein wolle. Für die Menschheit heißt das nichts Gutes.

Der Film greift das aktuelle Gefühl auf, dass die menschliche Existenz durch vielerlei Faktoren möglicherweise sogar grundlegend bedroht ist. Selten waren in einem Film so viele düstere Szenarien versammelt. Ridley Scott sprach jüngst in einem Interview in der *Süddeutschen Zeitung* von einer »Welt, die aus den Fugen gerät«: »Ich habe aber immer mehr das kindliche Bedürfnis zu fragen, ob da nicht mal jemand was unternehmen kann, damit dieses Chaos aufhört. Die *Alien*-Filme erzählen davon, sie übertragen mein tiefes Unwohlsein, das zurzeit bestimmt viele Leute empfinden, in ein Horrormärchen.«

In solchen Filmen wird sichtbar – und wenn unser Herz zu klopfen beginnt oder wir vor Schreck zusammenzucken, sogar spürbar –, zu welcher Bedrohung sich künstliche Intelligenz entwickeln könnte. Diese Mahnungen sollten wir ernst nehmen. Schließlich hat Bostrom recht, wenn er sagt: »Wir haben einen Vorteil: Wir sind diejenigen, die das Ding bauen.« Vielleicht sollten wir also KI-Programme oder gar künstliche Wesen lieber so konstruieren, dass wir jederzeit den Stecker ziehen können. Es muss natürlich nicht zur Machtübernahme der Androiden und zur Unterwerfung der Menschheit kommen. Auch der Einsatz von Robotern und Maschinen in der Kriegsführung oder in der totalen Überwachung lässt die Entwicklung aller möglichen Schreckensszenarien zu.

In unserer rasanten Gegenwart entstehen durch mehr Wissen auch immer neue zu erforschende Bereiche. Und mit ihnen neue Monster. Im Bereich der Gentechnik etwa könnten sich mithilfe einer neuen Methode, die es erlaubt, präzise und schnell ins Erbgut von Menschen und Tieren einzugreifen, neue Perspektiven ergeben. Die Genschere »CRISPR/ Cas« ist Hoffnungsträger und Wundermittel, wenn es um das Heilen von Krankheiten geht. Mit ihrer Hilfe können wir an unserem eigenen Erbgut herumschnipseln und uns selbst optimieren. Allerdings könnten Forscher damit auch versuchen, den Menschen und damit unser ganzes Leben komplett umzuprogrammieren. Der moderne Traum von der immer weiter fortschreitenden Erkenntnis und Machbarkeit könnte dann schnell zu einem veritablen Albtraum werden. Oder ist er das vielleicht sowieso schon geworden?

Viele Menschen denken bei solchen technologischen Entwicklungen an die Möglichkeit, unser Leben deutlich zu verlängern. Harari spekuliert, dass uns zumindest die Verlangsamung des Alterungsprozesses gelingen könnte und die Menschen bis zu 200 Jahre alt werden könnten. Was das alles für die Lebensplanung, für die Erziehung und für das Arbeitsleben bedeuten würde, mag sich jeder selbst ausmalen. Ich bin der Meinung: Es könnte das nächste große Einsatzgebiet für Monster werden.

Sie entstehen aus unseren aufkommenden Ängsten und befürchteten Katastrophen. Deshalb gleicht ihr Umfeld auch oft einem apokalyptischen Szenario. In Weltuntergangssituationen fühlen sie sich wohl, denn in ihnen zeigt sich das, was unterhalb des zivilisatorischen Deckmantels lauert. Das Hässliche und das Monster gehören dazu. Aber eben nicht nur: Viele Endzeitfilme beschwören ja gerade die solidarische Seite des Menschen. In der Katastrophe rücken wir zusammen. Das Monströse kann auch das Gute in uns hervorbringen, es kann helfen, Bedrohungen zu identifizieren und sichtbar zu machen.

Sicher ist vor allem eins: Wir werden unsere Monster auch künftig brauchen.

Dank

Ich habe mich selten mit einem Thema auseinandergesetzt, das derart viele Facetten hat und so viele Überraschungen bereithält wie dieses. Wer sich mit Monstern beschäftigt, braucht einen weiten Blick und einen offenen Zugang. Er muss sich darauf gefasst machen, dass er sicheres Terrain verlässt. Das Wesen der Monster ist ihre Vieldeutigkeit. Ein wenig sind Monster wie Gedichte: Man muss sie lesen lernen. Dabei haben mir unzählige Menschen geholfen. Ich danke zunächst allen Wissenschaftlern, mit denen ich gesprochen und deren Arbeiten ich gelesen habe. Auf ihren Erkenntnissen baut dieses Buch auf. Die Bandbreite der beteiligten Fachdisziplinen war enorm, von der Gehirnforschung über die Anthropologie, die Psychoanalytik, die Geschichts- und Religionswissenschaften bis hin zu den Literaturwissenschaften und der Gender-Forschung. Aber auch Werke von Schriftstellern wie H. G. Wells, E. M. Forster, Jean de Mandeville oder H. P. Lovecraft waren mir eine Quelle der Inspiration. Ganz besonders möchte ich Joanne K. Rowling danken für das Bild des Monsterkoffers aus ihrem neuesten Werk *Phantastische Tierwesen und wo sie zu finden sind*.

Man braucht natürlich bei einem so gewaltigen Projekt auch kluge Mitstreiter, mit denen man seine Ideen diskutieren kann. Allen voran möchte ich meine Mitarbeiterin Katharina Roth nennen, ohne die dieses Buch so niemals entstanden wäre. Sie hat mir in zahlreichen Gesprächen wichtige Hinweise gegeben, mich beraten und gerade in schwierigeren Phasen sehr unterstützt. Christian Weber danke ich für wertvolle Anregungen zum Manuskript. Auch meinem ältesten Sohn Fabian, der gerade selbst die Leidenschaft fürs Schreiben entdeckt, danke ich. Er hat nicht nur Teile des Manuskripts gegengelesen, sondern auch von seinen Reisen aus Südostasien wertvolle Hinweise auf die dortige Monsterwelt mitgebracht.

Danken möchte ich auch meiner Lektorin Anja Hänsel, sie hat das Projekt nach meinem Monsterartikel in der *Süddeutschen Zeitung* überhaupt erst ins Rollen gebracht, sie hat mich die ganze Zeit über mit ihrer Begeisterung für Monster begleitet und schließlich das Manuskript mit scharfem Blick für Details überarbeitet. Ihr danke ich für ihr Vertrauen in dieses tolle Projekt. Ohne die großartigen Illustrationen von Peter M. Hoffmann wäre dieses Buch nicht so schön geworden, ihm möchte ich für seine Monsterbilder-Welt danken. Daniel Mursa von meiner Agentur Petra Eggers hat mein Projekt von Anfang mit Umsicht begleitet, auch das war wichtig.

Zum Schluss möchte ich meiner Frau Denise und meinen Kindern Nicolai und Laura danken. Sie haben mich in den intensiven Monaten des Schreibens unterstützt, mich mit ihren Geschichten und Gedanken inspiriert und zudem dafür gesorgt, dass ich bei aller Begeisterung für fantastische Wesen nicht die Bodenhaftung verliere. Glauben Sie mir, auch das war durchaus notwendig.

Dieses Buch ist all jenen gewidmet, die Angst haben: den Kindern, die sich in einer immer hektischeren Welt zurechtfinden müssen, genauso wie den Erwachsenen, die die Zuversicht verloren haben. Angst ist kein guter Begleiter, unsere Gesellschaft ist heute viel zu stark davon geprägt. Sich aber den eigenen Ängsten zu stellen ist eine wichtige Erfahrung. Monster helfen uns dabei. Wenn dieses Buch hier einen Beitrag leisten kann, freue ich mich sehr.

Literatur

Stephen T. Asma: »Monsters on the Brain: An Evolutionary Epistemology of Horror«, in: *Social Research*. Columbia University. Bd. 81, S. 941–968. Winter 2014.

Stephen T. Asma: *Monster, Mörder und Mutanten – eine Geschichte unserer schönsten Alpträume*, Propyläen, Berlin 2011.

Catherine Atherton (Hrsg.): *Monsters and monstrosity in Greek and Roman culture*, Nottingham Classical Literature Studies Midland Classical Studies, Bd. 6. Bari: Levante, 2002.

Thomas Bärnthaler: »Der Grenzgänger. Interview mit Werner Herzog«, in: *Süddeutsche Zeitung Magazin* Nr. 02/2017, 13. Januar 2017.

Alan W. Bates: *Emblematic Monsters. Unnatural Conceptions and Deformed Birth in Early Modern Europe*, Editions Rodopi, New York 2005.

Peter Becker: *Verderbnis und Entartung. Eine Geschichte der Kriminologie des 19. Jahrhunderts als Diskurs und Praxis*, Vandenhoeck und Ruprecht Verlag, Göttingen 2002.

Peter Becker: *Dem Täter auf der Spur. Eine Geschichte der Kriminalistik*, Primus Verlag, Darmstadt 2005.

Wolfgang Behringer: *Kulturgeschichte des Klimas. Von der Eiszeit bis zur globalen Erwärmung*, C. H. Beck, München 2010.

Jesse Bering: *Die Erfindung Gottes: Wie die Evolution den Glauben schuf*, Piper Verlag, München 2011.

Alessandro Bessi, Emilio Ferrara: »Social bots distort the 2016 U.S.

Presidential election online discussion«, in: *First Monday*, Bd. 21, Nr. 11, 7. November 2016.

Bruno Bettelheim: *Kinder brauchen Märchen*, dtv, München 1993.

David Blackbourn: *Die Eroberung der Natur. Eine Geschichte der deutschen Landschaft*, DVA, München 2007.

Nick Bostrom: *Superintelligenz. Szenarien einer kommenden Revolution*, Suhrkamp Verlag, Berlin, 2014.

Pascal Boyer: *Und Mensch schuf Gott*, Klett-Cotta Verlag, Stuttgart 2009.

Leo Braudy: *Haunted. On Ghosts, Witches, Zombies, and Other Monsters of the Natural and Supernatural Worlds*, Yale University Press, New Haven und London 2016.

Horst Bredekamp: *Bilder bewegen. Von der Kunstkammer zum Endspiel*, herausgegeben von Jörg Probst, Verlag Klaus Wagenbach, Berlin 2007.

Wally Caruana: *Die Kunst der Aborigines*, Lichtenberg, München 1999.

Erin C. Cassese: »Here are 3 insights into why some people call Trump ›monster‹«, in: *Washington Post*, 31. Oktober 2016.

Jeffrey Jerome Cohen: *Monster Theory. Reading Culture*, University of Minnesota Press, Minneapolis 1996.

Loren Coleman, Patrick Huyghe: *The Field Guide to Lake Monsters, Sea Serpents and Other Mystery Denizens of the Deep*, Targer-Perigee, New York 2003.

Alain Corbin: *Meereslust. Das Abendland und die Entdeckung der Küste*, Klaus Wagenbach Verlag, Berlin 1990.

Lorraine Daston, Katharine Park: *Wunder und die Ordnung der Natur*, Eichborn, Berlin 2002.

Mike Davis: *Ökologie der Angst. Los Angeles und das Leben mit der Katastrophe*, Antje Kunstmann, München 1999.

Christopher Dell: *Monster – Dämonen, Drachen & Vampire. Ein Bestiarium*, Christian Brandstätter Verlag, Wien 2010.

Stephan Doering, Heidi Möller: *Frankenstein und Belle de Jour. 30 Filmcharaktere und ihre psychischen Störungen*, Springer Medizin Verlag, Heidelberg 2008.

Terry Eagleton: *Das Böse*, Ullstein, Berlin 2011.

Juan Echeverria et al.: »The ›Star Wars‹ botnet with >350k Twitter bots«, veröffentlicht online unter https://arxiv.org/pdf/1701. 02405v1.pdf, 10. Januar 2017.

Umberto Eco: *Die Geschichte der Hässlichkeit*, Carl Hanser Verlag, München 2007.

Michel Foucault: *Die Anormalen. Vorlesungen am Collège de France (1974–1975)*, Suhrkamp Verlag, Frankfurt a. M. 2003.

Lothar Frenz: *Riesenkraken und Tigerwölfe. Auf den Spuren der Kryptozoologie*, Rowohlt Taschenbuch Verlag, Reinbek bei Hamburg 2003.

Marco Frenschkowski: »Lovecraft als Mythenschöpfer«, in: Andreas Kasprzak (Hrsg.), *H. P. Lovecraft: Von Monstren und Mythen*, Texte und Materialien zur phantastischen Literatur 6, Bad Tölz 1997, S. 109–180.

Sigmund Freud: »Das Unheimliche«, in: *Studienausgabe, Bd. IV: Psychologische Schriften*. Fischer, Frankfurt a. M. 1970, S. 241–274.

Patricia Ganea et al.: »Do cavies talk? The effect of anthropomorphic pictures books on children's knowledge about animals«, in: *Frontiers of Psychology* 5, S. 1–9, 10. April 2014.

Ronald D. Gerste: *Wie das Wetter Geschichte macht. Katastrophen und Klimawandel von der Antike bis heute.* Klett-Cotta, Stuttgart 2015.

David Gilmore: *Monsters*, University of Pennsylvania Press, Philadelphia, 2003.

Jeffrey Goldstein: *Why we watch: The attractions of violent entertainment*, Oxford University Press, Oxford 1998.

Jeffrey Goldstein: »The attractions of violent entertainment«, in: *Media Psychology*, S. 271–282. 1999. doi:10.1207/s1532785xmep 0103_5.

Sara Graça da Silva, Jamshid Tehrani: »Comparative phylogenetic analyses uncover the ancient roots of Indo-European folktales«, in*: Royal Society open Science*, 20. Januar 2016, http://dx.doi. org/10.1098/rsos.150645.

Michael Hagner (Hrsg.): *Der falsche Körper – Beiträge zu einer Geschichte der Monstrositäten*, Wallstein Verlag, Göttingen 1995.

Yuval Noah Harari: *Eine kurze Geschichte der Menschheit*, DVA, München 2013.

Yuval Noah Harari: *Homo Deus*, C. H. Beck, München 2017.

Kate Hebblethwaite, Elizabeth McCarthy: *Fear: Essays on the Meaning and Experience of Fear*, Four Courts Press, Dublin 2007.

Eva Horn: *Zukunft als Katastrophe*, S. Fischer, Frankfurt a. M. 2014.

Rumen Iliev: »Linguistic positivity in historical texts reflects dynamic environmental and psychological factors«, in: *PNAS*, online, 21. November 2016, www.pnas.org/cgi/doi/10.1073/pnas.1612058113.

Kazuo Ishiguro: *Der begrabene Riese*, Karl Blessing Verlag, München 2015.

Timothy S. Jones (Hrsg.): *Marvels, monsters, and miracles*, Western Michigan University, Kalamazoo 2003.

C. G. Jung: *Archetypen*, dtv Verlag, München 2014.

C. G. Jung: *Der Mensch und seine Symbole*, Patmos Verlag, Düsseldorf 1992.

Matt Kaplan: *The Science of Monsters*, Constable&Robinson, London 2012.

Richard Kearney: *Strangers, Gods and Monsters: Interpreting Otherness*, Routledge, London 2002.

Peter Mario Kreuter: *Der Vampirglaube in Südosteuropa*, Weidler, Berlin 2001.

Florian Kührer: *Vampire*, Butzon&Bercker, Kevelaer 2010.

Bruno Latour: »Love Your Monsters: Why We Must Care for Our Technologies As We Do Our Children«, in: *The Breakthrough*, Winter 2012, thebreakthrough.org/index.php/journal/past-issues/issue-2/love-your-monsters.

Pontus Leander et al.: »You Give Me the Chills – Embodied Reactions to Inappropriate Amounts of Behavioral Mimicry«, in: *Psychological Science*, Bd. 23, S. 772–779, Juli 2012.

Armand Marie Leroi: *Tanz der Gene. Von Zwittern, Zwergen und Zyklopen*, Spektrum Akademischer Verlag, Elsevier, München 2004.

Cesare Lombroso: *L'uomo delinquente. In rapporto all'antropologia, alla giurisprudenza ed alle discipline carcerarie*, Turin, Bocca, 1876 (dt: *Der Verbrecher in anthropologischer, ärztlicher und juristischer Beziehung*, Hamburg 1887).

Howard P. Lovecraft: *Die Literatur der Angst. Zur Geschichte der Phantastik*, Suhrkamp, Frankfurt a. M. 1995.

Karl MacDorman: »Androids as experimental apparatus: Why is there an uncanny valley and can we exploit it?«, in: *CogSci-2005 Workshop: Toward Social Mechanisms of Android Science* (S. 108–118). 25–26. Juli, 2005. Stresa, Italien.

John Mandeville: *Reisen des Ritters John Mandeville vom Heiligen Land ins ferne Asien*, herausgegeben von Christian Buggisch, Edition Erdmann, Lenningen 2004.

Ernest Martin: *Histoire des monstres depuis L'Antiquité jusqu'à nos jours*, Paris 1880.

María-Luisa Martínez-Frías: »Another way to interpret the description of the Monster of Ravenna of the sixteenth century«, in: *American Journal of Medical Genetics*, Februar 1994, Bd. 49, S. 362.

Francis McAndrew, Sara Koehnke: »On the natur of creepiness«, in: *New Ideas in Psychology*, Bd. 43, Dezember 2016, S. 10–15. http://dx.doi.org/10.1016/j.newideapsych.2016.03.003.

Hans Meurer, Klaus Richarz: *Von Werwölfen und Vampiren: Tiere zwischen Mythos und Wirklichkeit*, Kosmos, Stuttgart 2005.

Arno Meteling: *Monster*, Transcript Verlag, Bielefeld 2006.

Asa Simon Mittman (Hrsg.) mit Peter J. Dendle: *The Ashgate Research Companion to Monsters and the Monstrous*, Burlington 2013.

Luke Morgan, *The monster in the garden: the grotesque and the gigantic in Renaissance landscape design*, University of Pennsylvania Press, Philadelphia 2016.

Masahiro Mori: »The Uncanny Valley«, in: *Energy*, Bd. 7, S. 33–35, 1970.

Yasmine Musharbash, Geir Henning Presterudstuen (Hrsg.), *Monster Anthropology in Australasia and Beyond*, Palgrave Macmillan, Basingstoke 2014.

Susanne Muth: »Das Grausen des Minotauros. Eine Gratwanderung der Monster-Ikonographie in der klassischen Bildkunst Athens«, in: *Münchner Jahrbuch der bildenden Kunst*, 55, 2004, S. 7–31.

Gerhard Oberlin: *Das unendliche Objekt. Religion und Psyche*, Verlag Königshausen & Neumann, Würzburg 2016.

Andy Orchard: *Pride and prodigies: studies in the monsters of the Beowulf-manuscript*, Brewer, Cambridge 1995.

Jürgen Osterhammel: *Die Verwandlung der Welt. Eine Geschichte des 19. Jahrhunderts*, C. H. Beck, München 2009.

Hermann Parzinger: *Abenteuer Archäologie. Eine Reise durch die Menschheitsgeschichte*, C. H. Beck, München 2016.

Peter Platt (Hrsg.): *Wonders, marvels, and monsters in early modern Culture*, Associated Universtity Presses, London 1999.

Volker Reinhardt: *Blutiger Karneval. Der Sacco di Roma 1527. Eine politische Katastrophe*. Darmstadt 2009.

Christian Reiter: »Der Vampyr-Aberglaube und die Militärärzte«, in: *Kakanien revisited*, Mai 2009, www.kakanien.ac.atbeitr vampCReiter1.pdf.

Jürgen Renn, Bernd Scherer (Hrsg.): »Die Monster«, in: *Das Anthropozän. Zum Stand der Dinge*, Matthes & Seitz, Berlin 2015, S. 226 f.

Paul Rozin et al.: »Glad to be sad, and other examples of benign masochism«, in: *Judgment and Decision Making*, Bd. 8, Nr. 4, S. 439–447, Juli 2013.

Simon Schama: *Landscape and memory*, Knopf, New York 1995.

Frank Schirrmacher: *Ego*, Blessing Verlag, München 2013.

Margrit Shildrick: *Embodying the Monster*, Sage Publications, London 2002.

Shawn A. Steckenfinger et al.: »Monkey visual behavior falls into the uncanny valley«, in: *PNAS*, Bd. 106, Nr. 43, S. 18362 f., 27. Oktober 2009.

Ronen Steinke, »Im Namen der Nase«, in: *Süddeutsche Zeitung*, 28.11.2016, S. 1.

Peter Strasser: *Von Göttern und Zombies*, Wilhelm Fink Verlag, Paderborn 2016.

Christoph Türcke: *Die Philosophie des Traums*, C. H. Beck, München 2008.

Johann Weichard von Valvasor: »Von der Istrianer Sprache/Sitten und Gewohnheiten«, in: *Die Ehre dess Hertzogthums Crain*, Band 2, Buch VI, S. 327–341, Endter Verlag, Laybach/Nürnberg 1689.

Chet Van Duzer: *Seeungeheuer und Monsterfische. Sagenhafte Kreaturen auf alten Karten*, Philipp von Zabern, Darmstadt 2015.

Michael T. Walton et. al.: »Of monsters and prodigies: the interpretation of birth defects in the sixteenth century«, in: *American Journal of Medical Genetics*, Aug. 1993, Bd. 47, S. 7–13.

Marina Warner: *No Go the Bogeyman: scaring, lulling and making mock*, Chatto and Windus, London 1998, Vintage, London 2000 (Neuauflage) »The Buller McGinnis Modal of Serial Homicidal Behavior: An Integrated Approach«.

Georgie Ann Weatherby, Danielle M. Buller, Katelyn McGinnis: in: *Criminology and Criminal Justice Research & Education*, Bd. 3, Nr. 1, 2009, S. 12.

David Wengrow: *The origins of monsters: image and cognition in the first age of mechanical reproduction*, Princeton Univ. Press, Princeton 2014.

Michael White, David Epston: *Die Zähmung der Monster*, Carl-Auer Verlag, Heidelberg 1990.

Wes Williams: *Monsters and their Meanings in early modern Culture*, Oxford University Press, New York 2011.

Lorenz Winkler-Horaček: *Monster zwischen Orient und Okzident. Eine Ausstellung der Abgusssammlung Antiker Plastik des Instituts für Klassische Archäologie der Freien Universität Berlin*, Berlin 2011.

Lorenz Winkler-Horaček: *Monster in frühgriechischen Kunst: die Überwindung des Unfassbaren*, de Gruyter, Berlin/Boston 2015.

Roberto Zapperi: *Der wilde Mann von Teneriffa. Die wundersame Geschichte des Pedro Gonzalez und seiner Kinder*, C. H. Beck, München 2004.

Daniela Zeibig: »Warum selbst normale Clowns gruselig wirken«, in: *Spektrum der Wissenschaft*, online, 26.10.2016.

Philip Zimbardo: *Der Luzifer-Effekt*, Springer Verlag, Berlin 2017.

Webseiten:

Sammlung von Monsterbilder: monsterbrains.blogspot.com

http://www.narrativeapproaches.com

Über Monster in der Wissenschaftsgeschichte: www.strange science.net/

Webseite der Schweizerischen Gesellschaft für Symbolforschung: http://www.symbolforschung.ch/tiersymbolik